西北大学“双一流”建设项目资助

（Sponsored by First-class Universities and Academic Programs of Northwest University）

城市化进程中的『村改居』社区治理创新

基于西咸新区空港新城的研究

钟小浜 著

社会科学文献出版社
SSAP
SOCIAL SCIENCES ACADEMIC PRESS (CHINA)

序

进入中国特色社会主义新时代，随着我国经济、社会、文化各项事业的蓬勃发展，社会治理体系和治理能力现代化已成为中国特色社会主义发展中的一项重要任务。在我国，城乡社区作为社会的基本单元，既是满足居民社会生活需要、服务群众的"最后一公里"，又是国家治理的基石，在国家治理体系中发挥基础性作用。因此，基层社区是构建社会治理体系和实现治理能力现代化的重要载体。2021 年 2 月 4 日，习近平总书记在贵州省贵阳市观山湖区金元社区考察调研时指出："基层强则国家强，基层安则天下安，必须抓好基层治理现代化这项基础性工作。"① 当前，基层社区日益成为社会成员的集聚点、社会需求的交汇点、国家治理的着力点和执政党在基层执政的支撑点，是化解各种社会问题与矛盾的重要场所。

党的十八大以来，基层社会治理受到以习近平同志为核心的党中央高度重视。随着我国城乡社区治理体系持续完善和服务水平不断提高，基层社区治理逐步走上了专业化、精细化的内涵式发展道路。全面推进社区治理体系和治理能力现代化成为基层社区未来较长一段时间的工作方向。这不仅关乎国家发展和社会治理水平的提高，更是贯彻"以人民为中心"这一根本宗旨，不断增进人民福祉的现实要求。

"村改居"社区是我国城市化进程中产生的一种特定形式的社

① 新华网，http：//www.xinhuanet.com/politics/leaders/2022-04/02/c_1128526342.htm。

区。之所以具有特殊性，是因为此类社区既不同于现有的农村社区，也不同于城市社区。而后两类社区在我国城乡发展进程中均有了长足的发展。近年来，农村社区的“新农村建设”和城市社区的“基层社会治理现代化”的进程不断加快，迸发出勃勃生机。而“村改居”社区是政府外力推动下产生的“新”社区，在转换过程中必然面临诸多问题和矛盾。总体上看，这类社区需要应对“转型”和“发展”两大核心任务。其一，因为城市发展需要拆旧村建新社，这就相应地产生了农民转市民、村委会改居委会等此类社区特定问题。这意味着，“村改居”社区必须创新出新的工作方法和模式，以应对微观社会转型过程中的各种挑战。其二，不断加快的城市化和现代化进程又提出了“村改居”社区应当同步发展的时代要求，需要社区建设者创新社区管理体制，不断提升社区服务效能，走上可持续发展的现代化社区治理之路。因此，我们需要对全国各地的“村改居”社区进行深入考察和探究，既要挖掘成功的案例，又要从中发现“村改居”社区治理中面临的共性问题，以期寻找切实可行的解决之道。

近年来，随着西部大开发逐步推进，作为西部强省的陕西省也走上了追赶超越现代化发展的快车道。位于陕西省西咸新区的空港新城，作为西北地区首个国家级临空经济示范区，是打造“空中丝绸之路”、助力陕西成为内陆改革开放新高地的重要平台。在空港新城迅速崛起的进程中，以征迁、建设、治理为内核的“村改居”社区建设与发展，成为一项具有重大现实意义的工程。这一工程不仅是打造大西安重要门户、实施国家西部大开发战略和建设“丝绸之路经济带”的重要支点，而且关系到能否完成“村改居”社区高质量转型，能否持续提高征迁居民的生活质量，实现美好生活的愿景。

“加强和创新社会治理，关键在体制创新。”2019 年以来，西咸新区空港新城管委会围绕创建“省级社区治理和服务创新实验区”的目标，为积极推进中国特色社会主义社会治理体系在基层社区的构建与完善，回应“村改居”社区的转型与发展两大需要，积极探索、勇于创新，取得了一系列创新性成果。在这一过程中，空港新城始终坚持人民主体、党建引领、多元共治、平稳过渡四大原则，通过转换工作机制，积极推进制度和组织体系建设，破解了“村改居”社区收入难、过渡难、办事难、照护难、融合难等重点问题，初步形成了“123456”新型“村改居”社区服务和治理模式，把辖区内“村改居”社区建设成和谐有序、绿色文明、创新包容、共建共享的幸福家园。近年来，空港新城的“村改居”社区在基层社区治理过程中先后成为西北首家绿色智慧社区试点项目、陕西省第二批省级社区治理和服务创新实验区，还荣获全国老年友好型示范社区、陕西省综合减灾示范社区、“三服四化”便民改革试点社区等荣誉称号，实现了打造宜居社区、美丽社区、活力社区、人文社区、品质社区、国际社区的“六型社区”目标，成为陕西省推动基层社会治理现代化的典范。

基于空港新城在“村改居”社区治理工作中取得的突出成绩，自2019年始，笔者组建了研究团队，进入空港新城开展调研工作。其间先后同空港新城管理委员会、人社民政局、自然资源和规划局等主管部门的同志进行访谈，深入空港新城辖区内以XF社区为代表的“村改居”社区进行实地调研。在这一过程中我们看到，空港新城在探索“村改居”社区治理和服务创新上不乏特色和亮点，许多具有开拓性的工作模式和方法不仅收到显著效果，而且得到上级主管部门、其他基层社区和人民群众的高度认同。虽然空港新城社区治理工作只是中国为数众多的“村改居”工程中的一个，但从征迁到治理的过程中的确探索出一条可行之路，所形成的一些创新性工作机制和模式能够为其他社区提供有益借鉴。

“村改居”社区治理是中国城市化进程中的一项重大课题。如何有效实现社区治理转型与发展，成为全国各地普遍关注的共性问题。本书以我国在“村改居”社区治理中存在的现实矛盾为出发点，以空港新城基层社区治理为个案，在全面总结空港新城在土地征迁、回迁安置社区建设和社区治理方面的工作方法和经验的基础上，试图从理论和实践层面探求我国“村改居”社区治理的转型问题，并就如何实现现代化进程中“村改居”社区治理的可持续发展做进一步的探讨。

本书认为，“村改居”社区需要经过两个发展阶段。首先是转型阶段。从原有村落土地征迁、回迁社区建设再到社区治理模式转变，在这一过程中出现的“征迁难、融合难、改制难、转变难”等问题是我国“村改居”社区现状的真实写照。回迁居民社会空间的变化、社会资本的流失以及“文化堕距”等问题，决定了回迁社区首先应完成“平房变楼房”、“村委会转居委会”、“农业转非农业”、“农民转市民”等转型课题，通过建立新型社区管理与服务模式，以回迁居民社会适应和社会融入需求为本，重塑社会资本，构建多层次社会支持系统，在居民回迁新社区后，要尽快改善其生计和生活方式，实现社会融入，同时实现“村改居”社区从传统乡村社会到现代城市社区的成功转型。

其次是发展阶段。加快社区治理体系和社区治理能力现代化进程，同样是“村改居”社区面临的历史任务。实现“村改居”社区治理现代化和可持续发展，有利于破除城乡二元结构、缩小城乡差距，实现城乡融合。更为重要的是，重塑生活共同体、回归社区本位是社区未来发展的趋向。而“村改居”社区是兼容“居”与“村”的新型现代生活空间，融合了城与乡所代表的现代与传统的文化内涵。对此，也应依托“村改居”社区这一实践场域，在社区治理过程中结合优秀文化传统和我国的社会实际需要去寻求本土化发展路径，最终回归社区本质，建立和谐友好、守望互助的情感维系，让“生活共同体”、“精神共同体”得以重构和持续繁育。

本书在编写过程中若有不当之处，恳请方家批评指正。

钟小浜

2022 年 12 月

目　录

第一章　导　论

城市化是衡量一个地区经济发达和社会文明程度的重要标志，同时也是推动区域经济发展和社会进步的重要引擎。在我国，缩小城乡经济发展差距，积极推进城市化进程是解决农业、农村、农民问题的主要途径，也是推动区域协调发展的有力支撑，更是扩大内需和促进产业升级的主要方式，对于加快推进社会主义现代化具有重大现实意义和深远的历史意义。新中国成立以来，我国经历了世界历史上规模最大、速度最快的城市化进程。尤其是改革开放以来，随着我国工业化和市场化进程的加快，城市化成为我国现代化发展进程中的一个鲜明特征。1949 年末常住人口城镇化率仅 10.64%，2011 年末常住人口城镇化率首超 50%，2018 年末常住人口城镇化率达 59.58%。国家统计局发布的《2021 年国民经济和社会发展统计公报》显示，2021 年末全国常住人口城镇化率为 64.72%。随着城市化水平的不断提高，城市提供了较为完整的产业体系、高效的社会经济管理方式以及齐全的医疗、教育、交通等生产生活资源，也带来了人民生活水平不断提高及社会现代化进程的加快。

从区域发展角度看，由于各地自然禀赋和经济基础不同，加之社会发展程度存在差异，我国不同地区的城市化发展水平各不相同。从各省（区、市）城市化发展状况来看，北京、天津、上海的城镇化率在 80% 以上；江苏、广东、浙江次之，城镇化率在 70% 以上；贵州、云南、甘肃和西藏的城镇化率低于 50%。总体而言，我国城市化的空间分布呈现出向东部沿海地区集中，人口向经济发达区域、城市群进一步集聚的特点。然而，一个地区城市化水平高低，并非简单运用城镇人口比例及 GDP 水平高低来衡量，而是要基于系统治理思维，寻求内涵式、高质量发展，既要符合国家整体发展的战略部署，又要结合当地实际和人民所需协同安排。《国家新型城市化规划（2014—2020 年）》指出，要坚持走以人为本、四化同步、优化布局、生态文明、文化传承的中国特色新型城镇化道路。自此，我国城市化开始进入以人为本、规模和质量并重的发展新阶段。从总体来看，近年来我国城市的发展水平不断提高，功能持续优化，更加注重不同规模的城市均衡发展，通过推动一些中小型城市和特色小城镇的发展，使区域分布更加均衡，减缓了大型城市对人才、资源和产业的虹吸效应。同时，国家为实现新型城镇化和乡村协同发展，通过合理引导人口流动，不断提高城镇教育、卫生、交通、社会保障等基本公共服务的质量及均等化水平，稳步推进农业转移人口市民化，不断提高人口素质，改善人民生活水平，促进社会公平，使全体居民共享社会发展成果。应当看到，城市化是长期的历史进程，不仅要符合国家整体发展的战略部署，科学有序、积极稳妥地向前推进，还应当考虑到各地的经济文化水平差异和人民所需，因地制宜，探索具有区域特色的城市化发展模式。

随着我国城乡一体化进程的加快，城镇化率不断提升，许多城市都在加快新区建设步伐，征迁安置问题成为城市开发建设和治理领域新的热点和难点。应当看到，城市化是社会、经济、文化全面变迁和发展的过程，其间伴随着新旧体制、社会管理、社会空间、社会交往方式的全面转换和变革，必然会面临许多新任务和新问题。

从微观领域看，城市化涉及大量的农业用地转为公用、商用，这使原来的农村居民从原有居住地集中搬迁至新建社区，基层社区的治理主体也从原有的村委会相应转换为居委会，“村改居”社区作为一种特殊的社区形式相应而生。而在这一过程中也必然伴随着因转型而产生的一系列问题，如何实现“村改居”社区顺利转型和发展，成为近年来研究者和实践工作关注的焦点。应当看到，我国普遍存在的“村改居”现象并非简单的管理主体变更。在全国推进现代化和城市化的进程中，由于城乡社会结构、生产方式以及组织形态均面临较多变化，“村改居”社区作为城乡社会变迁的交汇点，也面临一系列亟待应对和解决的实践难题，诸如征迁难、治理难、适应难、融合难等问题在全国各地具有普遍性。因此，我们更应当从系统治理的视角，对“村改居”社区从征迁到治理作整体考察，以期在理论和实践层面去回应这一特定问题。

一　“村改居”社区转型与创新发展的重要意义

从我国现代化与城市化进程来看，随着国家及地区社会生产力的发展，各个产业规模的持续扩大和结构升级，城市需要创造出更多的空间来容纳日益增加的经济、社会组织及业态劳动人口。随着城市边界不断向四周扩张，原来位于城市郊区的农村被以经济开发区、产业园区、城市圈、城市群等各种形式逐步纳入城市范围。作为城乡的交汇点，现代与传统的交汇点，“村改居”社区治理的复杂性远超单纯的城市和农村社区。随着城市化进程不断加快，推动“村改居”社区转型与创新发展有着重要的现实意义。

“村改居”社区是城市现代化进程中在外力推动下产生的特殊社区类型。对于基层社会而言，可以说是促进城乡协同发展、探索创新基层社会治理、再造新型城乡关系的重要场域。吴莹将“村改居”社区大致划分为城市扩张型、新城开发型和土地流转型三种类型。第一类是指在城市不断向外扩张过程中出现的“城中村”。此类社区在大中城市中存在较多，虽然保留着原有的村级管理，但是在地理空间上已经被现代化都市包裹其中，居民的生活方式已经和城市居民无甚差别。第二类新城开发型社区是本文考察的对象。此类社区是城市开发所需，其耕地和宅基地转为建设用地，当地政府利用新建社区对回迁群众进行集中安置，回迁群众的身份也由农民转为市民。第三类社区是土地流转型社区，是指将宅基地复垦作为建设用地，土地统一流转给大型企业进行现代农业生产，而农民被集中安置到新社区。居民集中“上楼”，但他们的户籍和生产方式未发生显著变化①。此外，我国还存在一类社区，即在扶贫攻坚过程中建立的易地扶贫搬迁社区。此类社区主要是针对农村地区自然和生态环境恶劣、农业生产条件差的情况，通过易地扶贫搬迁来解决“一方水土养不起一方人”的生存困境，是我国农村地区开展反贫困工作的一项重要内容。此类社区近年来也是各界关注的重点。和其他类型的“村改居”社区相比，因城市开发和征迁而形成的“村改居”社区在全国各地普遍存在，一般而言涉及的村落和人群较多，所呈现的问题也往往更为复杂。

综观全国各地的实践，“村改居”社区从最初的征迁、建设到安置后的治理都面临一些共性的问题。“村改居”社区是从农村向城市转化的实践场域，治理好“村改居”社区，推动其向城市社区高质量转型，实现从村民到市民的全面转变，关系到城乡一体化和城市现代化的进程，更是“以人民为中心”的发展思想在构建基层社区治理体系方面的具体体现。

（一）“村改居”社区治理是推进现代化、城市化进程的重要手段

城市化是指随着一个国家或地区社会生产力的发展、科学技术的进步以及产业结构的调整，以农业为主的传统乡村型社会向以工业（第二产业）和服务业（第三产业）等非农产业为主的现代城市型社会逐渐转变的过程。城市化发展在我国扩大内需、提高生产效率、促进要素资源优化配置、增强经济辐射带动能力以及提高群众享有的公共服务水平等方面具有重要作用，而城市化的一个重要内容就是基层社区实现从传统到现代的转变。而这一进程需要通过土地征迁、回迁安置社区建设以及“村改居”社区有效治理与服务来实现。“村改居”社区建设与治理是城市发展的选择，是新时期推动社会发展和实现现代化的重要途径。随着城市化步伐的加快，要使

① 吴莹:《空间变的治理策略——“村改居”社区基层治理转型研究》,《社会学研究》2017 年第 6 期。

更多人共享城市化、城乡一体化发展所带来的成果，进一步优化城乡资源配置，降低社会治理成本，实现城乡经济社会的协调发展，同时增加人民群众收入，提高回迁居民生活幸福指数，都需要推进“村改居”社区建设。同时，“村改居”使原来从事第一产业的回迁居民有了更多就业选择，有利于产业结构的优化，也为各个产业补充丰富的劳动力资源，满足社会经济发展所需。

（二）“村改居”社区是实现城乡一体化协同发展的重要根基

当前，深入推进城乡统筹发展，不断提高城市化、城乡一体化水平，任务依然非常艰巨。长期以来，城乡二元结构导致农村经济发展水平和市场化程度较低，文化教育、医疗卫生、交通通信等基础设施建设发展滞后，基层社会公共服务能力薄弱。“村改居”社区是近年来新型城镇化快速发展的产物，也是推进城乡协同治理、缩小城乡发展差距、再造新型城乡关系的重要实践场域。推进“村改居”社区建设和治理工作，首先，要消除城乡户籍制度造成的二元结构差异，从而打破由户籍制度带来的不平等，使全体居民都能够平等地共享社会进步和发展的成果，并获得同等的机会。现在国内各地的“村改居”社区都是按照城市社区标准建设及管理的，突破了传统封闭的生活空间。更为开放的和现代化程度较高的社会环境和生活方式，有利于转变人们一些落后的思想意识，人们有机会获得更多的文化教育机会，从而提升个人素养和技能，实现市民化。其次，从基层社会治理层面来看，推行“村改居”社区建设也有利于缩小城乡在社区管理理念、机制、服务方式等方面的差距，从整体上改善居民的生活，使他们获得更多的社会支持，增强获得感、幸福感。再次，“村改居”社区可以成为城乡一体化的连接平台，进一步优化城乡的资源配置。许多“村改居”社区靠近城乡接合部，可以充分利用区位优势，把城市资本、人才、文化、管理等资源要素延伸、覆盖到农村，将农村的人口、农产品、原材料、土地等资源提供给城市，实现城乡生产要素的流动和服务、市场的相互开发，对于统筹城乡发展、加快城镇化进程、推动县域经济发展和改善城乡居民的生产生活水平有着积极的推动作用。

（三）“村改居”社区治理是走向共同富裕，实现被征迁居民幸福生活的必然要求

推行“村改居”社区建设的根本目的是改善民生、利民惠民，从而实现共同富裕。共同富裕是社会主义的本质要求和奋斗目标，也是我国社会主义的根本原则。党的十八大以来，以习近平总书记为核心的党中央高度重视加强社会建设，始终坚持“以人民为中心”的发展思想。这对于征迁工作而言，就要求在土地征迁过程中切实保障人民群众的利益，最大限度实现公平与公正。而对于回迁新社区来说，需要持续增加居民个人收入，使他们继续享有对原有集体资产的共有权，同时通过集体资产股份化改革等手段提升集体资产的运营和增值能力，提升居民的可持续生计能力，保障其长期生活来源等，这些都是“村改居”进程中的核心工作。同时，考虑到“村改居”社区居民的特殊性，在从“村”到“居”的转型过程中，既要采取适当的过渡政策，保障居民继续享有原本的支农、惠农政策以及各项合法权益，又要通过“村改居”社区管理和服务能力的不断提升，使居民在经济发展、公共服务、基础设施配套等方面进一步共享政府和社会提供的各类资源。同时，要进一步提高社区教育、医疗、养老等公共服务水平，使人民群众享有更好的住房条件、优质的教育和高水平的卫生服务，收入不断增加，获得感、幸福感、安全感持续增强。

二　我国“村改居”进程中所面临的突出难题

党的十九大报告中明确了我国未来城镇化的发展方向，即“以城市群为主体构建大中小城市和小城镇协调发展的城镇格局，加快农业转移人口市民化”。作为村民向市民转变的生活空间，“村改居”社区最明显的特征在于，将原本分散居住的村民汇集到较为集中的城市生活环境中，居住空间由平房转变为楼房，由原村委会管理为

主改为城市社区居委会管理，社区内的各类公共服务工作转由社区专职人员提供。从土地征迁到搬入社区，从表面看完成了由传统村落向现代化社区的迁移，然而其社会空间的转型与重建却没有随着地理空间的转变而一步到位。从传统乡村到“村改居”社区，空间特征发生了巨大变化，社区内部的公共空间在这一快速转变过程中出现了很多新的矛盾和问题。在这样的新空间中，无论居民还是社区管理者都面临着巨大的挑战。

从现有的研究来看，许多研究针对“村改居”进程中的土地征迁和回迁社区问题。应当看到，“村改居”作为一项系统工程，在撤销原有的行政村的前提下，是一个包含从征到迁、从村委会到居委会的基层组织建设与管理、从社区管理体制到社区公共服务全面转型的体系。在实践中，后期的社区管理和治理中存在的问题，可能是前期土地征迁时留下的隐患；而已迁入社区的居民的生活条件和社区管理服务水平的高低，也影响到土地尚未被征迁的后续村落的征迁进程。因此，对于“村改居”社区，应当从最初的土地征迁到后期的社区建设与管理进行全过程探究，这样方能找到问题的根源，从而实现系统治理。

（一）土地征迁中关乎人民群众利益的“五大”问题

我国在工业化和城市化进程中产生了“失地农民”这一特殊群体。之所以该群体受到社会的普遍关注，是因为各地在土地征迁过程中，被征迁村民的根本利益能否得到切实保障，关乎地方经济、社会的稳定和发展。不可否认，前些年一些地方政府严重依赖土地财政，降低了土地补偿标准并缺少相应的后期保障措施，导致失地农民集体上访、与当地开发商甚至政府发生冲突等群体性事件时有发生。因此，从被征迁群众的利益保障角度来看，以下五方面问题在土地征迁过程中必须得到高度重视和有效解决。一是土地征迁补偿标准是否合理，能否满足被征迁村民未来一定时期的生计所需。土地征迁后，村民失去了长期依赖的农业收入来源，那么土地补偿款及其他相关安置费用则应当按照土地资产所处区位、未来所能够带来的收入以及征迁造成的富余劳动力等进行同比核算，避免村民长期利益受损。二是土地征迁工作是否做到公平、公正、公开。由于土地自然禀赋差异较大，难以简单做横向比较，但是在征迁过程中首先应做到信息公开透明，避免灰色交易，各类经济补偿及保障应同等面向每一户家庭，如此方能建立被征迁居民和政府之间的信任和合作关系。三是回迁安置房是否达到不低于当地商品房的建设、配套及管理标准。从前些年的回迁安置房来看，一些地区存在户型结构不合理、小区环境差、配套设施及社区服务不足等问题，回迁居民对住房条件不满意，使安置社区后期管理难度加大。四是被安置的村民迁入新居之后如何获得新的生计渠道。土地征迁后，农民从业面临从农业向工业或服务业的转型，需要寻求新的就业渠道，并提升个体的知识和技能来适应社会需要，这种转变关系到被征迁村民的后续生计问题。五是被征迁的村民是否能够得到同等市民待遇。从整体上看，随着户籍的改变，原来的村民会享受到城市里相对均等的各种福利资源，随着社会保障制度、医疗制度、教育制度的完善，回迁居民的生活和福利水平会整体提高。但是这些公共资源，尤其是教育、医疗资源的区位差异比较明显，依然需要通过城市化进程的推进不断改善。

（二）社区治理中关乎人民群众利益的“七大”挑战

“村改居”社区作为新型的基层社会空间，涉及基层社区管理体制的转变，涉及被征迁群众的切身利益，因此更需要把以人为本、服务群众、改善民生作为社区治理的出发点和落脚点，实现好、维护好和发展好广大群众的根本利益。然而，征迁后的社区治理过程并非想象中那样一帆风顺。此类社区还存在“人的城镇化滞后于土地城镇化”和“治理的城镇化滞后于空间城镇化”两个突出矛盾①。习惯于农村传统管理模式和生活方式的村民迁入新居后，需要在按

① 郎晓波：《“撤村建居”社区的空间结构及其治理意涵——一个理解“乡—城”变迁的新视角》，《中共杭州市委党校学报》2019 年第 2 期。

照城市社区管理模式运行的新建社区中经过一定时间的适应；撤村并居、上楼之后被安置的村民的生计空间发生转换，能否顺利就业是其面临的最为紧迫的问题；由于多村并居和回迁的进程不同，村民们原有的交往网络会出现断裂、阻隔，或因缺少新的联系纽带而出现暂时性人际疏离。此外，有关村集体资产处置、保值及未来增值，也存在一些显性或隐性问题。再从社区外围环境来看，回迁安置社区大多远离城市成熟区域，周边产业及商业配套不足，医疗、教育等公共资源发展相对滞后，使得此类社区短期内难以获得外部资源的支持，容易产生孤岛效应。从社区自身来看，由于社区管理和服务体系尚未建立完善，社区自治组织、社区社会组织、其他社会力量以及社区居民等主体对社区治理的参与度不够，短期内难以形成各方参与、共建共治共享的社区治理格局。整体来看，新社区的治理面临以下七大挑战。一是如何处理好转型时期原有村委会与新建居委会工作的衔接和协同问题。二是如何发挥我国的制度优势，加强党组织和制度建设，构建与城市化发展相适应的区域化党建工作格局，从而发挥“村改居”社区党组织的战斗堡垒作用和党员先锋模范作用。三是如何加快基层社会治理体系建设并提高治理能力，健全协商议事制度和社区民主监督体系，形成“共建共治共享”的社区治理格局。四是如何坚持以人民为中心，完善社区公共服务体系，提升回迁居民社区生活的幸福感和归属感。五是如何保障回迁后居民的生计，提升居民的就业能力，开辟更多的就业渠道，增加就业机会。六是如何解决回迁居民从农民到市民的身份转变和社会融入难题，提升居民的社区意识和社区参与能力。七是如何实现传统文化与现代文化的有机融合，促进社区发展，回归生活共同体本质。

在吉登斯看来，社会行动与社会制度同时存在，二者不可分离地在结构化中交织在一起，结构化成为制度制约行动和行动创造制度的行动方式。相应的，土地征迁和“村改居”看似是制度与政策推动的结果，但是在实践过程中，对具体问题的了解和应对却是制度和政策常常无法事先预见并提供有效方案的。相反，在具体实践场域中，通过行动者的能动行为，将社会生活看作对其成员行动的积极建构，反而促进了相关制度和政策的改善。因此，在做好制度的顶层设计的同时，更需要研究者深入基层社会去探究、总结实践中的发现与创新做法，从而帮助决策者洞悉现实中的问题，不断优化原有的政策和方案，以达至相应的社会目标。自 2019 年始，笔者以陕西省西咸新区空港新城的“村改居”社区治理为个案进行了三年跟进研究。一方面，试图梳理空港新城近年来从土地征迁到“村改居”社区治理中取得的一系列成就和创新做法，希望能够为国内同样进行“村改居”社区治理的地区提供有益借鉴。另一方面，在空港新城的个案研究基础上，对我国“村改居”社区治理的未来发展路径作进一步思考。毕竟“村改居”社区的转型仅仅是第一步，下一步是使社区治理体系和治理水平达到我国新时代基层社会治理的要求。更为重要的是，人的全面发展是马克思主义的终极价值目标，人类社会最终要走向“自由人联合体”，实现人的自由和发展将是社区未来的指向和根本遵循。

三　空港新城创新“村改居”征迁和社区治理之路

陕西省省会西安市是我国西部地区经济发展的中心之一，当前适逢建设“一带一路”、国家中心城市、自贸试验区、国家临空经济示范区等的重大战略机遇期。为了将西安建设成西部发展重镇，发挥引领辐射作用，西安的城市化进程近年来不断加快。尤其是“大西安”（包括西安市行政区域、咸阳市城区和西咸新区）发展规划的提出，极大地推动了西安、咸阳及西咸新区城市群的迅速发展。依据西安市 2021 年国民经济和社会发展统计公报，2021 年末全市常住人口（含西咸共管区）达到 1316.30 万人，人口城镇化率达到 79.49%。同时，西安市全面提升新型城镇化水平，优化城镇空间格局成为城市内部建设的重点。其中最为突出的区域是西安市和咸阳市建成区之间的西咸新区。西咸新区涉及西安、咸阳两市所辖的7县（区）23个乡镇和街道，规划控制面积882平方公里，常住人口130.46万人，2021年地区生产总值（GDP）为652.78亿元。[①] 作为全国首个以创新城市发展方式为主题的国家级新区，自成立以来西咸新区一直致力于推进创新型城市建设，积极探索创新城市发展路径。坚持新发展理念，注重发挥城市群的带动作用，开发创新创业综合体、产业带、经济圈，共享创新资源。未来，西咸新区将成为西部大开发的重要引擎，占据内陆地区改革开放的高地。

空港新城是西咸新区五大组团之一，[②] 位于西咸新区西北部，建成于2011年7月。规划面积为144.18平方公里，其中陕西自贸试验区空港空城功能区13.8平方公里、综合保税区1.72平方公里。2018年，空港新城获批西安临空经济示范区，成为国家级临空经济示范区之一，依托“临空、自贸、保税、口岸、跨境、航权”等开放平台优势，大力发展临空先进制造业、航空枢纽保障业、临空高端服务业三大主导产业，航空进出口货值约占全省的75%。[③] 作为国家级临空经济示范区，空港新城依托我国第八大枢纽机场——西安咸阳国际机场，是航空、铁路、高速公路汇集的核心交通枢纽，陕西对外开放的空中门户，“空中丝路”的重要节点。空港新城不仅是“大西安”对外开放的前沿阵地，更是临空产业高地，未来发展前景十分广阔。“十四五”期间，空港新城将着眼于打造国际航空枢纽和千亿级临空产业集群，围绕建立“内外循环新通道、创新发展新策源、临空产业新高地、港城融合新示范、国际交流新门户”的五新定位，实施“GDP、人口、临空产业规模、先进制造业”四大倍增计划。通过打造开放功能平台，完善临空产业链，加快对外开放步伐，来

① 陕西省西咸新区开发建设管理委员会网站，http://www.xixianxinqu.gov.cn。

② 西咸新区五大组团包括沣东新城、沣西新城、空港新城、秦汉新城和泾河新城。

③ 陕西省西咸新区空港新城管理委员会官网，http://kgxc.xixianxinqu.gov.cn/kggk/。

推进创新型城市建设，积极探索创新城市发展方式，打造区域经济发展新模式。

当前，空港新城正处于大开发、大建设阶段，涉及大量土地公用、商用，使得原来的农村居民从原有居住地集中搬迁至新建社区。空港新城的“村改居”工程是打造“大西安”重要门户、实施国家西部大开发战略和建设“丝绸之路经济带”重要支点的前提条件之一，同时也是当地实现城乡融合、加快破除城乡二元结构、缩小城乡差距、提升基层人民幸福感的重要途径。因此，扎实推进“村改居”社区治理工作，加快实现城乡一体化进程，为回迁居民提供优质的服务，是空港新城经济社会发展面临的重要课题，更是“以人民为中心”发展思想在基层社区治理体系构建中的具体呈现。

空港新城坚决贯彻落实习近平总书记“人民对美好生活的向往就是我们的奋斗目标”① 的重要思想，不断探索基层社会治理现代化之路，在“村改居”社区治理的创新发展中取得了诸多成绩。坚持把征迁工作当作“民心工程”来抓，通过创新的制度设计和公平公正的工作态度，最大限度满足群众的需要，创造了“三天完成一个村征迁”的奇迹。在以 XF 社区为典型代表的新社区建设和治理工作中，空港新城大胆改革并全面创新，破解了“村改居”社区治理中的种种难题，让人民群众在社区中拥有获得感、幸福感和安全感。空港新城在这一过程中积累了大量经验，并形成了一系列具有创新性的工作模式，为城市化的发展做出新的探索。

（一）创造“阳光征迁、和谐回迁、五金保障”的空港模式，实现征迁工作零纠纷、零上访、零事故

“以人民为中心”的发展思想，是习近平新时代中国特色社会主义思想的重要内容。习近平总书记在党的二十大报告中强调“增进民生福祉，提高人民生活品质”，“要实现好、维护好、发展好最广

① 《人民对美好生活的向往，就是我们的奋斗目标》（2012 年 11 月 15 日），《十八大以来重要文献选编》（上），中央文献出版社，2014，第 70 页。

大人民根本利益，紧紧抓住人民最关心最直接最现实的利益问题”。[①] 切实保障征迁居民的利益，可谓是征迁工作得以顺利进行的根本所在。空港新城在征迁之始就确立了“高看群众一眼”的总体指导思想，将群众的利益放在第一位，始终围绕“发展为了人民、发展依靠人民、发展成果由人民共享”这一理念开展各项工作。征地拆迁作为新城开发建设的首个环节，担负着为新城建设提供用地保障和发展空间的重任。征迁工作能否顺利实施，直接影响城市发展的速度。空港新城坚持把群众利益和自身发展统一起来，将“以人为本、阳光征迁、和谐回迁、真情开路”作为征迁工作的根本准则。通过政策引导、真情服务和强化保障三大手段，从任务导向转向服务导向，把征迁工作做成“民心工程”，给群众吃下“定心丸”。空港新城在整个征迁工作中坚持让人民群众得实惠，坚持“一把尺子量到底”，以公开、公正、透明为工作原则，做到“没有一起群体性事件，没有一起上访，没有一起征迁补偿纠纷”，深得民心，开创了“阳光征迁、和谐回迁、五金保障”的“空港模式”，使被征迁群众在思想上从“要我拆”转变成“我要拆”，创造了空港新城开发建设和人民安居乐业的双赢局面。

（二）原地回迁、多村合一、连片建设，精心打造重区位、重配套、重品质的生态化、智慧化现代社区

近年来，随着国内各地土地征迁工作的不断推进，在回迁安置社区建设方面普遍存在地理位置偏、户型差、配套少以及群众不满意的情况。这些问题后置或者悬置的做法不仅成为回迁社区治理的障碍，也反向造成后期土地征迁工作困难。针对这些问题，空港新城提出在回迁社区建设过程要重区位、重配套、重品质，通过高品质建设破解“宜居难”问题，按照“低密度、生态化、智慧化”的

---

① 习近平：《高举中国特色社会主义伟大旗帜 为全面建设社会主义现代化国家而团结奋斗——在中国共产党第二十次全国代表大会上的报告》，中国政府网，http：//www. gov. cn/xinwen/2022-10/25/content_ 5721685. htm。

建设理念，打造新型城市社区建设典范。在选址方面，空港新城所辖的各社区均位于交通便利、教育和医疗等公共资源丰富、生活配套齐全的城市发展核心区域。此外，与原村址居住分散、难以管理的情况不同，新社区实行集中安置、连片建设、原地回迁的方案，既便于社区在地管理和服务，又尽量保留乡情。在回迁社区规划设计方面，遵循以人为本、社区统筹和可持续发展的理念，以打造“都市文化”为主题，以高端生活理念为引领，突出宜居养生、智慧生活等特色，并将运动休闲、日常居住和生态绿地融为一体，着力打造现代化品质住宅小区。在房屋设计及装修方面，力求优化户型设计，房屋装修做到美观实用、绿色环保、拎包入住，打造出令回迁群众满意的人居工程。2018 年，空港新城所辖 HY 社区被西安市委、市政府评为“西安市最美小区”。2019 年，XF 社区被全国智能建筑及居住区数字化标准化技术委员会授予绿色智慧社区试点牌照，成为“村改居”社区建设的样板。

（三）构建“123456”管理服务体系，破解“村改居”社区治理难题

基层是一切工作的落脚点，社会治理的重心必须落实到城乡、社区。社区作为居民的主要生活和活动场地，是社会的基本单元和社会管理与服务的最基层，是政府推行各类政策和开展社会治理的重要一环。社区治理的好坏不仅关系到居民幸福生活与否，而且关系到一个区域的经济社会发展。把社区治理好，是新兴城市推进土地征迁、打造优良环境等工作的基础和保障。对于“村改居”社区而言，完善基层社会治理体系建设、提升治理能力必然成为工作重心。从农村到城市，“村改居”不仅仅是“农转非”（即农村户口转为居民户口）、村委会改为居委会的转型过程，更是推动城市发展的重要途径和创新社区治理的一项重要内容。做好“村改居”工作，对于进一步理顺城市管理体制，落实属地管理制度，增强居民的社区意识，具有十分重要的意义。

在社区治理过程中，空港新城坚持人民主体、党建引领、多元

共治、平稳过渡四大原则，解决了“村改居”社区建设中常见的收入难、过渡难、办事难、照护难、融合难等问题，初步形成了“123456”社区管理服务体系（即1个核心、2个平台、3+X服务、4支队伍、5项机制、6型社区），全面推进社区管理体制转变、健全服务体系、优化基层社区干部队伍、完善配套服务设施及实现农民市民化等重点领域的工作，在加强社区治理体系和治理能力现代化方面做出了诸多探索和创新。在党建工作方面，通过建立以党建为引领的“一核四元”社区组织架构，培育社区骨干，延伸党组织工作和活动的触角等方式，提高社区党组织在社区治理中的创造力、凝聚力、战斗力。在社区服务精细化和专业化方面，以满足居民需求为出发点和落脚点，促进社区服务与居民需求精准对接。同时，结合“三服四化”建设要求，推进智慧化、网格化服务平台建设，将公共服务、政务服务和市场服务融为一体，建立上门办、网上办、窗口办和帮办代办的主动服务模式，满足群众日常生活需求。在构建社区多元共治格局方面，引导居民参与协商议事、项目设计、服务供给和绩效评估，推进居民自治，积极拓宽各类主体特别是社会力量参与社区服务的渠道，形成多元共建共治共享的社区治理新格局。针对“村改居”社区建设过程中存在的特定问题，空港新城相应地采取六大举措，破解社区发展六大难题。一是以高品质建设破解宜居难。空港新城通过多村合一、绿色生态、拎包入住等举措，使回迁居民享受到优质生活。二是以“五金保障”破解回迁居民收入难。通过制定征迁办法和实行公平、公正、公开的操作流程，推行底商出租分股金、空闲住房收租金、就业领薪金等措施，多途径增加回迁居民收入。三是推行“村社并存、弱村强社”的服务管理体制。通过构建社区“大党委”领导的多元共治治理体制，推进社区制度和组织体系建设，破解从村到居过渡难。四是以“办社合一”破解办事难。按照“重心下移、资源下投、力量下沉”的总体思路，坚持服务跟着群众走，有机融合新城、街道和社区三级业务，安排工作人员统一入驻社区服务大厅，方便群众在“家门口”办事。五是以“嵌入式机制”破解“一老一小”照护难。建设机构养老、居家养老和日间照料“三位一体”的综合性养老机构，设立安宁照护室，提供临终关怀服务；在社区党群服务中心开设“四点半课堂”，为社区儿童成长保驾护航。六是以“居民唱主角”破解融合难。坚持以居民自治组织为主体，以社会力量为补充，着力推进农民市民化。

这些在工作中探索出的新工作模式和机制，有效解决了“村改居”社区治理过程中的各种难题，得到回迁群众的高度认可。

四 “村改居”社区发展的“空港模式”及其经验

社区是多种社会矛盾的交汇地，很多基层社会问题的解决有赖于社区具备良好的治理体系和治理能力。回顾我国社区的发展历程，长期存在行政化倾向严重、社会组织欠发达、居民社区意识不强等问题，显示出我国的基层社会治理工作任重道远。而作为城市化进程中社会转型的一种典型现象，“村改居”涉及征迁、建设、转型、发展等诸多方面，其特殊性和复杂性意味着“村改居”社区发展需要面对更大的挑战。因此，空港新城在“村改居”社区建设中所取得的成就实属不易。总结其工作经验，我们认为主要体现在以下几个方面。

（一）坚持整体“一盘棋”

首先，空港新城坚持将“征迁、建设、治理”工作作为一项系统工程来做，创造了三个环节相互支持、相互促进的全新格局。尽管空港新城征迁安置工作体量非常大，但这几年在边征迁边建设边治理的过程中呈现了越来越顺畅的局面。相较于我国其他地区普遍存在征迁难的情况，空港新城的土地征迁工作成绩却十分突出。我们认为，这和当地公平合理的征迁政策、回迁安置社区的高品质、社区服务全面精细、生活配套完备、社区环境优美宜居是分不开的。正是这种“看得见的未来，看得见的实惠”增强了广大村民对回迁社区美好生活的期待和信心，主动去配合政府的征迁工作。其次，空港新城在社区征迁和治理过程中注重各职能部门之间的统筹协同。征迁过程中，推行“新城+街办+村组”的合作联动模式，做到通力合作、一致行动。在社区治理过程中，实行“三级联抓”、“办社合一”、“社区吹哨，部门报到”等制度和工作机制，合力解决了“村改居”过程中的“没人管”、“不想管”、“多头管”等各类治理难题。再次，注重系统治理。空港新城所推行的“一核四元”党建工作模式，“横向到边、纵向到底”和“多网合一”的网格化管理模式，以及人人参与的民主协商、多元共治的社区治理模式，都体现了系统治理的新理念、新方式。

（二）坚持“以人民为中心”

我们在调研中看到，上到空港新城管委会，下至基层社区，在面对人民群众的利益时，“以人民为中心”这一根本宗旨在各部门、各单位得到高度贯彻。空港新城管委会提出“高看群众一眼”的指导思想，确保各级领导干部将人民群众的利益放到第一位，各项工作能够始终围绕“发展为了人民、发展依靠人民、发展成果由人民共享”这一理念开展。在征迁过程中，空港人提出“以人为本、阳光征迁、和谐回迁、真情开路”，力求将征迁工程变成民心工程；在社区建设过程中，按照“低密度、生态化、智慧化”的建设理念，以“高品质建设”、“拎包入住”的承诺打造回迁社区的宜居环境；在社区服务过程中，为居民构建了“一门集中全办理、一枚印章管审批、一站服务全覆盖”、“一老一小”照护、群众“零跑腿”等主动化服务体系。这些做法无不体现了空港人“以人民为中心”这一根本宗旨，这正是辖区居民对社区生活满意度高、充满幸福感的原因所在。

（三）坚持转型、发展同步走

“村改居”社区既要转得好，又要发展好。针对“村改居”社区的特定问题，空港新城提出“村社并存、弱村强社”的总体发展思路，在转型与发展问题上做到统筹兼顾、优势互补。对于原村的遗留工作，以原来的村干部为基础，注重发挥其对村情、民情较为熟悉的优势，由其具体负责原村、原小组的相关工作以及对在外过渡群众的服务管理。针对回迁后的居民就业、生活等问题，空港新城采取“五金保障”、“新市民教育”等措施确保“平稳过渡”目标的实现。在社区治理过程中勇于实践、大胆创新，致力于社区治理结构转型，优化社区服务的内容和方式，探索形成“办社合一”、多元共治、主动化服务、“三治”融合、“六型社区”等独具特色的工作模式，使空港新城在基层社区治理体系和治理能力现代化的道路上走到了陕西省的前列。

（四）坚持使现代社会治理根植于中国优秀传统文化

空港新城所在地历史上是汉唐胜地，社区居民身上保留着浓浓的乡土、乡情、乡愁等文化气质。基于传统文化所产生的凝聚力使“村改居”社区有着城市社区所不具备的优势。在社区，“红心向党”小分队用极具当地文化特色的秦腔、快板等形式宣传党的方针、政策；“忒娃”工作室以接陕西人地气的沟通、办事方式调解了上百起人民内部矛盾和纠纷；一些居民用陕西传统的泥塑、书画作品歌颂新时代、新生活；等等。通过继承中国优秀传统文化，将传统文化融入社区治理，以传统文化营造和谐社区氛围、凝聚人心，空港新城在现代社区治理过程中形成了独具特色的文化符号。

基层社区是实现社会治理创新、服务群众的“最后一公里”。为积极推进中国特色社会主义社会治理体系在基层社区的构建与完善，解决我国城市化进程中“村改居”社区存在的特定问题，空港新城在社区治理进程中不仅形成了新型“村改居”社区服务和治理模式，而且以品质社区助推土地征迁，加快了当地的城市化进程。这些举措带给当地居民实实在在的利益，也赢得方方面面的高度认同。因此，我们将空港新城的实践探索置于我国构建社区治理体系和推进治理能力现代化的框架下，从其实践做法和经验入手，分析“村改居”社区在转型与发展过程中的现实困境和应对策略，并对未来可持续发展路径做出初步的探究。这正是开展本研究的初衷所在。

第二章　构建阳光和谐征迁新模式

随着我国城乡一体化进程加快，城镇化率不断提高，许多城市都在加快新区建设步伐，土地征迁工作成为城市开发建设中新的热点和难点，在实际操作过程中也出现了一系列问题。征迁难情况比较复杂，既有制度和政策方面的原因，也有多方利益难以协调的原因，同时还涉及一些地方在实际工作中的方式方法不当等问题。总之，土地征迁受多重因素影响且复杂多变，需要决策者从征迁政策的科学设计到征迁方案的实施落地，做到统筹兼顾，在合理合法的范围内细致高效地开展各项工作。

一　我国土地征迁工作的现实困境

空港新城在城市化建设初期同样遇到一些困难，如当地村民感到故土难离，对土地征迁相关政策理解不到位，抵触情绪较大，导致初期的征迁工作推进缓慢。这与全国各地在土地征迁过程中遇到的问题类似。对此，只有梳理清楚具体问题的表现及其产生的根源，了解各方的诉求，才能最终形成一种协同机制，使土地征迁工作得以顺利实施。从全国各地实际情况来看，土地征迁工作的现实困境主要体现在以下几个方面。

（一）各方利益诉求难以协同

土地征迁是一项涉及政府、村集体与村民等多方利益的复杂工程。由于各方在土地征迁过程中出发点不同，征迁工作推进自然难度较大。当地政府希望低代价、高效率地推进征迁，而村集体更多着眼于整体利益，村民则更多考虑故土难离和未来生活生计保障问题，而每家每户又有不同的具体问题和诉求，这无疑进一步加大了征迁的难度。现实中，首先是征地制度改革滞后于土地产权变革，导致政府、农村集体组织和村民之间的利益边界十分模糊，围绕土地增值收益的分配，各方难以达成统一的意见。其次，在征地补偿款数额方面，政府和村民之间存在较大的预期差。在政府看来已经相当高的补偿，在村民看来却可能远远不够；同样，一些村民所期望的征迁补偿额，在政府看来却是要价过高。村民由于要离开故土，放弃他们所赖以生存的土地，并且对于未来的生活没有明确的预期，因此想要争取更多的补偿来为未来的不确定性争取多一些保障。另外，也有一小部分农户过度强调个人利益，不配合政府部门的相关工作，甚至组织村民对工作组进行阻拦和对抗，给征迁工作带来障碍。

（二）征迁补偿标准的规范、统一存在困难

土地补偿标准问题是影响征迁工作能否顺利推进和进度快慢的一个非常重要的因素。补偿标准高、补偿能及时到位，征迁进度就相对快；反之，就要大打折扣。但问题的关键在于，补偿的标准到底是多少才能令各方满意。关于补偿标准，目前主要存在以下几个方面的问题。一是补偿标准不统一。基于区位、环境和项目品质等而产生的补偿标准在一定范围内不一致属合理现象，但补偿标准不统一或者不明确很容易提高群众与政府讨价还价的心理预期，甚至导致群众对征迁补偿的公正性提出质疑，造成征迁困难。二是补偿标准不合理。尽管征地补偿标准在不断上调，但与经营性用地的出让价格相比，征地补偿费要低得多，与农民的期望值相差甚远，导致被征地农民往往采取消极应对的态度，阻挠征地工作开展。三是补偿标准客观上缺少科学的计量方法。在土地征迁过程中，涉及的补偿项目非常多，既有土地、房屋、树木等大宗财物，还有许多因迁入城市社区而不得不舍弃的其他财物，政府制定的补偿标准不可能面面俱到。而一旦缺少科学的计量方法，补偿金额就只能由征迁双方讨价还价，从而延缓土地征迁工作的进程。

（三）政策跟进和宣传不到位

许多参与土地征迁的工作人员片面地认为，在征迁工作中只要坚持原则、坚持政策、按章办事，矛盾就会少。但事实上并非如此，很多问题的产生恰恰就源于政策的规定与具体执行之间的矛盾。很多被征迁村民较少甚至无意认真研究相关政策法规，只认一点：生活只能因征迁变得越来越好，而不能因征迁变差。对于征迁中的共性问题，工作人员按原则办事，各方一般是可以接受的。但对于局部的、个别的甚至是特殊的问题，在实际操作过程中确实存在诸多困难。如“农嫁居”问题：一些农村女性嫁入城市，尽管在城市生活、就业多年，但自己的户口包括子女的户口仍在农村，那么政府对她们应如何给予补偿？再如拆除违章建筑、房地产权属争议、住房困难、干群矛盾等问题，也与征地矛盾互相交织。如果相应的政策跟进不到位、不及时调整，土地征迁就会受阻甚至难以推进。

“村改居”明明会给居民群众带来实实在在的好处，那为什么很多居民仍然不理解、不买账呢？很大一方面原因在于，实际工作中对征迁政策的宣传解读不到位，或者干脆忽视宣传工作，导致群众对征迁所带来的好处及长远发展前景不了解、不清楚。比如新社区建设和集中安置可以改善村民的生活条件，促进农村城市化，使居民获得更多的发展机会；交通、医疗、卫生条件的改善可以提升村民的生活质量和社会保障水平；商业综合体建设可以吸引投资，带动周边相关产业发展，相应增加居民的就业机会并改善其生计；市镇经济的快速发展带来区域内房地产的增值，可以为居民提供一项稳定增长的收入；等等。这些“未来可期”的受益被征地补偿中的一些问题所掩盖。村民们注重短期的利益，反映出宣传工作不到位，没有把实实在在的好处给村民讲清楚，导致不少村民拒绝征地拆迁。可见，如果征迁工作仅仅把重点放在征迁实务上，不重视对征迁政策的宣传解读，就会导致人们对征迁政策的不理解甚至是误解，从而影响征迁工作的进程。

（四）“暗箱操作”、“强拆”与“抢盖”等违规违法现象多有发生

在市、区、乡、村四级机构中，乡村的基层组织和干部的行为往往对征迁工作起到直接的作用。少数基层干部素质低下、工作方法失当等，均有可能引起征迁矛盾的激化。集体土地的征用和村民房屋的征迁大多是在“熟人社会”里进行的，当地基层干部或其他乡镇（街办）领导干部的家属和亲朋好友很可能就是被征迁人。工作压力、熟人关系和自身利益交织在一起，导致对基层干部及关联方进行利益倾斜输送的情况屡见不鲜，在一些人心中形成了越拉关系补偿越多的心理预期，这些“暗箱操作”造成“老实人吃亏”的负面影响。此外，一些地方在土地征迁过程中存在规划调整随意性大，不严格依法征迁、征地，乱拆、乱建、乱占，征迁、征地的安置补偿不合理或未能落实到位，被征迁人的居住条件未得到保障，违法违规强制征地、征迁，工作程序上违规操作，工作方法简单粗暴等问题，从而引起部分群众的不满，失去了民心，损害了党群关系，影响社会稳定。不可否认的是，部分被征迁居民为了多获得补偿款，突击加盖、抢盖房屋，既造成社会资源的大量浪费，也给征迁工作带来更多的阻力。

（五）安置房屋超期交付或品质不佳引起群众不满

土地征迁后，农民能否如期迁入新居，以及新社区的建设品质和生活条件能否令人满意，成为回迁居民关注的第二大问题。然而，从我国实际情况来看，许多地区依然做得不尽如人意。首先，受规划选址和征迁工作进度影响，部分项目安置房建设滞后，导致一些被征迁群众未能及时得到住房安置，较长时间居住在暂居地，给日常工作、生活带来诸多不便。这种情况下政府需额外支付过渡费用，增加财政负担；同时，居民长期处在过渡状态，不能如期迁入新居，必然心里不满，这也会影响到新项目的征迁工作。其次，一些地方存在安置社区规划不合理、住宅质量较差等问题。如部分安置社区容积率偏高，绿地少，人口密度大，社区规模不大且位置偏僻；建

成的公共服务设施大都为了满足基本要求，规模小、种类有限，且分布较为不合理，影响居住的生活环境与品质。

（六）长期的城乡二元差异给被征迁群众的生活和生计适应带来隐忧

土地征迁实质上是乡村城市化的开端。从表面上看，集体土地和房屋征迁打破了城乡之间藩篱，拉近了农村和城市的距离，但实质上却使长期形成的城乡二元差异显性化。这一差异不仅表现在经济层面，而且表现在基层社会运行方式、社会文化等诸多方面。从实际状况来看，农村土地征用和征迁的结果是土地所有制性质的变化，农民失去了土地，也就失去了传统农业的经济基础，进入城市社会意味着全新生产、生活方式的开始。在农民向市民身份转变的长链条中，如果各项制度和法规不完善、各种社会保障不健全、文化差异较大，那么征迁难、过渡难现象就难以避免。目前，经济补偿仍是征地安置的主要方式，但是如果过于倚重经济补偿，而征迁后相应的保障手段并没有相应地建立起来，则难以满足失地农民长期的生计生活需要。因此，土地征迁仅仅是工作的开始，而后期的社区治理和服务、民生保障等，则关系到回迁居民是否能够拥有幸福感、获得感。如果不能保障回迁安置后居民的生计和生活质量，也会影响到后期土地征迁的进程。

二　空港新城土地征迁工作的主要做法

一座城市，一种品质。作为一个新兴开发区，为了更好地实现经济和社会发展目标，陕西省西咸新区空港新城于 2011 年正式启动“村改居”项目。实现和谐征迁，带领当地群众走上幸福之路，成为空港新城的首要任务。空港人经过十年的努力奋进，共规划建设了 HY 社区、YG 社区和 XF 社区三大新型回迁社区。三大社区均按现代化城市社区标准建设，地处新城核心地段，环境优美，各类生活配套设施齐全，满足了村庄征迁及后续回迁安置的需求，为提升人民群众的生活质量、实现基层社会治理现代化奠定了良好的基础。

回顾十余年的发展历程，空港新城最初的征迁工作也和其他地区一样面临普遍性的难题，如群众故土难离、对征迁补偿的期望值过高，部分安置房屋建设相对滞后等。此外，征迁工作也存在一些特殊困难。因空港新城的城市建设处于奋力前行的初期阶段，各项配套政策和制度亦未健全，群众整体生活水平偏低，群众对土地征迁普遍存在怀疑、观望的心理甚至抵触情绪。面对此种情况，空港新城从开发区建设的整体战略规划出发，统筹全局，以“高看群众一眼”为思想指引，始终以维护群众的切身利益为根本，以尊重群众的主体地位为出发点，以各类政策和实施方案为依据，开辟了一条阳光和谐征迁的新道路。

征迁工作能否有序开展和顺利完成，顶层设计尤为重要。空港新城最初是西安、咸阳两地共管，因此前期土地征迁工作由咸阳市渭城区人民政府同空港新城管委会联合成立的空港新城拆迁指挥部做整体规划并负责组织实施。在征迁前空港新城管委会进行了充分的前期调研、倾听民意和多方论证，制定出台了《陕西省西咸新区空港新城村庄征迁补偿安置实施方案》，以此来指导和规范征迁工作的开展。管委会充分考虑到被征迁群众的安置需求，提出尊重群众、为民谋利的指导思想，陆续出台了经济补偿安置办法，制定了系统的工作方案和应急预案，为回迁安置工作做了充分的准备，提供了强有力的保障。在整个土地征迁期间，空港新城探索并形成了“阳光征迁、和谐回迁、五金保障”的新模式，实现征迁工作“零纠纷、零上访、零事故”，使广大被征迁群众在思想上从“抵触征迁”转变成“期待征迁”，营造了空港新城开发建设和人民安居乐业的双赢局面，征迁工作也取得了优异的成绩。

（一）创建“党建+征迁”工作机制

空港新城在征迁工作中创新工作方法，创建了“党建+征迁”的工作新机制，坚持在党的领导下开展征迁工作，充分发挥了各级党组织的战斗堡垒作用和党员先锋模范作用。各级党组织定期召开征迁工作会议，研究并及时解决征迁工作中存在的问题，深入基层一线开展调研、宣讲、动员，贴近百姓、与民共进，主动、高效地开展工作。同时，加强党组织及党员队伍建设，坚持把党员放在征迁的第一线，从征迁一线吸收、提拔党员，在工作中坚持“亮身份、亮承诺、亮业绩”，围绕项目抓党建，抓好党建促项目，充分发挥街道领导班子，村委会、村小组党员干部以及无职党员的先锋模范作用，使征迁工作更快推进。在队伍管理上，创新岗位竞聘等考核和激励机制，对征迁中超前完成任务、业绩突出的党员干部公开表彰。此外，结合网格化管理，使党员下沉到具体网格中，积极做好征迁中的矛盾纠纷化解工作，突破重点难点，将工作做实做细，做到矛盾不上交、不转移。

（二）“六上六下”了解社情民意，主动征求群众意见

征迁政策要用之于民，只有广泛听取群众意见，“从群众中来，到群众中去”，才能使群众满意及认同。空港新城在实际工作中一改以往先政策后推行的做法，在土地征迁政策制定之前先进行深入细致的调研，主动了解群众诉求，广泛听取群众意见，反复论证，同时一改群众被动接受既定政策的“惯常做法”，从而确保最终出台的征迁政策贴近民意、深入民心。一是在征迁政策出台之前，深入村组开展调查。工作人员走进田间地头对村情村貌进行摸底，坐在炕头上与群众拉家常，做到“情况明，家底清”。同时，建立档案资料库，为政策制定收集第一手资料。二是政策的制定认真听取和充分尊重群众意见。对此，空港新城管委会邀请区县相关部门、镇（街办）的工作人员和群众代表参与征迁政策制定。针对群众提出的各种意见，进行充分调研评估，只要符合大部分群众利益的就积极采纳，把“钉子户”、“问题户”等问题化解在“萌芽”阶段。三是政策成形后邀请法检“把关”。空港新城邀请当地法院、检察院负责人从专业视角逐一列举征迁工作可能存在的矛盾点，并从司法层面提出有效规避宅基地认定等纠纷的专业性建议。四是反复研讨，确保

正确决策。空港新城管委会经过与咸阳市渭城区政府“六上六下”讨论研究，并召开联席会议，最终将全面细致、科学实用的《陕西省西咸新区空港新城村庄征迁补偿安置实施方案》公布于众，使后期各项工作的开展有章可循。

（三）全面深入宣传引导，解除群众的后顾之忧

如前所述，土地征迁相关政策是否宣传解读到位，直接影响到土地征迁工作的进程。因此，空港新城将宣传工作作为前期的主要工作之一，多形式、多轮次、全方位宣传征迁惠民政策，强调站在群众的角度考虑问题，并开展动员工作，为后续征迁奠定了良好的基础。一是全员整装上阵。工作人员和领导干部坚持加班加点，进村入户开展宣传动员；拆迁指挥部办公室、技术组及各入户团队走访征迁对象，解读方案，了解民情民意。在各级组织的共同努力下，空港新城按下了征迁“加速键”。二是做好政策法规宣传。工作人员分片进行入户宣传，做到《征迁政策宣传手册》、《致村民的一封信》居民人手一份，并现场解答群众疑问，及时发放标明联系人姓名、电话及监督电话的“征迁工作便民卡”，方便群众随时随地咨询、沟通。“一户不落，一人不少”正是入户宣传团队秉持的工作原则。各入户团员挨家挨户登门走访，向群众讲解征迁政策法规，及时掌握每一户涉迁对象的思想动态。针对入户过程中发现的特殊人群、特殊情况、困难问题，反复组织入户深入了解，及时上报汇总。细致摸查住户的家庭情况和社会关系，对涉迁户反映的想法、期盼、要求及时归纳梳理，与群众“零距离”交心交底。三是做好项目建设宣传。工作组通过动员会、培训会、群众代表会等渠道，宣传开发区建设对地方经济社会发展的拉动作用，提升村民对未来生活的信心。同时，编印《空港新城城乡统筹快讯》，第一时间介绍空港新城产业发展动态。四是做好回迁安置宣传。空港新城坚持安置和征迁同步进行，在各拆迁指挥部现场举办安置社区展示会，向群众展示安置房的整体规划和布局、户型设计以及配套的公共设施、交通等情况，加深群众对回迁安置的了解。多次举办电影下乡活动，组

织村民观看有关新农村、城镇化建设等多种题材的纪录片及空港新城城乡统筹宣传片，坚定了群众响应征迁、支持建设的信心。

（四）创新征迁补偿办法，全面保障群众利益

在土地征迁补偿方面，空港新城结合区域内征迁的实际，以人民群众为中心，不断创新思路，陆续推出“货币化”补偿政策、“清零奖励”、“现房+期房”和“商业用房置换住宅”等一系列创新举措，保障人民群众的利益。2016 年底，为响应国家号召，推出“货币化”补偿政策，除了让群众享受保底住房外，还有土地补偿费、青苗补偿费、附着物补偿费和安置补助费等多项补偿。2017 年初，着力推出“清零奖励”，以村民小组为单位分设不同奖励：第一奖励期内整个小组完成搬迁的，每户奖励 1 万元；第二奖励期内整个小组完成搬迁的，每户奖励 5000 元。在激励群众搬迁的同时，也让群众享受到更多的征迁红利。同时，为有效解决被征迁群众在过渡期间的生活问题，空港新城依据当地的房屋租金和物价，适时调整和优化租房补偿标准，保证被征迁群众在过渡期间生活不受影响。

为解被征迁群众的后顾之忧，空港新城从长远着眼，创造性地推出“现金+租金+股金+薪金+保障金”的“五金保障”体系。一是征迁补偿有“现金”。按照征迁政策，在房屋征迁、土地征收及流转时，群众可以领到补偿的现金，征迁补偿款人均约 5 万元。二是闲置房屋收“租金”。大部分群众在回迁后可拥有 3 套以上住房，可出租闲置的房屋收租金。三是商业面积分“股金”。安置社区为回迁群众每人预留了 10 平方米的商业用房，由村集体统一经营，群众按商铺入股，每年可以分到股金。四是区内就业挣“薪金”。空港新城要求劳动密集型企业给本地群众预留 20%~30%的就业岗位，同时对回迁群众进行就业培训，让他们通过人才推介进入企业就业，挣得薪金。五是老年生活有“保障金”。空港新城按标准统一打包支付失地农民养老金，符合条件的失地农民每人每月可领取 260 元养老保障金，使群众晚年养老有保障。空港新城在征迁工作中最大化保障群众利益，得到群众的广泛认可。

（五）服务为本，将征迁工程变成民心工程

在土地征迁过程中，全国各地都出现了一定的困难和问题。比如，有的地方工作推进存在冒进倾向，群众工作做得不深不细，工作简单化，工作统筹衔接不够，思想认识有偏差。有些地方甚至出现强制推进等情况，产生负面社会影响。空港新城在征迁工作推进过程中坚持“真情”开路，尊重和了解群众的真实想法和意愿，实实在在地为被征迁群众提供服务、解决困难。要求征迁干部怀着感情去服务村民，使村民明白征迁的本质不是妥协，而是服务。在服务为本的要求下，空港新城管委会十分注重服务的精细化，强调要与当地政府密切衔接，充分发挥街办干部底子清、情况明的优势。同时，要求党员干部站在村民的角度想问题，以“理性、平和、文明、规范”的方式开展工作，克服冷、横、硬、推、拖等不良工作作风。倡导微笑服务、文明用语，杜绝讽刺、挖苦、训斥和言语过激。工作人员现场为群众讲解征迁政策时，对群众提出的问题一一耐心解答，切切实实地为被征迁群众提供细致入微的真情服务。

只有105户人家的XZ村是第一个被征迁的村庄。万事开头难，XZ村在征迁中遇到的困难是可想而知的。村支书查某说：“农村群众讲理更讲情，如果能用温馨细致的工作方法来感动他们，征迁工作就事半功倍。”“我们在征迁过程中，都是根据农村群众的作息和生活习惯来开展工作，白天农忙，我们就晚上进村做工作。”征迁工作人员吴某于2016年1月入职，先后负责BS街办BE村、YA村、LJ村、XJ村、BL村等村的动迁工作。他在回顾当时工作的情形时说：“现在村里的群众很多都选择外出务工，只有下班或者节假日才有时间回村处理征迁的事情。为了更好地服务群众，我们在开始谈协议、动迁的时候就将上班时间改为11：00到23：00的无节假日模式。那时深夜一两点、两三点下班是常有的事，只要被征迁人同意签协议，多晚下班都行。”“干征迁工作，要装有两把尺子，一把在手里，一把在心里，既不能让老百姓吃亏，也不能让国家利益受损。”“干征迁做思想工作，就得以心换心，要把心掏出来给老百姓，

谈明白了，老百姓也就理解你了。征迁工作无捷径，靠的就是耐心。在群众真正理解政策后，还得用真诚的关怀和公平、公正实施的征迁政策来打消大家对未来生活的顾虑。”

现任 XF 社区第二书记的韩某，回忆起当年 HJ 村征迁时颇有感触。韩书记曾是 HJ 村的老支书，当年土地征迁时，既要起到模范带头作用，又要动员村民们积极响应号召。韩书记说：“最初的工作特别难开展。首先是家人不理解、不支持。原本热情相待的村民当时见了我躲着走，甚至有人背后骂我数典忘祖。”“最初大家不愿意搬迁是可以理解的，毕竟同村的人世世代代一起居住生活了这么多年，听说村庄要被拆除，自然感到故土难离。但是此次征迁是一件利国利民的大好事，是村民们步入幸福生活快车道的难得机遇。因此，给群众做思想工作必须晓之以理、动之以情。虽然是硬任务，但是也不能缺少温情。”“遇到特别固执的人，我们就先做他们家人、亲戚、朋友的工作。我们同村的韩姓兄弟，我到他家去，他又是端茶，又是递烟，但是我一提到征迁，他就立刻板起脸，根本不给我张嘴说话的机会，称说啥都不能把祖祖辈辈的家产给卖了。后来他的一个在深圳工作的亲戚回来了，我赶紧去给他的亲戚讲明征迁政策。这是个明眼人，在外地工作经历的也多，一说就清楚是咋回事。他这个亲戚马上就去做工作，不久我这兄弟就同意征迁了。如今搬进 XF 社区了，眼见着日子比以前好了很多，见了面又恢复了往日的热情。”

当要离开祖祖辈辈居住的老院子时，门前的一草一木都令人难以割舍。在村民们搬离老宅之前，细心的工作人员帮忙搬东西，还特地聘请了专业人士为即将被征迁的村庄拍摄影像资料，为搬迁村民拍摄全家福照片，并放大装框给村民留念。虽然表面上看来是小事，却换来不少被征迁群众的理解和感动。通过实实在在地为居民群众办好事、办实事，空港新城在征迁实践中探索开辟出了一条新路，化解了征迁过程中出现的种种问题和矛盾，用真情打动群众、温暖民心，使征迁工作迈上新台阶。

（六）多措并举，从源头遏制抢建加盖行为

在征迁过程中，各地都出现过因征迁而抢建加盖的现象。按以往土地征迁惯例及各地政策，安置补偿款或者房屋是按照原有房屋及土地附着物面积计算的，所以在征迁通告发布之后、征迁工作进行之前，各地都会出现群众突击加盖房屋以增加房屋等附着物面积的现象，试图获得更多的补贴收益。针对此类问题，各地大多数情况下都严厉打击，发现抢建加盖建筑立即拆除。空港新城在前期就考虑到此类情况，从顶层设计上明确导向、出台新策，在严厉打击的基础上另辟新路，从源头上遏制抢建加盖现象的发生。

一是始终对抢建加盖行为坚决禁止。一旦发现有抢建加盖的苗头，国土房管、镇办、综合执法等部门和单位就合力齐上，拆除违法建筑，做到发现一起查处一起，收到拆除一点、遏制一批、教育一片的效果，形成对违法抢建加盖行为的强大震慑力，实现抢建加盖问题“零发生”。同时，聘请村组干部等担任义务执法监督员，发挥监督、协调、宣传的作用。二是按照总体成本不变、“以奖代补”的原则，明确“多盖不受益、不盖不吃亏”的政策导向，制定相关条例。空港新城征地拆迁办公室主任张某说：“在当前征迁工作中加盖已成为一种普遍现象，被征迁群众希望通过现有面积的增加来获取更多的补偿和安置费用，继而引发安全事故、浪费社会资源等一系列问题。”空港新城在制定征迁补偿安置政策的过程中，开创性地制定了按人均面积进行奖励的办法：“符合条件的农业户口，人均建筑面积在60平方米内的，每人给予4万元奖励。被征迁房屋建筑面积小于人均60平方米的，不足部分按每平方米300元予以奖励。”按人均住房面积40平方米、一家5口人计算，每户将得到人均不足60平方米的20万元奖励，再加上不足部分面积奖励的3万元，在不加盖的情况下，该户总共将得到23万元的奖励金，远比加盖划算得多。很多村民在算清经济账后主动要求被征迁，这也就从根本上遏制了抢建加盖现象的出现。三是严格执行政策，一把尺子量到底，做到公开透明，让广大群众没有争议，减少征迁中的阻力，从而平稳顺利地推进征迁。

因为征迁补偿是按每户人口数量核算的，在实际工作过程中，工作人员会遇到“突击生”和“期限后生”的情况，即在征迁截止日期前，有家庭会通过增加人口数来多获取补贴。对于这种情况，如果出生证明上的新生儿出生日期在征迁截止日期前，会将其纳入家庭人口进行补贴，但是对于在征迁截止日期后出生的新生儿，工作人员会严格按照规定执行政策，使每个家庭都能得到公平的对待。

三 空港新城土地征迁工作的经验启示

空港新城在征迁过程中，始终坚持以群众共享新城发展建设成果为指引，以打造新型城市化示范区为目标，以维护群众的切身利益为根本。正是因为有一套既科学规范又接地气的征迁政策，有一支令行禁止、敢闯敢拼的征迁队伍，有一个始终将群众利益放在首位的坚定信念，才让广大被征迁群众在思想上从被动的“要我拆”转变成主动的“我要拆”，形成空港新城开发建设顺利推进和人民安居乐业的双赢局面。空港新城在征迁工作中探索出具有空港特色的方式和方法，形成了宝贵的空港经验，有力地推进了土地征迁工作的进程。

（一）坚持将“以人民为中心”作为征迁工作的根本宗旨

空港新城的土地征迁工作之所以能够顺利推进，为开发区建设成功迈出第一步，这和空港新城始终坚持“以人民为中心”这一宗旨是分不开的。习近平总书记指出：“人民是历史的创造者，群众是真正的英雄。人民群众是我们力量的源泉。”① 坚持“以人民为中心”，就要把促进人的全面发展作为经济社会发展的最终目标，既着眼于人民现实的物质文化生活需要，又着眼于人民素质的提高，把促进人的全面发展落实到经济社会发展的全过程，贯穿到各项工作中去。“高看群众一眼”，始终把群众利益摆在首位，不断提升群众

① 《人民对美好生活的向往，就是我们的奋斗目标》，《习近平谈治国理政》，外文出版社，2014，第 5 页。

生活的满意度和幸福度，成为空港新城开发建设的工作宗旨。在土地征迁过程中，空港新城并没有把完成土地征迁当作工作目的，而是面对人民群众，走出“衙门”，摆脱只追求政绩的错误观念，树立群众观念，站稳群众立场，把项目征地拆迁作为使群众共享发展成果、改善群众生活环境、提高群众生活幸福指数的重要机遇。在征迁过程中，提出“以人为本、阳光征迁、和谐回迁、真情开路”，力求将征迁工程变成民心工程。在具体工作中，始终把群众当作空港新城的主人，在征迁实施中最大限度地维护群众利益，因此赢得群众的支持。对于群众提出的一般性问题当场答复，疑难问题一天答复，重大问题三天答复，确保群众反映的问题事事有回音、件件有着落。同时，真切理解群众“故土难离”的心情，在征迁中把群众当亲人，为群众做好事、办实事、解难事。既着眼于当下，通过征地拆迁从根本上改善群众的生活水平，实现其物质上富起来；又着眼于长远，通过区内就业、养老保障等举措，加快被征迁群众从“农民”到“市民”的角色转变，实现其精神上富起来。注重帮助群众融入城市生活，实现四个城市化，即生活城市化、就业城市化、收入结构城市化和社会保障城市化，从而让群众没有后顾之忧，享受与城市居民相同的社会福利和待遇。正是因为始终贯彻“以人民为中心”的思想，消除了人民群众的猜疑、误解，使居民真正感受到政府为人民办实事、办好事，空港新城政府在征迁工作中的公信力才越来越高，征迁工作也越来越顺利。

（二）坚持系统思维，从土地征迁到社区治理通盘部署

空港新城在征迁及“村改居”社区工作中有个非常成功的经验，就是坚持多部门协同，从最初的规划起就将“征迁、建设、治理”作为一项系统工程来做，在组织上、制度设计上和具体的实施过程中实现三个环节相互支持、相互促进的全新格局。在土地征迁过程中，既要做好征迁政策制定的顶层设计，又要通盘考虑、系统作为，在后续的社区建设和社区治理方面做足功夫，反向推动征迁工作进程。空港新城在制定征迁政策时，经过“六上六下”讨论研究，最

终出台了《陕西省西咸新区空港新城村庄征迁补偿安置实施方案》。这一方案既最大限度地保障被征迁群众的利益，又通过按人头确定补偿面积、整村奖励、公开公示等切实可行的实施办法有效地规避了抢建加盖、灰色交易等问题，使得征迁工作中没有出现一起村民违规突击盖房、工作人员与村民发生冲突的事件。在制定政策的同时，空港新城创造性地推出“五金保障”体系，为动迁村民的未来生活提供坚实保障。在体系上形成闭环，既推动征迁工作有序开展，又使的群众生活得到保障，形成良性循环。首先，在规划阶段，把土地征迁与被征迁群众今后的生活和就业问题放在一起通盘考虑，高标准规划建设公共交通，健全医疗、教育等公共资源，开发建设商贸市场，集中规划回迁安置房，改变了交通闭塞、出行不便、宅基地紧张和商业不发达的状况，解决了失地农民未来经营、就业、住房、教育和就医等一系列生产和生活问题。其次，为被征迁群众提供具有针对性的就业帮扶。通过职业培训，使缺乏一技之长、文化程度偏低、年龄偏大的农民至少掌握一项技术或一项应用技能，通过拓展就业渠道和岗位开发，多管齐下，努力拓宽群众的就业空间。

空港新城通过解决好被征迁群众的生活、就业、教育等民生方面的实际问题，使被征迁群众成为征迁工作的直接受益者和积极支持者。可见，在制定各项征迁政策方案前要进行充分的调研，了解民情民意，之后要充分考虑各方意见和建议，科学论证。同时，也必须要坚持系统思维，从长远考虑，全面部署、整体推进、相互衔接，这样最终的结果才能经得起历史和人民的考验。

（三）坚持多部门、多层级协同，保障征迁工作有效推进

征迁工作伊始，空港新城就坚持联动协作，建立多部门议事协调机制，定期或不定期召开会议，研究出现的问题并及时解决，各部门随时沟通，共同行动。在征迁过程中，空港新城坚持推行“新城+街办+村组”的合作联动模式，成立联合拆迁指挥部，发挥街办、村组情况熟、底子清、人缘好的优势，空港新城政策清、程序明、

机制活的优势，使各方互通信息、协同作战，工作中各负其责、主动积极、勇于担当、协调推进，形成工作合力。尤其是构建社会治理共同体目标的提出，更加明确了多主体之间联动协作的要求。多部门以及各主体之间不断加强沟通、联动协作，实现专项治理与系统治理、综合治理、源头治理有机结合，从而提升工作效率，确保各项政策、制度落实到位，提高社会治理能力。

（四）坚持阳光透明的工作纪律，不让老实人吃亏

在空港新城之所以没有出现纠纷、上访事件，与征迁过程中始终坚持每一项工作公开透明、阳光操作是分不开的。做到政策、流程透明公开，让群众清清楚楚、明明白白，保证实施过程公平、公正，是空港新城征迁工作的基本原则。无论是面对征迁“钉子户”，还是四处打招呼的关系户，空港新城始终严守“一把尺子量到底，一本账算到底”的工作纪律；无论是征迁补偿政策还是回迁安置时的选房方案，都秉持着不让老实人吃亏的原则，让回迁居民感受到政府始终站在人民群众这一端，从内心接纳政府的工作。在征迁安置工作进行过程中，征迁部门将征迁政策、奖励办法、交房顺序、选房流程等关键事项全部公示，并在征迁宣传手册和回迁宣传手册中列明补偿标准，使群众“会算账、算对账、算好账”，做到“一个声音传播到底”和“一个标准执行到底”、“一个原则坚持到底”、“一个问题解决到底”。一切程序都在公开透明的状态下进行，树立了空港新城公平、公开、公正的良好公信力，赢得群众对征迁工作的信任和支持。可见，在各项工作中坚持阳光透明、公开公正，让人民群众在每一项事务中都感受到公平正义，是建立良好的党群、干群关系，提升群众的满意度和安全感的根本保证。

（五）坚持党员干部带头，发挥示范引领作用

空港新城充分发挥党员干部在征迁工作中的带头引领作用，把党员放到征迁第一线，树立务实精神，发扬其能吃苦、打硬仗、勇担当、乐奉献的作风。成立的党员突击队、党员志愿服务队、党员帮扶队、党员处突攻坚队等四支队伍，深入群众，宣传讲解征迁政策并解决群众困难。村“两委”干部和党员率先主动搬迁，在群众中形成了广泛的带动和示范效应。对于出现的困难，党员干部身先士卒，直面困难、解决问题。空港新城工作经验给予我们的启示在于：在各项工作中，党员干部严格要求自己，与时俱进，树立正确的利益观，保持先进性。同时，发挥先锋模范作用，始终将群众的切实利益放到各项工作的第一位，做到遵纪守法、廉洁从业，顾大局、识大体，以群众利益、集体利益和国家利益为重，引领、带动群众平稳完成征迁工作。

（六）坚持激励为主、约束为辅的工作原则

在征迁政策制定和实施过程中，空港新城通过建立有效的激励与约束机制，推动工作稳步开展。首先，不与民争利，将更多的实惠让渡给被征迁居民。空港新城在征迁过程中出台“清零奖励”政策、货币化政策，既使群众从中得到更多的收益，也加快了征迁进程。其次，坚持公平公正、依法征迁。对于可能出现的居民在房屋征收范围确定后扩建、改建等违法违规行为，一是加大对有关政策和法规的宣传，预先防范。二是加强约束管理。对经多次上门沟通协调，在下发土地责令书后拒不整改者，将依据我国《土地管理法》、《国土资源部关于完善征地补偿安置制度的指导意见》的相关规定进行处理，责令当事人立即停止建设、自行拆除或回填，并自行承担相应的费用支出。

这种激励与约束有效配合的工作机制，既保护了大多数人的利益，又最大限度地维护公平，推动征迁工作有序开展。

第三章　以“宜居”为标准，高质量推进回迁安置社区建设

回迁安置房规划设计的高标准和建设工程的高质量，是被征迁群众最关心的问题。新社区的建设在许多人看来仅仅是一项工程，但实际上这个过程对于土地征迁和社区治理来说起到承前启后的重要作用。一个质量优良、配套齐全、服务上乘的社区，能让尚未回迁的群众看到实实在在的社区品质，从而有力地推动后续征迁工作的进程。同时，优良的社区规划设计和硬件设施也有利于后期社区治理和服务工作的开展。

空港新城前期征迁工作的顺利开展，为建设工作的有序推进打下了良好的基础。为更快、更好地做好回迁安置社区建设工作，空港新城以“宜居”为标准，坚持高品质建设原则，充分考虑回迁安置社区服务辐射的均衡性，采取制定规划在先、质量优先的策略，实行多村合一、集中安置、连片建设的模式，努力做到优化设计、严控质量、配套齐全，为居民提供和谐文明的高品质社区。2014 年，空港新城一期回迁安置社区建设工程正式启动并有序推进。在以“人民为中心”的思想指导下，选取开发区优质地段建成 HY 社区、XF 社区和 YG 社区三个安置居住型社区。随着一期工程的顺利竣工，空港新城从 2017 年 1 月开始着手村民回迁安置工作。至 2020 年，YG 社区已建成并交付项目 4 个（YGL 公租房、YGL 棚改一期、YGL 棚改二期、YGL 棚改三期），房屋共计 2679 套，已分配入住 1890 套。2021 年 3 月，空港新城最大规模的 XF 棚改安置房建设项目一期、二期、三期 A 区、三期 B1 区及三期 B2 区五大项目全部按时竣工交付。目前，XF 社区已累计完成 18 个村庄的回迁，分配房屋 8200 余套，常住居民有 3300 余户 1.2 万余人。为了提高回迁群众入

住后的生活品质，每个社区均有服务中心、医疗中心、学校和文化公园“四大标配”。完善的配套实施，严格的工程质量把关，得到群众的充分肯定。“人们来到城市，是为了生活。人们居住在城市，是为了生活得更美好。”老村庄日渐衰落，取而代之的是焕然一新的现代城市社区，生活环境极大改善，实现了从农村到城市的跨越式转变，这使未被征迁群众有了“看得见的实惠”，盼望所在村庄能早日动迁，也极大地促进后续征迁工作的有序推进，为后期社区治理打下了坚实的基础。

一　空港新城回迁安置房建设的主要做法

回顾我国土地征迁的发展历程，许多地区存在重征迁、轻安置的情况。一些回迁安置房不同程度存在地理位置差、户型设计不合理、社区环境差、生活配套设施不足、物业服务不到位等问题，群众的利益未得到保障，不能享受公正待遇引起被征迁群众不满，也造成后续征迁工作推进难度加大。空港新城在回迁安置房建设过程中，就安置房的规划、设计、建设、管理、分配等环节进行了科学分工和合理安排，采取规划在先、集中安置、质量优先的策略，在回迁安置房建设选址、户型设计、绿化规划、设施配套等各个方面，切切实实做到以群众利益为先，以满足人民群众的需要为本。当品质优良、配套齐全、管理有序、环境优美的现代化社区呈现在面前，群众便一改对“村改居”社区的旧印象，产生了实实在在的幸福感和获得感。

（一）集中安置，连片建设，便于后期社区管理与服务

在建设形态上，空港新城采取多村合一、集中安置、连片建设的模式。这一做法的优点在于：一是在实现土地集约利用的同时，促进公共服务资源的优化配置，为高质量服务供给奠定了基础。原有村落地理空间分布较为分散，村民到政府部门办事非常不便，连片集中安置有利于后期社区各项管理和服务工作的开展。尤其是像

XF 这类社区已实现“办社合一”，街办的一些政务服务下沉到社区，与社区业务融合，使居民办事不用跑街道，不出社区在家门口就能办理各项业务，体会到极大的便利。二是有利于较快形成社区归属感和认同感。征迁前属于同一行政村的被征迁群众，原本关系比较密切，集中安置的措施使原本相互间熟悉的邻居可以选择居住在同一个小区，在心理层面会让群众有群体的归属感。三是多村合并、集中安置也有利于加强原来分属于不同村的居民之间的交流交往。传统农村社区具有分散聚居的特点，表现为村落内部成员交往密切，而整体相对封闭，对外交流不足，客观上造成信息不畅通、对外部资源利用不充分，导致所在地市场化、现代化进程缓慢。相对集中的回迁社区突破了原有的界限，加速社会变迁的进程，原来不同村的村民现共居于同一社区，扩大了社会交往范围，为回迁群众互助互济精神的建立奠定良好基础。四是集中连片建设安置房也使社区管理和服务更加便捷有效，变分散管理和服务为集中管理和服务，使群众可以更方便地获取优质的公共服务资源，享受低成本、高质量服务。

（二）原址回迁，占据新城核心地段

城市社会学中所指的“区位”，本身就是一项重要的资源，因为良好的区位意味着能够更加容易接近或者拥有附着在区位上的其他资源。基于经济效益的考虑，许多回迁安置社区存在区位规划不合理的问题。如果回迁社区远离城市核心区域、市场成熟地段，建在城市的边缘地带，或者城镇化程度不太高、交通不便的地方，而相应的政治、经济、文化等资源不足，那么社区居民就难以同体量地享有城市所提供的公共服务、社会资源和市场机会，在公共卫生、教育、就业等资源或机会的获得上亦居于弱势地位。从社区管理与服务层面来看，那些治理水平和发展情况较好的社区，往往外围的市场组织、社会组织等发育状况良好，受政府支持力度也较大，更容易做出突出的成绩。相反，地处偏远位置的社区自身缺乏足够的基本社会资源，市场和各类社会组织发育迟缓，社区发展动力不足，从而与“先进”社区的差距不断拉大。

在回迁社区的区位选择这一问题上，可以说空港新城管委会给了回迁群众最为满意的答复。管委会充分尊重群众原地回迁的愿望，把三大回迁社区——XF、HY、YG 社区规划在毗邻城际铁路和交通主干道，且位于未来城市核心商业区的地段，使居民既享有较好的生活条件，又对该地段未来的增值空间有更大的期待。这一做法在国内其他城市并不多见。

1. 原址回迁安置

被征迁群众世世代代居住在村庄，有着浓厚的乡土情怀，在政府前期意见征询过程中普遍希望原地回迁。空港新城管委会考虑到群众故土难离的情感，在充分尊重被征迁群众原地回迁愿望的前提下进行科学规划，做到具体选址既有利于空港新城乃至西咸新区的发展大局，又能保障群众的未来发展利益，最终确定三大社区以西安咸阳国际机场为中心，保证被征迁群众的原居住地距回迁社区在 5 公里以内，兑现了向被征迁群众许下的原地回迁的承诺。

2. 社区位于未来生活和商业核心区域

以空港新城体量最大的回迁社区 XF 社区为例。根据规划，XF 社区处于空港新城的核心区域，邻近商业区和西安咸阳国际机场。规划中的国内某知名商业综合体项目距离 XF 社区仅 1.7 公里，项目预计总投资 56 亿元，占地 290.6 亩，包括一座 12 万平方米的商业广场、一家约有 300 间客房的精品酒店。该项目将引入时尚零售、潮流运动、特色餐饮、休闲娱乐、儿童体验等多种业态和项目，打造梯田花海、运动广场、艺术走廊等创意 IP，形成多主题活力空间。这里未来必将成为一个集社交、休闲、娱乐等多种功能于一体的打卡胜地。以该商业综合体为核心的周边商业项目也将陆续开工，未来商业区的繁荣将为空港新城引入大量人口，促进空港新城房产升值和服务业发展，也将带来更多的就业机会。而西安咸阳国际机场的客运、货运及其延伸服务的发展，也将为回迁安置社区及其周边的发展提供强大的推力，为回迁群众带来更多高品质的生活和服务增值空间。

3. 周边交通十分便利

从交通上看，空港新城毗邻西安咸阳国际机场，靠近机场城际线空港新城站，公交车、出租车等出行也很方便，构成多维合一的立体交通网络，居民出行远游具有天然的交通优势。例如，XF 社区与西安咸阳国际机场距离不到 4 公里，驾车 20 分钟即可抵达机场航站楼，出行十分便利。已开通的地铁 13 号线（从西安北客站至西安咸阳国际机场）缩短了居民在空港新城与西安主城区之间往返的时间，乘坐地铁 20 分钟即可从西安咸阳国际机场到达西安北客站。空港新城区域内还有规划中的地铁 12 号线，该线路将空港新城与高新区、长安大学城等板块连接起来。新城北有机场高速，西有沣泾大道，南有福银高速，居民自驾出行十分便利。此外，空港新城所辖的各社区附近已开通多条公交线路，建立了公共交通通勤体系，确保辖区内公交车站全覆盖。在车站附近设置共享单车点，便于群众近距离出行，打通群众出行“最后一公里”。

（三）凸显汉唐文化底蕴，营造人文社区气质

空港新城地处历史上的汉唐胜地，物华天宝，人杰地灵。当地居民祖祖辈辈生长于斯，长期深受传统文化熏陶和滋养，有着深沉的精神追求。因此，在回迁安置社区项目规划设计上如何凸显汉唐文化底蕴，打造人文元素与现代设计相结合的社区，成为项目建设方案策划者的首要关注点。为此，空港新城管委会组织相关专家多次论证研讨，在回迁社区建设风格上强调都市文化和故土乡愁有机融合，将传统文化元素与现代功能巧妙联结。再如在道路命名上，充分参考汉唐文化传统和古代典籍，并巧妙结合当地临空产业特色，彰显出新城独有的文化气质。

1. 体现古今结合的中式建筑美学

如 XF 社区的建筑以中国传统文化为核心元素，采用城市文明与传统文化相结合的风格。在建筑风貌上，考虑到村民的故乡情怀，采用当地人偏好的咖色、土黄色、米黄色等色调，体现出浓厚的关中风情，亲近自然、和谐泰然。在空间布局上，采用现代风格的空间规划，同时不失传统的建筑风貌。极具特色的XF小学的三进院落式结构，整体呈现出古香古色的书院风格，将中国传统的儒家文化与现代设计相结合，既具有浓厚的传统文化气息，又具有现代建筑的功能，使环境与建筑协调统一，简单却不失内蕴。在XF社区二期的设计和建设过程中，还专门设置了牌楼这一传统建筑，更凸显中国传统的艺术特色和亲切感，该建筑还具有物业用房、小型服务中心等功能，呈现出既美观又实用的特点。

2. 特色鲜明、寓意丰富的道路命名

地名作为一种重要的文化符号，是民族文化、地域文化、乡土文化的重要实现形态和载体。而道路名称在现实生活中是使用频率最高、存续时间最长的城市文化元素之一，因此，为道路命名是城市建设中十分重要的一环，也是彰显和传承一座城市独特气质和文化生态的重要形式。为体现当地独有的文化气质，空港新城举办了域内道路命名专家咨询会，汇集专家学者的智慧，汲取中国传统文化的丰富营养，深挖空港新城历史文化遗存的内涵，以彰显空港新城鲜明的文化特色以及现代化国际空港城市的定位。空港新城在道路命名的过程中，参考本地的历史文化传统以及《尚书·大禹谟》、《正气歌》、《滕王阁序》等相关典籍文献，强调尊重历史、尊重现状、突出地域特色。一是凸显秦汉文化特色。如位于萧何和曹参墓附近的汉兴街、汉盛街、汉宁街和汉定街的命名，反映出汉朝兴盛时期社会的繁荣安定，并借以喻示空港新城的兴旺发展，与萧何路和曹参路形成一个主题鲜明的整体。二是参考相关典籍文献。如扶摇路的命名，“扶摇”意为自下而上的旋风，出自唐代李白《上李邕》“大鹏一日同风起，扶摇直上九万里”，喻示临空经济是国家经济未来发展的重要方向，空港新城也将乘此东风高速发展，助力“大西安”建成国家中心城市。三是突出空港新城的临空产业特色。如腾霄一街，有腾空、冲天之意，寓意为新城临空产业一飞冲天。又如翼通一路，“通”指通运、通达，喻示空港新城的物流产业通达寰宇、惠及世界。空港新城的道路命名既汲取了中华优秀传统文化的养分，又兼顾空港新城自身的特色，在展现优秀传统文化底蕴的同时，又增添了现代文明元素。

（四）严把工程建设质量关，创建绿色低碳社区

回迁居民在社区能否住得舒心、住得安心，住房建设质量是最核心的要素。在回迁安置社区设计与建设方面，空港新城遵循绿色、低碳、节能、环保的发展理念，坚持高起点、高定位，力求将现代绿色新技术与社会、环境、人文等多种因素有机结合。在回迁社区建设的过程中，空港新城制定了高质量的建设标准，打造了高水平的监管体系，通过多项有力措施，保证安置房建设达到“高标准”和“全到位”的要求。

1. 建设标准高要求

社区的科学规划设计是高质量建设的前提。2020 年，西咸新区颁布《西咸新区规划建设品质标准》，从“15 分钟生活圈”、居住小区、建筑单体三个方面提出 206 项控制要求、163 项强制标准，形成全国首个综合集成的城市建设标准体系，助力城市高质量发展。空港新城回迁的重点项目 XF 社区的规划设计，由上海中建建筑设计院有限公司和中国建筑西北设计研究院等单位联合负责，各单位拥有建筑行业甲级资质，为新社区的高质量建设提供了根本保障。负责项目施工的中铁十七局集团第二工程有限公司和中建三局建设工程股份有限公司拥有特级或一级资质，具备丰富的施工经验和突出的施工能力，完全按照国家设计和施工规范等强制标准的要求进行施工。XF 社区近年凭借建筑质量先后获得“长安杯奖（省优质工程）”以及“AAA 级安全文明标准化工地”、“陕西省建筑业绿色施工示范工程”等称号。

2. 节能环保，实现低碳建设

作为西北首个全国绿色智慧社区，XF 社区的建设突出绿色、低碳、节能、环保的理念，在建设过程中积极选用经济适用、绿色环保的技术、材料、工艺、产品，注意降低柴油锤施工中产生的废气排放，以及防水材料 SBS 在施工中产生的污染气体排放。XF 社区也因此成为全国“绿色智慧社区标准应用试点项目”，并荣获“星级绿色建筑设计标识证书”。

（五）建设高品质社区，缔造美好宜居环境

“住在幸福里，经营幸福家，成为幸福人”，这是居民们回迁新居之后常说的一句话。建成后的安置社区，凭借低密度、高绿化率、花园式、智慧型的小区规划，过硬的质量、优良的户型、齐全的配套以及优质的社区和物业服务，获得回迁群众的肯定，改变了群众对安置社区低质的传统印象。

1. 营造花园式宜居环境

XF 社区在最初规划时就严卡“宜居”标准，占地 1000 亩的社区拥有 35%的绿化率、2.0 的容积率以及 30%的密度，给群众带来足够的舒阔感。在空间规划上，集中式绿化与分散式绿化相结合：集中式绿化体现为在 XF 社区中间片区建设 XF 公园一期和二期，为群众打造中央核心绿地；分散式绿化则包括分散在园区内大量的广场、活动场地等，实现居民下楼即可见绿地。XF 社区在公园二期绿地下方建立了集中式地下停车场，同时完成了对地上停车场的规划。花园式居住环境既满足了群众当前的精神文化需求，又兼顾了小镇未来的空间发展。

2. 精选户型，拎包入住

在安置房的规划过程中，空港新城安居置业公司对小区户型进行了科学设计。安居置业公司一方面积极满足村民的需求并采纳合理建议，另一方面依照相关调研报告科学决策，按照动静分离、采光通风等标准设计了 60 平方米、90 平方米和 120 平方米三种户型。由于多数回迁家庭能够获得一套以上房屋，因此这三种户型设计既能够满足不同结构家庭的需要，也便于居民出租获取更多收益。

为了给回迁居民更大的入住便利，房屋主体建设完成后，安居置业公司按照每平方米 450 元的标准进行装修，墙砖、地板预铺到位，厨房、卫生间用具一应俱全，水电、天然气管道全面接入，还

免费安装了壁挂锅炉，达到“拎包入住”的标准。通过对回迁安置房免费装修，缩短了回迁群众的入住周期，减轻了群众装修的经济负担。此外，由于社区距离西安咸阳国际机场直线距离不足4公里，因此安居置业公司在安置社区内修建了吸音绿化带，并对房屋窗户、外墙采用隔音设计方案，最大限度减轻飞机起降时的噪声干扰。与此同时，免收安置房屋契税、天然气安装费、有线电视接入费、壁挂锅炉购买及安装费等，物业费按照前期大幅度减免、后期逐年递增的方式收缴，帮助减轻群众负担。

3. 配套完备，生活便利

自首批回迁群众入住以来，空港新城以打造“宜居、品质、活力、美丽、人文、平安”的社区为目标，按照公共服务均等化、便利化的原则建设XF社区党群服务中心、公园、农贸市场等，完善社区公共配套设施，为小区居民提供“一站式”服务。另外，为了提升社区的生活品质，还配建了商业邻里中心，为居民提供包括超市等商业设施、书店、银行营业网点等在内的“15分钟便民服务圈”。根据常住人口多为老人和儿童的特点，社区还开辟了老年人及儿童活动场地。结合当地的传统风俗习惯，设置红白喜事广场，保留回迁群众原来的生活状态。此外，XF社区还建有占地6200平方米的综合社会福利中心，正在建设中的社区服务中心有3个，切切实实做到提升社区公共服务水平，全面满足回迁入住居民的生产生活需要，从而在居住环境上实现人民群众生活方式的城市化。

4. 教育和医疗卫生资源丰富

对于群众最关心的教育和医疗配套设施，空港新城做了全面部署和落实，以解社区居民的后顾之忧。一是建立健全教育系统。适龄青少年和儿童的入学是回迁群众关注的重点问题。截至2020年7月，空港新城辖区内建有各级各类学校38所，在校学生8767人，可提供学位11904个。为进一步改善和提高空港新城的教育条件，根据《空港新城教育卫生规划建设三年行动方案（2020—2022）》，2020~2022年建设计划包括小学建设项目和空港实验学校建设项目等6个项目，这些项目已陆续竣工并投入使用。空港新城通过实施“名校+”战略，在满足青少年和儿童入学需求的同时，进一步促进新城整体教育事业的高质量发展。

空港新城花园小学

二是积极推动卫生服务事业的进步。医疗卫生事业关系到空港人民的健康。加快医疗卫生体系建设，促进医疗卫生事业发展，满足人民群众日益增长的医疗卫生需求，是提高空港人民生活质量的重要内容。根据《空港新城教育卫生规划建设三年行动方案（2020—2022）》，2020~2022年计划完成一个二级综合医院（公立）建设项目和社区卫生院建设项目，解决群众看病难、看病远问题。同时，陕西省人民医院与西咸新区合作共建陕西省人民医院西咸院区（陕西省西咸新区人民医院），2022年投入运营，定位为“大综合-强专科”，按三甲医院标准建设，年接诊量将超过50万人次，年住院量将超过3万人次。此外，社区周边已经建成并投入使用的还有延安大学咸阳医院、咸阳市中心医院和咸阳市第一人民医院，三所医院的资质均为三甲医院，以保证回迁群众患大病、难病时能够及时得到医治。

（六）“看得见的未来”——让回迁群众幸福可期

为了最大限度打消群众对未来生活不确定性的顾虑，使他们了解回迁安置社区的建设历程，监督回迁安置社区的建设质量，在社区建设过程中，安居置业公司多次协同征迁部门周密安排，积极组织被征迁群众前往施工现场参观回迁安置社区的建设，并对前来参观的群众按照50元/人的标准发放误工补贴。在参观的过程中，安居置业公司安排专人讲解社区的整体布局、装修方案、生活配套设施、园林绿化以及施工质量监控等方面的内容。

通过实地参观和聆听专门的讲解，回迁群众对安置社区的建设质量有了全面的了解，此前对回迁安置房位置差、质量差、户型差、采光差、绿化差等问题的担忧也随之化解。在参观结束后，群众还相互交流参观心得。当他们看到回迁房的软硬件指标在城市空间日益紧张的情形下超过许多商品房住宅小区，和市场价高企的同等条件的商品房相比，房屋资产具有极高的性价比，资产增值空间巨大，因此对未来美好生活更有信心。回到村里后，实地参观者的主动宣传形成了正向反馈，有效打消了未完成征迁的群众的顾虑，极大地推动了后续征迁工作的进程。

从征迁工作的推进情况来看，村民们的态度实现从最初的怀疑、犹豫向要征迁、盼征迁的转变，越来越积极地配合政府的征迁工作，征迁工作也呈现出越拆越容易、越拆越快的良好态势。我们在对居民的访谈过程中也了解到这一变化：

我们WA村在DZ街道是拆迁比较晚的村子，周边的HJ村、XG村都已经拆迁完成了。这种情况下村干部都不用去调动村民，大家已经看到拆迁之后的成果了。那XF社区一期到三期新盖的小区，基础设施都挺不错的，我们村现在已经有280多户搬出去租房了，还剩下200户，老百姓已经发现拆迁的好处了。（受访者：董某，男，53岁）

我们是很愿意搬到新房子住的，主要是孩子上学问题能解

> 决。原先在村子里的时候，周边学校都不好，我们只能在咸阳租房子住。现在在新社区分到房子，周边小学和中学都有，孩子上学离家近，节省许多费用不说，日子也过得方便得多。我妈原先也不愿意搬到楼房住的，她年纪大觉得不习惯。现在住了大半年，反倒跟我唠叨楼房里住着比村里的平房干净，不容易进土进灰什么的，搞起卫生也比较容易。（受访者：王某，女，32岁）

这些变化说明居民在征迁、回迁过程中感到了真正的公平和实实在在的益处，这使居民与政府之间形成了良好的信任关系。居民回迁后生活条件有了极大的改善，良好的内外部环境使群众的生活条件有了质的提升。随着空港新城现代化建设进程的加快，回迁居民对未来发展的信心也在不断增强。

二 空港新城回迁安置社区建设的经验启示

回迁安置是城市开发建设过程中绕不过、躲不开的一道难题。回迁安置房建设能否维护好群众利益，不仅关系到后续的征迁工作能否顺利展开，而且关系到政府在老百姓心目中的形象，关系到党同群众的血肉联系以及社会的和谐稳定。由于空港新城终把回迁群众的利益放在第一位，因此回迁安置社区的规划和建设工作成绩斐然，积累了许多宝贵的经验。

（一）社区前期规划与科学合理定位是保障房建设成功的前提

建筑的规划是城市建设的基础，贯穿于整个城市建设的过程，是保证城市建设科学合理以及顺利推进的关键。社区是城市的细胞，整洁、温馨的小区能让居民生活得更加舒适、满意。可以说，图纸设计阶段就已经决定了一个社区未来层次的高低优劣。因此，在施工建设前要结合城市发展需要，尊重回迁群众的意见，预留未来的发展空间，对回迁安置社区进行科学合理的规划，让人民群众在被征迁之前就能看到未来居住社区的环境及配套设施规划，从而主动配合征迁工作。难得的是，空港新城并没有仅仅局限在社区建设自身，而是将社区建设置于整个开发区建设进程之中。空港新城坚持“规划在先”的理念，在城市规划设计之初就按照现代城市的要求进行系统的社区规划，并对社区和配套设施建设方案进行多次优化，着力打造环境友好、资源均等、服务便捷的宜居社区，使其与周围的环境融合发展，从而满足城市发展建设的需要。

征迁前后的社区环境对比

（二）社区建设应当高标准，严把质量关，让回迁群众安心

我们在调研过程中感受最深的是，空港新城完全摆脱了以往回迁安置社区给人留下的固有印象，打造品质社区、让群众满意成为工程的核心要义，维护好和发展好回迁群众的利益是空港新城肩负的责任与义务。社区建设质量是关系到回迁群众利益的重要方面，在社区建设的整个过程中，空港新城始终按照高品质、高标准严格把关，以保证回迁群众住得安心和舒心。首先是施工建设高标准。在回迁安置社区建设过程中，安居置业公司选用施工经验丰富、行业口碑良好、施工能力卓越的建筑公司作为施工单位，同时对施工建设实行全方位、多层次、全过程的高质量监理，有效保证了回迁安置工程的建设质量。其次是社区内外配套设施建设高标准，避免像一些地区一样不注重社区环境及生活配套设施建设。空港新城在所辖社区内配套建设社区服务中心、医疗机构、学校、养老机构、

文化机构、口袋公园、健身广场、便民购物中心等八大类公共服务设施，满足群众日常生活的需要，完全改变了以往在群众心中回迁社区质量低的旧印象。

（三）配套优质的社区物业服务，为回迁群众做好生活保障

物业服务是城市建设和管理的基础，也是社区管理与服务的重要内容。随着越来越多的物业管理公司进驻社区，在政府监管和市场竞争下，物业行业逐步走向成熟和规范。物业公司在提供安全保障、保洁、绿化等生活服务，以及提升社区品质方面发挥着重要作用。同时，优质的物业服务也是提升房屋资产价值的因素之一。与商品房住宅小区相比，当前回迁安置社区普遍缺少高质量物业服务。空港新城 XF 社区的物业服务由陕西省西咸新区空港新城开发建设集团公司旗下的子公司——西咸新区空港新城物业管理有限责任公司提供。该公司成立于 2012 年，注册资本 300 万元，涉及物业服务、信息咨询、广告代理、园林绿化等多项业务，具有较高的物业服务水准。公司入驻社区后，为回迁群众提供精细化和专业化服务。一是对社区各类设施进行全面的检修，保障居民生活无隐患、无障碍。对社区配套的机电设备、供水供电系统、共用设施等进行经常性、定期养护，维持其良好的运行状态，延长设备的使用寿命。二是搞好清洁、绿化工作，为业主和住户创造良好、舒适的工作和生活环境。三是将安全保卫工作落到实处，保证消防设备处于良好待用状态，同时培训一支消防预备队伍，如遇火情可立即做出反应。在日常活动中采用引导和教育的方式，提高业主和住户的防火和自救意识，将安全隐患消灭在萌芽状态。四是拥有一支全天候维修队伍，随叫随到，能及时处理各类小修、急修问题，确保公共设施的正常使用和居民日常生活所需。五是与派出所、街道居委会，以及和物业相关的政府各部门，如供水、供电、煤气、电信、市政等部门定期保持联系，相互协调、配合，发生特殊情况时及时处理。空港新城为回迁社区配备优质服务公司，坚持实行社会化、人性化和精细化管理和服务方式，为回迁群众舒适幸福地生活提供了全面的保障。

空港物业管理公司也积极参与到回迁安置工作当中。在回迁选房前，空港新城组织群众乘坐大巴车游览安置社区，实地参观不同户型的安置房，确保群众在选房前了解各户型的具体情况。在回迁选房过程中，征迁部门与物业服务公司按照全程公平、公正、公开的基本原则，有条不紊地组织群众按时、依规选房。群众回迁前，物业公司精心制作了《社区入住服务手册》和《社区回家手册》，用生动形象的漫画、故事等引导群众开启新生活。在选房时，以《空港 XF 社区回迁选房工作方案》为准则，实行包户负责制，从入户宣传、指导选房、手续办理到房屋验收、移交，全程实行“一对一”服务。同时，把财政、房管、物业、银行等单位和部门集中起来，为居民提供“一站式”服务。

空港新城为回迁社区派驻优质的物业服务公司并持续不断提升物业管理和服务水平，不仅有利于提升回迁居民的生活质量，而且为回迁房屋资产增加了高附加值，给未来预留了更大的升值空间。

（四）提供全面的民生保障，让回迁群众舒心

悠悠万事，民生为大。对于将土地、房屋以及自己未来的生计、生活交给当地政府的回迁群众而言，更是如此。比如教育和医疗皆是重要的民生问题。空港新城始终把民生视为头等大事，把造福回迁群众作为一切工作的根本出发点和落脚点。伴随着一所所学校、一家家医院、一条条道路从规划蓝图变成现实，空港新城的民生保障水平显著提升，有效化解了群众密切关注的教育、就医、出行等难题，回迁群众的获得感、幸福感不断提升。其他便民措施包括：空港新城有对性地提前规划公交线路，实现新城与西安、咸阳公共交通的无缝对接；在小区内部建设便民服务站，使群众不出小区就可以办好教文卫体类、民政救助类和社会保障类等 63 项事务，实现少跑腿；建设娱乐健身设施，方便居民使用；设置红白喜事广场，最大限度保留回迁群众原有的生活状态和风俗习惯；等等。随着空港新城周边商业项目的敲定和陆续开工建设，市场普遍看好空港新城未来的发展前景。面对回迁群众看涨空港新城的房价和对安置房入市交易的迫切期待，空港新城2019年在西咸新区率先打通安置房不动产办证渠道，主动上门服务，为群众发放安置房不动产权证，实现房屋可交易，积极回应回迁群众对美好生活的热切期盼。

综上，交通、教育、医疗、民政等基础设施是改善民生、服务群众的重要载体。各地政府应当将回迁社区的配套公共基础设施建设作为提升民生保障能力的根本途径，使回迁群众在社区生活中有充分的获得感、幸福感和安全感，生活更加美好。

第四章 我国“村改居”社区转型与发展困境

“村改居”是我国在新的历史条件下推进城市化进程，实现城乡统筹发展的重要举措。“村改居”社区向城市社区的顺利过渡，对于推动社会稳定发展具有重要的作用。随着回迁安置社区陆续完工，越来越多的居民喜迁新居。从平房到楼房，从封闭小院到开放式大社区，居民们来到一个全新的生活环境。大到看病、上学，小到休闲娱乐、购物、出行，大家日渐感受到现代化社区的便捷与舒适，体验到全新的城市社区服务模式。前期征迁和建设工作的顺利推进为后期的社区管理奠定了良好的基础，然而后续的社区治理依然任重道远。

“村改居”社区在全国普遍存在，遇到的问题也有许多共同之处。因此，挑战与机遇并存。回迁初期空港新城既学习其他地区的先进经验，又寻求创新途径，在“村改居”社区治理过程中创造出可借鉴、可推广的模式，成为全国“村改居”社区治理与发展中的优秀典型。对于“村改居”社区而言，有三大需要应对的问题。一是如何有效解决“村改居”社区在转型期在“村委会转居委会”、“农民转市民”过程中产生的特定问题。这涉及习惯了原有“熟人社会”下的村委会管理、生产生计、社会交往方式的回迁居民，是否能够适应并认可城市社区的管理方式及生产生活方式。因此，社会空间再造是“村改居”社区管理者更为看重的一项任务。二是如何根据现代城市发展需要做好现阶段的基层社会管理与服务工作。对于一个新兴社区而言，所面对的政府、社区管理者、居民都是全新的，组织建设、人才建设、社区资源整合、社区管理模式和工作机制的形成等都需要经历一个从建立到发展的过程。这同样是极富挑战性的工作。三是在“后村改居”时代，如何根据国家的需要构建基层社会治理体系并实现社区治理能力的现代化。“村改居”只是社区工作的第一阶段。转型之后，在新的发展格局下，社区作为社会的基本单元，更需要在推动国家和社会现代化的进程中强本固基、创新发展、形成推力，最终回归生活共同体本原。这都需要从理论和实践中不断探索和创新，建立全新的工作机制和方法，寻求有效的解决方案。

一 从“村”到“居”，社区管理难度大

从原有的乡村搬迁至城市型社区之后，回迁居民的生活环境发生了巨大变化。地理空间的转移，意味着社会空间也随之改变。新的社会空间对人们的日常生活和社会交往产生日益突出的影响，甚至带来约束。而原来的村干部也感到一时间难以适应。若原本在农村运转正常的管理模式、生活方式等未能及时发生转变，势必给新社区管理带来一系列影响和制约。这些问题在空港新城同样存在。

一是回迁居民原本与村组织紧密结合，却因“多村并居”而“失散”。DZ街道党工委副书记杨某说：“现在由于集中安置、连片建设，把十几个村整合到一个大社区之中，整个社区呈现出多组、多村混居的复杂局面。在回迁之前，每个自然村的居民由自己村的村委会管理。回迁到新社区后，多个自然村的村民混居在同一个社区。虽统一居住社区里，但原来村委会负责的工作已经发生了主体上的转换。同时，部分居民尚未回迁，而已回迁居民居住较为分散，导致管理者与一些回迁居民在时空上产生错位，已成立的社区也难以广泛地开展服务和管理。”

二是回迁到新社区后，社区工作重心从前期的回迁安置转为服务和管理，社区权力主体也由“村委会”转变为“居委会”，原本走家串户、拉家常式的工作方式转变为行政化管理手段。一些社区干部（基本由原村组干部担任）习惯于传统农村的管理方式，在城

市社区服务和管理意识、知识储备和工作经验上欠缺，社区组织建设和人才队伍建设跟不上，各项工作推进缓慢，短期内难以满足群众的生产生活需求。

三是回迁居民面对新社区的管理和服务同样需要一个熟悉和适应的过程。从社会空间角度来看，人们在日常生活中会逐渐将自己的特性拓展到周围的空间，并尽可能地改变和调适环境，使周围的空间环境满足自己的需要，并体现自己的价值。这就是说，原本在农村形成的管理方式已经在这种长期“磨合与调适”中被居民所接受并形成惯习。大多数社区居民长期依赖原有的农村治理方式和路径，在“信任”心理的驱动下，更习惯有事去找原来的村干部。回迁初期，他们对城市基层社区管理和服务的内容和方式不熟悉、不适应，缺乏信赖感和认同感。而在回迁社区里居住的既有回迁居民、外来务工人员，也有等待回迁暂时租住于社区的村民。基于人情、关系的传统治理方式在封闭的、大规模的、异质性的“村改居”社区中难以为继，居民和社区融合度不足，参与社区公共事务的积极性也大大降低。

二　回迁居民生计和生活不适应

城市化的发展使很多原来的村民成为城市社会中的一员。回迁居民初入城市，在生活空间急剧变化的情况下，面临生活难以得到有效保障，以及身份认同、社区认同、文化认同等问题，从而常常陷入焦虑和困惑。首先，在撤村并居过程中部分居民原有的利益受影响。回迁居民赖以生存的农地被征用，失去了原有的经济来源，面对城市就业岗位对学历、技能要求较高，回迁居民再就业能力不强，只能就近从事简单作业，甚至赋闲在家中，造成就业难、收入低。其次，日常生活成本大幅增加。回迁安置社区初期缺少配套的生活超市或者农贸市场来满足回迁居民的日常生活所需。即便有了这些供应，居民们通常也会觉得一些原本能够自给自足的生活品如今却需要出钱购买，无疑加大了生活支出。而像停车费、电梯费这类原本在农村几乎不存在的费用如今也需要缴纳。比如许多回迁居民对物业费的收缴就存在较大的抵触情绪。居民们一方面表示物业提供了较好的服务理应收费，但同时也感到这些费用较为“高昂”，增加了日常生活成本，所以表示不满。初入社区，不少群众还不适应“高楼”生活，对一些社区规章不了解也不认同，比如垃圾定点及分类投放，禁止高空掷物、闲置物品乱堆放、违规停放车辆等，这些原本在村里不被关注的小问题在新社区中被放大，居民们感到城市社区里规矩太多，必然存在种种不自在、不适应，甚至与社区产生一些矛盾和冲突。

三　社会空间转换引发社区适应和融合困难

居住空间的变化改变了居民传统的生活和社会交往方式。在原来的村庄中，村民都互相熟识或存在血缘关系。这种“熟人社会”常常以自然村落为界限，将本村人与外村人区隔开来。对于传统村落而言，空间的边界对于集体认同起到重要作用。村民对村内成员保持着积极的互动关系和较强的凝聚力，而对于“村庄之外”的人员，并不会遵循和本村一样的交往方式与行为规范。因此，传统乡村社会的空间结构和秩序表现出对外相对封闭、对内以家庭和家族为中心的特点。

英国社会学家安东尼·吉登斯认为，“脱域”是原本的社会关系从彼此互动的地域性关联中、从通过对不确定的时间的无限穿越而被重构的关联中“脱离出来”。[①] 回迁安置社区是由来自不同村子的村民组成的，在这种通过“划分”、“分类”、“区隔”等方式而产生的新社区中，容易出现社会疏离的状况。这种疏离首先反映在社会

① 〔英〕安东尼·吉登斯：《现代性的结果》，田禾译，译林出版社，2011，第18页。

交往方面。回迁居民熟悉了以血缘、地缘关系为基础建立起来的交往模式，搬到由陌生人构成的社区后，人口的异质性和居住空间的封闭性使原有的社会关系出现结构性断裂。由于与其他居民不熟悉，一定时期内个人交往半径缩小。回迁居民虽然搬进社区，但心理上并未立刻适应身份的转变，自我认同和社会认同出现模糊和隔阂。在社区参与方面，原先的村里实行熟人管理模式，大家熟知村里的大事小情，与村委会容易沟通，能够随时表达自身的诉求，因而对村里的各种政策及要求接受度比较高，也愿意积极主动地参与到村内事务中去。而在回迁安置社区，一些居民一开始不了解社区内的各项管理制度和服务内容，不熟悉社区工作人员，很难对社区中的生活方式和日常规范形成适应和认同，也几乎不会主动参与社区事务和管理。

公共空间具有很强的社会功能，是人们生产、休闲、娱乐的场所，更是人们传递信息、交流情感的场所。在传统村落，田间、打谷场、戏台、院落、大树下等都可以成为公共空间，人们在这里聚集、聊天，传播各种各样的信息，交流情感，相互间获得心理和生活上的支持。回迁至新社区后，居民原来的以村组为单位的居住方式转变为以楼栋为单位的居住方式，曾经能够相互守望的半开放住宅空间不复存在，公共空间与私人空间有了清晰的界限。新社区标准的单元房、立体的居住方式，使住宅的封闭性增强。原先在村口、田间、家门口抬头不见低头见，如今是楼上楼下“神龙见首不见尾”；原本在门口招呼一声就能得到回应，现在却被紧闭的单元门和房门所阻隔。社区的公共空间以非内生、被动的方式呈现，传统公共空间中形成的社会秩序在新社区无法延续，回迁居民与公共空间的情感维系减弱。

从农村到城市，这种急剧的转型必然带来传统社会空间秩序与现代社会空间秩序之间的张力。一些回迁居民提到，虽然现在生活条件好了，但是人情味淡了。加之多村合并居住以及外来人口增加，原来的“熟人社会”变成了混居的“陌生人社会”，许多不认识、不熟悉的人生活在一起，自然出现人际关系疏离的倾向。新社区封闭的住宅空间阻碍了人与人之间的社会交往，但人们对社会交往和支持的需求并不会改变，因此更需要营造一个新的社会公共空间来实现其社会功能。

> 刚刚来这个小区的时候很不适应呀，这个小区里外村人多，外村人的脾气我也摸不透，怕说什么不对了惹人家生气。以前住老院子的时候，周边大伙都比较熟悉，出门也方便。现在搬到楼房里面，能说话的人就少多了。（受访者：李某，女，63 岁）
>
> 我老伴儿自从搬进新居，都不怎么出门。原先住在院子里的时候，她经常到邻居家串门。现在上下楼不方便，不要说她，我出门的次数都少了，平常串门也没有村里那么自在了。你就说我进你家门，不好意思不换鞋就踩进来，大家都是新房子，铺的好地板，未免就拘束起来了，不像原先在农村院子里自在……（受访者：韩某，男，60 岁）

回迁安置社区是地理空间，更是社会公共管理空间。在这个空间中，并存着社区公共管理和群众的日常生活。“制度”与“生活”是一种双向互动关系，二者在社区空间实践中存在矛盾与张力。回迁安置社区实行的是一种完全不同于传统农村社区的管理方式，对于社区的各项管理制度和工作机制与流程，回迁群众短期内既不了解，也难以适应。对于这一问题，法国社会学家布迪厄的惯习理论有着较强的解释力。在布迪厄看来，“所谓惯习，就是知觉、评价和行动的分类图式构成的系统，它具有一定的稳定性，又可以置换，它来自社会制度，又寄居在身体之中（或者说生物性的个体里）”①。他认为，存在于个体身体之中并支配个体行为的惯习是一种社会建构

① 〔法〕皮埃尔·布迪厄、〔美〕华康德：《实践与反思》，李猛、李康译，中央编译出版社，1998，第 171 页。

的结果，同时，惯习还具有生成性，既在实践中建构社会，同时也在建构自己。事实表明，由于惯习的存在，回迁群众在新的空间实践中既有对现有管理模式的不适应，也有对现有管理模式的挑战。回迁群众常常将在农村社区形成的惯习延续到回迁社区中，如在阳台养殖家禽，在公共空地堆放私人杂物或违规搭建，在公共场所随意乱扔垃圾，占道举办婚丧仪式等。在这种矛盾与张力的互动中，社区管理制度和居民的生活均会相应发生变化：社区管理制度的运行会对回迁群众日常行为习惯产生影响，群众日常生活的实践反过来又影响社区管理制度的运行。因此，回迁安置社区治理必然要发生“内生性制度变化”，回迁安置社区的空间再造也是个自我修正和自我变革的过程。

四　回迁居民原有的社会资本流失

社会资本是个人或群体凭借比较稳定的、在一定程度上制度化的、相互交往和彼此熟悉的关系网而拥有的社会资源。目前，国内外学者普遍认同的“社会资本”概念是由法国社会学家皮埃尔·布迪厄于20世纪70年代首先进行系统阐释的。他认为，社会资本是指某个个人或群体拥有的一个比较稳定，又在一定程度上制度化的相互交往、彼此熟悉的关系网①。此后，科尔曼指出，社会资本不仅是增加个人利益的手段，也是集体行动的重要资源②。布迪厄和科尔曼主要从微观层面分析了个人如何通过嵌入社会关系网络来实现某些功利性目的。而之后的罗伯特·帕特南则将社会资本解析为社会组织的某种特征，认为诸如信任、规范以及网络，是存在于个体间的

① Bourdieu，pierre “The Form of Social Capital”，in J. Richardson （ed.），*Handbook of Theory and Reasearch for the Sociology of Education*，New York：Gteenwood Press，1986，241-258.

② 〔美〕詹姆斯·S. 科尔曼：《社会理论的基础》，邓方译，社会科学文献出版社，1990，第292页。

行动资源，可以通过合作行为来提高社会的效率。他更加强调在群体或社会层面如何培育和发展社会资本以有利于群体和社会的发展，进而将社会资本理论扩展到更为宏观的民主治理研究领域。①

从上述研究可以看出，社会资本不仅是增加个人利益的手段，也是集体行动的重要资源。传统的农村社区是依赖血缘、地缘、文化等关系而形成的具有较强维系力的共同体。在农村社区内，人际关系密切，彼此信任、和睦，相互依赖且关联，依靠共同的规范来维持社区内居民的归属感和凝聚力。在传统社会，人们主要依赖社区和集体行动来积聚社会资本，维持个人的生存与发展。对于一个社群而言，长期形成的信任、规范和社会网络持续拥有的社会资本使其成员普遍受益。但这些社会资本是依赖原有的社会系统和社会行动而存在的。当离开熟悉的居住地进入新的场域，回迁居民所处的空间环境发生了改变，社会关系结构也随之发生变化，这在一定程度上造成社会资本的流失。主要体现在三个方面。一是原有的社会关系网络弱化。回迁居民原本基于地缘和亲缘建立的社会关系由于距离的原因变得疏离，交往频率降低，交往情感弱化，社会资本由于地理空间的变化受到阻隔乃至消解。二是回迁居民与新的社区成员之间的信任关系未能建立。整合性社会资本的获得有赖于信任关系的建立，而基于信任而建立的互动关系更多在熟人之间进行。不同于原先的熟人管理，以异质人口为主的回迁社区处在相对紧张与不信任的社会关系网络下，彼此间的信任关系难以建立，邻里间的社会资本短期内难以聚集。三是回迁居民对新的制度性规范尚不了解，也不适应。社区是各种制度性和非制度性规范的互动场域。回迁安置社区在城市化和现代化进程中形成了具有现代法治和契约精神的规范系统，不同于传统的基于礼俗形成的社会规范系统，居民对此需要一个学习和适应的过程，方能实现新的社会资本的聚集。为此，当居民面临社会关系极速分化、利益关系多元化和原有社会

① 〔美〕罗伯特·帕特南：《使民主转起来》，江西人民出版社，2001，第203页。

支持网络消亡等问题时，社区的治理与发展“必须重视支持网络、自助以及社会资本的培育”。这“不仅意味着重新找回已经失去的地方团结形式，它还是一种促进街道、城镇和更大范围内社会和物质复苏的可行办法”①。

五　社区公共服务、社会化服务水平较低

人的生存空间由地理空间、经济空间和社会空间等构成。我国一些回迁安置社区远离城市主城区，虽未来发展可期，但是短期内周边产业及商业发展尚处于起步阶段，周边配套不完善，人口总量和集中度不足，社会空间、经济空间在一定程度上存在孤岛效应，短期内难以获得外部资源的支持。一些回迁安置社区的区位分布状况不理想，造成与外界的隔离，不仅其中的居民难以与主城区居民交往，还可能形成回迁居民群体特有的封闭圈。同时，这种生存空间的局限性会进一步加剧劳动力的外流，造成社区内多是老人和儿童，社区空心化问题日益凸显。

再从社区自身来看，新建社区内的医疗、养老、卫生、治安等环境较为脆弱，短期内难以满足回迁居民的需求，居民感到未来生活存在不确定性，缺乏安全感。加之，和主城区相比缺少足够的市场组织和社会组织来提供各类产品与服务，这就造成在短期内居民对政府、社区的服务需求更多，或者依赖性更强。比如，一些人就业困难，会请社区或政府给予帮助；居民的生活、文化娱乐、卫生医疗等需求需要社区满足；老弱病残等弱势群体也需要社区提供多层次的保障服务；等等。但是，和居民急切且多样的需求相比，社区在建设之初管理和服务职能尚在建立和完善之中，工作人员总体数量不足、服务专业性不强，因此社区服务的内容和质量相对于居

① 〔英〕安东尼·吉登斯：《第三条道路：社会民主主义的复兴》，北京大学出版社，2000，第82页。

民的需要来说存在较大缺口。此外，由于社区自治组织、社区社会组织、其他社会力量以及社区居民等参与度不够，一时间难以形成各方参与、共建共治共享的社区治理格局。

总之，社区作为基层社会治理和社区服务的主体，在日常工作中需要第一时间了解回迁居民的生产和生活状况，摸清居民家庭成员的健康状况、文化程度、职业技能素养、收入水平等基本信息，以便更有针对性地提供各类社区服务，满足居民的生计和生活所需。同时，回迁安置社区治理是一个涉及住房、社会保障、文化教育、卫生健康、就业、生态环境等诸多方面的系统工程，在这一过程中出现的各种问题都推动城乡社区治理进程。社区通过建立各类公共管理与服务机制，保障和提高居民的生计、生活水平，提高回迁居民的社会适应与社会融入能力，这将是长期且艰巨的工作任务。

六　回迁社区可持续发展存在不确定性

“村改居”并非渐进式变革，有关集体资产的处置、保值、增值，回迁居民生产生活方式的改变，社会保障、社区民主自治、社区文化转型与重构等问题，在“村改居”社区回迁安置的最初几年较为突出。社区管理过程中集体利益和个体利益、眼前利益和长远利益、经济利益和社会效益的矛盾凸显，如果处理不当，势必影响社区的和谐稳定发展。其中，将集体资产量化处理以及组建经济合作社或股份制运作，实现集体资产保值、增值，是保障农民转为市民后生活来源的一个重要途径。但是，实施集体资产股份制改革后，如何确保这一制度安排在长期经营中能够为居民提供持续、稳定增长的收入呢？在现代市场经济中，来自自然、社会的不确定因素较多，在集体资产市场化经营中有没有预防和化解风险的机制？上述问题都意味着回迁社区的可持续发展面临很多的不确定性。

此外，“村改居”社区常常不是一次性整体征迁和回迁，分块征迁、分散过渡、分批回迁，多组、多村混居是其显著特点。未来，社区规模的不断扩大和回迁居民数量的增多，势必给社区管理和服务带来新的挑战，社区将面临更多的社会问题。在社区方面，既要在组织架构、人员安排上做出相应的调整，还需要挖掘社区内外的资源，善于发现和利用社区自身的优势，回应并解决社区居民面临的现实问题和困难。从长期看，为了实现社区的可持续发展，要不断培育社区自身的发展要素，要注重居民的能力建设，培育社区自组织的发展，以实现社区自治能力的提高，增强居民的社区参与意识以及解决问题的能力、信心和技巧，促进社区全面进步和发展。

除了“村改居”社区在转型期面临的特定问题外，如果将其置于现代化进程中去观察，“村改居”社区同样面临着其他城市社区发展过程中的共性问题。从人类与社区的相互关系来看，经历了从传统社会依靠社区到工业化之后弱化、消解社区这一过程。与传统社区具有较强的维系力相比，进入工业社会以后，随着市场化进程的加快和社会生产力水平的提高，公营部门和私营部门的社会提供能力不断增强，这使得人与人之间的工具性关系开始替代传统的情感性关系并逐渐成为主流。齐美尔在其论文《城市与精神生活》中指出，城市代表着高度理智、高效率的社会活动和庞大而复杂的社会组织。沃思在其论文《作为一种生活方式的城市性》中认为，城市具有人口众多、高密度、异质性这三种生态学上的特质，因此城市人是以次级关系为主，人与人之间猜疑多于信任，彼此不再互助互赖，人际接触多是短暂的、碎片化的、非人格的。① 鉴于此，安东尼·吉登斯认为，随着全球一体化的加速和社会问题日益严重，公民素质的降低体现在当代社会生活的各个方面②。这些变化使我们不得不回到对社区这一元命题的思考上：我们为什么需要社区？社区存在的现实基础是什么？社区为成员能够带来哪些在政府、市场之

---

① 夏建中：《现代西方城市研究的主要理论与方法》，《燕山大学学报》2000 年第 2 期。

② 〔英〕安东尼·吉登斯：《第三条道路：社会民主主义的复兴》，北京大学出版社，2000，第 82 页。

外的集体福利，从而在未来能够得以存续？

上述问题是我国“村改居”社区建设过程中需要面对的，也是现代化、城市化过程中基层社会建设与治理面临的共性问题，一直受到学术界和实践工作者重点关注。对于“村改居”社区而言，既要从社区自身的特定需要出发，又要从社区治理现代化层面寻求可持续发展路径。因此，在社区治理过程中应当把握以下几个原则。一是要加强社区组织和制度建设，通过强有力的领导来确保正确的工作方向。二是要转变社区管理体制，顺利实现从村委会到居委会的管理主体转变，推进社区民主与自治进程，提升社区管理效能 。三是坚持以人为本和能力为本相结合。要根据居民的实际需要提供完善的公共服务、市场服务和社会服务，推进社区人才队伍建设，为居民生活、生计提供更为专业、精细的社区服务。同时，还应加强社区与居民的能力建设，培育社区发展要素，培育社区骨干，提升社区的自治能力，提升居民自我管理、自我服务的能力。四是要顺应未来城市的发展趋势，制定社区治理现代化发展战略，提高基层治理的社会化、法治化、智能化、专业化水平，为城市化进程奠定稳固的基础。因此，既需要管理者具有远见卓识和总揽全局、协调各方的领导力，又需要基层人员具有埋头苦干、乐于奉献的精神。高起点必定高定位。在工作中既要求真务实，又要敢于大胆创新；既要为“村改居”这一类型的社区探索出一条极具特色的发展道路，又要通过构建完善的社区治理体系实现社区的可持续发展，走在当代城市社区治理创新与发展的前列。

“村改居”社区治理是城市化进程中的一个重要课题，对于如何实现“村改居”社区的平稳过渡、顺利转型和创新发展，各地都在进行积极的探索。XF 社区是空港新城规模最大的“村改居”社区，是空港新城开展社区治理创新的主要平台。社区可容纳约 7 万人居住，目前入住的回迁群众约 1.2 万人。XF 社区近年来在社区治理之路上做出了积极的实践探索，成绩斐然，先后获得“最佳城市创新实践奖”，获评“全国民主法治示范社区”、“省级社区治理和服务创新实验区”等。在边建设边发展的进程中，以XF社区为首的空港新城“村改居”社区不断探索和创新，通过构建“123456”管理服务体系为回迁居民提供全面的专业化、精细化服务，以“一核四元”、“五金保障”、“主动化服务”等工作机制化解“村改居”自治难、融合难、就业难、保障难等问题，成功实现“平房变楼房”、“村委会转居委会”、“农业转非农业”、“农民转市民”四个转变。其形成的“村改居”社区治理与服务模式，对于我国同类社区治理工作具有较强的启示意义。下一步，空港新城将以创建全省乃至全国社区治理创新示范区为目标，不断开创新模式、总结新经验，探索基层社区治理可持续发展的实践路径，持续完善社区现代化治理体系、提高治理能力，为服务当地城市化和经济社会发展做出应有的贡献。

第五章　适应性转变中的“村改居”社区党建

中国共产党领导是中国特色社会主义最本质的特征，是中国特色社会主义制度的最大优势，是党和国家的根本所在、命脉所在。随着中国特色社会主义进入新时代，在党和政府推进国家治理体系和治理能力现代化的发展趋势下，基层党建工作在社会稳定和社区有效治理中发挥了越来越重要的作用。基层党建工作是党组织建设的重要环节，是基层单位完成各项任务、促进全面建设的重要保证。加强基层党组织建设，对于促进社会稳定发展、提高广大人民群众的生活水平和质量、巩固党的执政地位都具有十分重要的意义。在新的历史起点上，我们必须充分认识基层社区党建的重要性，充分发挥基层党组织的战斗堡垒作用，从中国特色社会主义实践中明确基层党建的重要意义。2021 年 6 月，习近平总书记在青海省西宁市城西区文汇路街道文亭巷社区考察调研时强调：“社区治理得好不好，关键在基层党组织、在广大党员。”推进新时代基层治理的现代化，最根本的一条是加强党对基层治理的全面领导，发挥基层党组织的战斗堡垒和党员的先锋模范作用。因此，加强基层治理体系和治理能力现代化建设，必须坚持党的全面领导，充分发挥党总揽全局、协调各方的领导核心作用，不断创新基层党建的工作方法与路径，在社区治理中充分发挥基层党组织凝心聚力、协同高效等优势。这是社区党建工作实现守正创新的努力方向，也是社区治理乃至基层社会治理保持正确方向和创新发展的根本保障。

一　坚持基层社区党组织建设守正创新

党的十九届四中全会提出，社会治理是国家治理的重要方面，要坚持和完善共建共治共享的社会治理制度，并首次明确要求："建设人人有责、人人尽责、人人享有的社会治理共同体。"社会治理是社会建设的重要组成部分，强调多元社会主体共同参与。但社会治理并非多头管理，社会治理主体多元化既强调民主参与，又需要一个领导核心来保障社会治理体系建设、现代化目标的实现以及行动选择的合理性。这就意味着要寻求宏观管控与微观多元治理之间的平衡。"社会治理"一词来源于西方，西方社会在其社会治理过程中出现了各自为政、权力争夺、利益冲突、效率低下等诸多问题。英国学者杰索普在回应西方社会治理模式中存在的种种弊端时提出"元治理"理论。该理论主张，在多元治理主体中寻找一个核心主导力量，这个力量一方面能够保障整个社会在治理和发展过程中实现所期待的共同目标，另一方面能够协调社会治理主体之间的关系，确保在利益一致的基础上做到意思一致和行动一致，以此实现社会治理的有效性和高效性。在制度层面，元治理主体作为"自组织的组织"，"提供各种机制，促使有关各方协调不同地点和行动领域之间的功能联系和物质上的相互依存关系。战略上，元治理促进建立共同的愿景，从而鼓励新的制度安排和（或）新的活动，以便补充和（或）充实现有治理模式之不足。"① 在我国社区实践过程中，基层党组织的领导是"元治理"的重要体现，在社区多元共治的治理体系下，确保党的领导地位正是中国基层社会治理与西方社区治理的根本区别。

"元治理是多元化治理向整体性治理的一种回归，力求在保持多元主体能动性的同时，增加它们在治理行动中的一致性。"② 坚持党对基层治理的全面领导，把基层党组织的政治优势、组织优势转化为治理效能，确保新时代基层治理现代化建设的政治方向，是党和国家对基层党建的根本要求。随着基层社会治理的发展，社区治理

① 〔英〕鲍勃·杰索普：《治理与元治理：必要的反思性、必要的多样性和必要的反讽性》，程浩译，《国外理论动态》2014 年第 5 期。

② 张骁虎：《"元治理"理论的生成、拓展与评价》，《西南交通大学学报》（社会科学版）2017 年第 3 期。

的主体日益多元化，社区党组织自身也在不断发展与完善，这使党在基层既有统筹全局的领导力，又有执政为民的亲和力。尤其在多元治理体系下，基层党组织作为“元治理者”发挥着不可替代的作用。因此，社区党建要实现守正创新，就要不断巩固党在多元治理体系中的领导地位，促进党的全面领导和独特优势向基层延伸。

在多元治理的实践过程中，基层党组织要通过自身独特的优势使党的力量贯穿社区治理全局，以党组织的力量打破区域壁垒，使党建的优势作用充分延伸至社区各个层面。例如可以以社区“大党委”为领导，在各社区组织、物业和社区居民委员会等不同治理主体共同参与下，建立各级党支部和党小组，并依据实际情况采取联合管理的方式。纵向上使党的领导贯穿到底，横向上通过党组织参与多元治理延伸到边，为党员发挥其积极性、主动性提供广阔平台，从而使党的领导作用、党员的先锋模范作用以及为人民服务的优势在整个体系中充分彰显。

社区是居民日常生活与交往的主要场所，是各类居民群体形成及活跃的主要阵地。社区党建工作的守正创新还应体现在社区治理中。加强社区党建，有助于提升社区治理能力并提高治理效能。只有有效发挥党的领导与组织作用，形成新的管理机制，才能更好地为社区和居民提供服务，从而体现党的领导力和凝聚力。为响应国家治理体系与治理能力现代化的号召，顺应社区治理现实对党建工作提出的新要求，社区党建工作必须坚持守正创新，探索基层党组织在社区中更好发挥作用的新方法、新路径。这不仅是基层社会治理的现实需求，也是党的组织建设与健全党的全面领导制度的基本要求。通过健全基层党组织工作体系和基层党员的战斗力，更好保持党的先进性。

（一）基层党建守正创新的内涵

党的建设是一个艰巨复杂、任重道远的系统工程，社区党建工作是党的建设在基层和社区的直接体现。社区党建工作的守正创新，必须在坚持党的基本宗旨，继承发扬党的优良传统，坚持新时代党建原则、方针和主线的基础上，结合基层和社区的实际情况，创新工作机制和工作方法，将党全心全意为人民服务的宗旨落到实处，进而为不断推进国家治理体系和治理能力现代化打好坚实基础。

1. 社区党建工作要守新时代党的建设之“正”

在党的十九大报告中，习近平总书记提出新时代党的建设的总要求，强调“全面增强执政本领”。基层党的建设作为党的先进性在基层发挥效用的重要一环，应当遵循新时代党的建设的总要求，坚持全心全意为人民服务的宗旨和初心，不断加强党在基层的领导。

社区党建工作的“守正”具体体现在以下方面。

一是坚持和加强党的全面领导，这是根本目的和根本原则。基层社区的实际情况复杂多变，居民的异质性和流动性相对较强，管理难度大，社区党建要突出党在社区治理中的引领作用，需要在各个领域、各个方面、各个环节贯彻党的领导，不断巩固和加强党总揽全局、协调各方的领导地位。

二是坚持党要管党和全面从严治党这一根本方针。基层党组织要强化责任落实，齐抓共管。在与群众相处的过程中要增强忧患意识和问题导向，使党建工作贯穿为人民服务的实践中，推动全面从严治党不断向基层社区发展。

三是坚持党的长期执政能力建设、先进性和纯洁性建设这个主线。基层党组织是党的根基，是党开展各项工作的最前沿。社区党建也是基层党组织赢得人民群众拥护和支持的主阵地。要从党员管理等方面切实加强基层党组织自身建设，培养党性过硬、素质优良的党员干部队伍，始终保持党员队伍的先进性与纯洁性，使党的执政基础深深扎根于人民群众当中。

四是全面推进党的政治建设、思想建设、组织建设、作风建设和纪律建设。基层党组织要不断完善自身，提高党的政治领导力、组织动员力，坚定理想信念，弘扬实干精神，充分发挥积极性、主动性和创造性，不断推进新时代党的建设新的伟大工程。

五是把党建设成为始终走在时代前列、受人民衷心拥护、勇于自我革命、经得起各种风浪考验、朝气蓬勃的马克思主义执政党。基层党的建设必须将党的性质、宗旨和纲领贯彻到底，坚守为人民谋幸福的初心，深刻诠释基层党组织的使命担当。

2. 社区党建工作要创组织、工作机制和工作方法之“新”

社区党建工作在守正的同时离不开创新。要针对基层的具体实际，创新党的组织、工作机制和工作方法等，使党建的成果在基层社区充分显现。同时，也要寻找社区党建新思路，增强基层群众对党的领导的信任和支持。

（1）组织创新

党组织是社区党建工作开展的重要基础，也是党同基层群众保持血肉联系的重要桥梁和纽带。社区党建工作的组织创新，就是要加强组织领导，注重改进基层党组织的活动方式，丰富活动内容，创新对党员的教育管理，优化党员队伍结构，创新宣传和执行党的路线、方针、政策，创新对党的理论和知识的学习方法，使党组织的各项工作能有效维护群众的根本利益，得到群众的认可和支持。只有增强基层组织的生机与活力，加强同人民群众的血肉联系，才能充分发挥基层党组织的战斗堡垒作用。

（2）工作机制创新

工作机制关系到社区党建工作的整体运行。创新社区党建工作的机制，就是要对社区党建工作的领导、运行和服务等机制加以创新，建立社区党建工作的协调领导体系，创新党员目标管理、日常学习、民主选举和奖惩评比等机制，精心选人用人。同时，要以社区党组织为核心，从群众的利益和需求出发，对社区的管理机制加以完善，为群众提供创新型文化阵地，使社区党建工作走上科学化、规范化道路。

（3）工作方法创新

中国特色社会主义进入新时代以来，各类平台、载体迅速涌现，互联互通和科学技术等为社区党建工作提供了更加强有力的支撑。社区党建工作方式方法的创新，要依托各类有效载体，创新党建品牌和党建工作的活动载体，在明确各自工作职责的前提下，创新使党建工作与行政工作协调一致的方式方法，创新基层党组织服务群众以及同人民群众互动的方式，运用更加灵活有力的方法和手段，使党建工作深入基层治理的方方面面。

（二）社区党建守正创新的原则

党的十九届四中全会提出：“必须加强和创新社会治理，完善党委领导、政府负责、民主协商、社会协同、公众参与、法治保障、科技支撑的社会治理体系。”这是推进社会治理体系和治理能力现代化的重要举措。在加强和创新社会治理的进程中，党的制度优势是否得到有效发挥，基层党建是重要一环。党建工作制度化是增强党的组织力量的关键所在。在加强基层社会治理的新形势下，社区治理面临诸多新的挑战，因此必须有效发挥党的制度优势，为社区党建守正创新提供强有力的保障。

1. 坚持和完善党的领导制度体系，为社区党建工作守正创新提供制度保障

“办好中国的事情，关键在党。”中国共产党领导是中国特色社会主义最本质的特征，也是中国特色社会主义制度的最大优势，是解决一切困难的根本政治保证和组织保证。党的十九届四中全会提出，为全面实现国家治理体系和治理能力现代化，必须“健全总揽全局、协调各方的党的领导制度体系，把党的领导落实到国家治理各领域各方面各环节。……健全党的全面领导制度，健全为人民执政、靠人民执政各项制度，健全提高党的执政能力和领导水平制度，完善全面从严治党制度。”① 可见，全面加强党的领导是开展各项工作的前提和基础。

党的基层组织是党的全部工作和战斗力的基础，是社区各类组织和各项工作的领导核心，是落实党的路线方针政策和各项工作任务的战斗堡垒。基层党建工作是党的领导在基层发挥效用的关键一

---

① 《中国共产党第十九届中央委员会第四次全体会议公报》，2019 年 10 月 31 日。

环，也是基层社会治理不可或缺的部分。在基层社会治理的实际工作中，坚持党的领导制度体系，形成完善的党建工作制度和高效的管理制度，对于党和国家的相关政策在基层的推广实施具有重要的推动作用。因此，在基层工作中要巩固党的执政基础，就必须高度重视基层党组织建设，补齐基层党组织在社区治理中存在的各种短板，提升党在基层的领导力和影响力，充分发挥党在基层社会治理中总揽全局、协调各方的领导核心作用，建立横向到边、纵向到底的高效领导体系。

应当看到，党组织在统一思想和行动、宣传教育、社会动员等方面具有不可替代的优势。社区党组织要坚持以人民为中心，着眼于全面服务群众、满足群众需求，通过强化政治引领，加强社区各类组织及人员队伍建设、创新管理体制、完善管理体系、搭建管理平台、提高管理水平，为民谋利，为民解忧。社区党组织还要整合社区资源，广泛动员社区内外各主体共同参与社区治理，探索出适合本社区实际的管理模式，形成以社区党组织为领导，以居民为主体，居委会、中介组织、社会团体等共同参与社区事务管理的长效机制。此外，社区党组织要能够从整体上把握社区治理和发展的方向，科学规划、合理布局，实现社区内环境优美、工程优质的目标，完善各种生活保障配套设施，满足居民的公共服务需求。

更为重要的是，在各种社会思潮涌动、价值观多元化的社会现实面前，要加强基层党组织在思想政治和意识形态领域的正确引导，牢牢把握党对意识形态工作的领导权、管理权和话语权，建设具有强大凝聚力和引领力的社会主义意识形态，把居民凝聚在中国特色社会主义旗帜之下。社区党组织要在社区内开展中国特色社会主义教育，引导居民践行社会主义核心价值观、远离“黄赌毒邪”，同时抵御封建残余观念和西方腐朽思想的侵蚀。同时，要开展民主法治教育和思想道德建设。通过普及法律知识，引导居民提高守法意识和法制观念，依法表达利益诉求并维护自身合法权益。通过提高基层社区法治化管理水平，为社会和谐稳定提供重要保障。倡导社会主义道德规范，引导居民自觉履行义务和责任。加强诚信教育，提高居民的诚信意识，助推社会主义精神文明建设。

2. 坚持群众路线，密切党群关系

群众路线是党的根本工作路线，也是马克思主义唯物史观的具体实践。党的群众路线，是马克思主义群众观在中国国情中的具体体现，是毛泽东思想在其形成、发展和实践过程中从一而终坚持的方法论，是中国特色社会主义思想中以人民为中心、为人民服务思想的实践路径。在基层社区治理领域，党和政府与人民群众的联系体现得更为明显、直接，因此基层党建工作必须坚持群众路线。

坚持群众路线，有助于在社区构建和谐高效的党群关系。基层党建工作在社区治理中居于重要地位。社区治理涉及人民群众生活的方方面面，在区域覆盖面广、人员构成复杂等因素的影响下，社区治理有时难以真正回应人民群众的切实需要，久而久之便导致人民群众对社区的信任度降低。基层党建工作始终强调坚持群众路线，在为人民服务的宗旨下，党组织通过支持和帮助社区组织充分行使职权，动员、组织群众参与社区建设，推动社区的各项工作切实从人民的切身利益出发，更好地为人民服务。这也有利于党在人民群众中树立良好的形象，构建良好的党群关系，进而共同促进和谐美好社区的建设。

3. 加强组织建设，为社区党建守正创新提供组织保障

基层党组织是党建工作在基层有效开展的组织保障。从我们党的发展历史来看，党中央历来重视基层党组织的建设工作。把“支部建在连上”是毛泽东同志在三湾改编时提出的，成为建党建军的一项基本原则和制度。这种从政治上、组织上奠定执政、管理根基的做法同样适用于基层党建工作。

党的基层组织是中国共产党实现组织动员的最重要载体，是党员活动的最重要阵地，也是执政党执政最重要的基础。加强基层党组织的建设，关系到稳固党的执政基础。在当前社区治理的实践中，基层党组织的作用越来越凸显。加强党的基层组织建设，有助于党

和国家的方针、政策在基层得到有效落实。同时，基层党组织也是党在基层参与社会治理的组织基础。科学推进基层党的建设和基层党组织完善，可以帮助提升对党和国家的制度和政策的执行力。随着城市基层管理体制改革的深入，街道、社区已成为我国城市管理的基层单元。社区是居住在同一区域里的居民的社会生活共同体，其中既有常住人口，也有暂住和流动人口。加强社区管理、提高社区服务水平，为基层党组织工作的开展提出了更高的要求。此外，一些新经济组织、新社会组织也活跃于社区中，要想促进各类社会组织健康发展，更好地发挥为人民服务的作用，确保党的路线方针政策全面贯彻落实，也需要加强党组织建设。因此，要巩固党的执政基础，做好新形势下的群众工作，就必须拓展党的基层工作的覆盖范围，将党的工作向社区第一线进一步延伸。

4.“以人民为中心”是基层党建工作的根本宗旨

人民性是马克思主义政党最鲜明的品格，群众路线是中国共产党的生命线和根本工作路线，人民立场是中国共产党的根本政治立场，人民本位是中国共产党不断奋斗的基本价值遵循。党的十九大报告指出：“我们党来自人民、植根人民、服务人民，一旦脱离群众，就会失去生命力。”①《中共中央关于党的百年奋斗重大成就和历史经验的决议》（2021 年 11 月 11 日）指出：“时代是出卷人，我们是答卷人，人民是阅卷人。”这是习近平总书记对全党发出的“赶考”动员令，要求全体党员必须发扬密切联系群众的优良传统作风，永葆对人民群众的赤子之心，坚持人民的利益高于一起，时刻保持与人民群众的血肉联系，努力为人民创造更加美好、更加幸福的新生活。

社区党建工作的开展基于人民群众，一切工作的重心必须围绕人民群众，必须始终把群众及其需求放在最重要的位置。新时代社区治理的根本要求就是要以人民为中心，从根本上表达广大群众的利益和诉求，

---

① 习近平：《决胜全面建成小康社会 夺取新时代中国特色社会主义伟大胜利——在中国共产党第十九次全国代表大会上的报告》，人民出版社，2017，第 66 页。

不断调整治理方式，精准施策、靶向服务，提升人民群众的获得感、幸福感、安全感，满足人民对美好生活的向往，将以人民为中心的发展理念落到实处。对此，社区基层党组织应当做到以下几个方面。

一是从人民群众的切身利益出发，使党的群众路线贯穿全过程。全心全意为人民服务是党创立的初心，也是党始终坚持的根本宗旨。基层党建站在离人民群众最近的地方，要以人为本，将服务人民、满足人民群众的需求、维护人民群众的利益作为首要任务。党的基层组织要深入群众，通过访谈、实地调研等方式掌握社区群众的需求，了解群众的困难，使社区管理和服务工作有的放矢。

二是以群众的满意度和获得感为工作评判标准，完善社区治理与服务机制。新时代随着我国社会的主要矛盾发生变化，人民群众对美好生活的向往也包括对高质量服务供给的需求。社区治理与服务创新要根据社区居民的实际需要，利用社区内外各种资源，完善服务体系，拓展服务领域及功能，从公共服务、市场服务和社会服务等层面提供全面、规范、专业、精细化的社区服务，让人民群众获得实实在在的好处，营造幸福、和谐的生活家园。

三是充分发挥人民群众的主体性作用。社区党建工作要在基层群众自治的基础上，始终坚持人民的主体性，坚持走群众路线，相信群众、依靠群众，通过群众的力量管理社区事务。人民群众是参与社区民主与自治的中坚力量，在基层社区中要积极挖掘群众中的积极分子，培育群众性自治组织，充分发挥民智、民力，把人民群众的智慧转化为社区治理创新的源泉，与人民群众共商共建社区，在自我保障、自我管理中实现社区发展，与人民群众共享发展成果。

二　“村改居”社区党建工作守正创新的实践路径

“村改居”社区是城市化过程中产生的一种特殊形态的社区，既要稳定，又要谋发展。在回迁初期，各方面利益存在交汇和冲突，各种社会关系有待重新理顺，社区管理和服务亟待规范化和精细化，人民群众的生活和生计需要得到支持和保障。这些问题如果解决不好，会严重影响社区和谐与发展。因此，需要一个强有力的组织能够坚持正确的方向并统领全局。“村改居”社区是由多村人口混居而成，未来将有更多的居民回迁，社区规模也将随之扩大，社区治理难度加大，这给社区党建工作带来新的挑战。对于“村改居”社区来说，由于从农村到城市社区发生了空间的转化，农村基层组织形态也必须向城市基层组织形态转变。这种转变不仅伴随着村民委员会向社区居民委员会的转变，也必然伴随这一组织体系的核心——党组织的领导方式、工作机制的适应性转变过程。在这一过程中有许多问题需要面对，例如：如何实现“村改居”社区党组织形态的转变？社区“两委”如何组建，工作如何衔接？原有村委会成员如何进入新社区党组织？如何发挥基层党组织的全面领导作用？如何构建与城市化发展相适应的、为回迁居民提供全面服务的社区党建工作格局？如何发挥“村改居”社区党组织的战斗堡垒作用和党员先锋模范作用？社区既要面对因征迁而产生的历史遗留问题，又要面对未来求创新、谋发展的问题，社区党组织如何在组织、制度以及人才队伍建设上应对转型与发展这两大挑战？等等。这些都是社区党建工作需要回应的现实问题。

对此，空港新城所辖的各基层社区在成立之初就坚持把党的建设放在社区建设的核心地位，以党的建设引领和推动社区建设。通过组建社区“大党委”不断增强社区党组织的领导核心作用，完善领导体制，健全党建组织网络，培育社区骨干，不断延伸党组织工作和活动的触角。在党建工作中坚持守正创新，逐步形成了“一核四元、共建协作、一网多能”的党建工作机制，在基层社区党建工作中进行了一系列有益的探索。

（一）组建“大党委”，增强基层党组织的政治功能和组织力

空港新城根据“村改居”社区的特殊情况，创新性提出“党建引领、村社并存、弱村强社”的工作思路，回迁初期成立了XF社区“大党委”和社区工作委员会，明确由社区“两委”作为“村改居”

过渡时期的管理主体，努力实现从村级党组织向社区党组织的转型。因"村改居"社区改制任务重大、工作更为复杂，"两委"人员由街道下派人员和社区工作人员交叉任职，相互配合、相互补位。社区"两委"统领11个社区支部、1个非公支部。考虑到回迁安置尚存许多历史遗留问题，社区择优吸纳原来的村干部进入"大党委"任委员，由原来的村党支部和村民小组对原来的村和小组的集体资产予以处置，并负责信访维稳、面向在外过渡群众的管理服务工作。这成为过渡期间改制的重要方式。目前，XF社区已经由12个"撤一建一"社区合并为2个社区，改制符合搬迁后的管理需要，街办骨干力量的引入进一步强化了社区治理能力，实现了回迁安置的平稳过渡。2021年1月，通过选举产生了新一届社区党组织领导班子，其中包括书记1名、副书记1名、委员5名，全面领导社区党组织的建设和社区治理各项工作。同时，社区"大党委"下设6个党支部，分别负责各支部的党建工作和各小组的社区治理相关工作。

表格1　XF社区党组织分布情况

	支部	原来的村
第一社区"大党委"	第一支部	ZJ村
	第二支部	BL村
	第三支部	YC村
	第四支部	YA村
	第五支部	TJ村
	第六支部	GC村
第二社区"大党委"	第一支部	XJ村
	第二支部	DZ村
	第三支部	LZ村
	第四支部	HJ村
	第五支部	YJ村
	第六支部	WL村

（二）“一核四元”，形成党组织领导下的社区协同治理新格局

随着基层社会治理的发展，社区治理的主体日益多元化，权力也逐渐下放。社区党组织自身需要通过不断发展与完善，使党既在基层有统筹全局的领导力，又在人民群众中有亲和力，充分彰显自身优势。尤其在多元治理体系下，基层党组织作为“元治理者”发挥着不可替代的作用。社区党建必须要守正创新，不断巩固党组织在多元治理体系中的领导作用，加强党的全面领导，促进党的独特优势不断向基层延伸。

加强党的领导贯穿基层社会治理的全过程和各方面，是社区党建的基本要求。XF社区之所以能够实现多元共治格局，推动各方主体有序参与社会治理，关键就在于注重发挥党建的引领作用。当前，空港新城已构建起以社区“大党委”为核心，社区党支部、社区工作委员会、社区服务中心、社区企业共同参与、各负其责的“一核四元”社区管理格局。在这一体系的运行过程中，社区“大党委”书记由街道办分管领导担任，“大党委”副书记、委员由行政社区党支部书记、社区自有企业负责人、专职社工等担任。同时，积极推进交叉任职，吸纳物业公司负责人、社区民警等进入“大党委”，社工委主任、委员兼任副书记或支部委员，社区“大党委”成员进驻物业公司担任监事等，并定期召开多方参与的党建联席会议，形成街道、社区、企业、社会组织等共同参与的治理格局。这种相互配合、相互补位的工作机制，强化了组织引领，构筑了社区治理的主阵地。

具体工作中，社区党组织作为社区治理格局的核心，在社区治理中起到协调和动员各主体参与、整合并链接各类资源的重要作用。面对社区内公共安全、公共服务、社区环境等方面存在的问题，社区党组织为了找准问题切入点并形成有效解决方案，通过召开党建联席会议的方式，与社区内各主体密切联系，盘点社区资源清单，挖掘社区内的各类资源和优势。这样，既能够发挥社区内各主体的优势，又将社区内各类资源有机整合到一起，形成工作合力，有效推动社区内各类问题的解决。“一核四元”管理模

式，有利于充分发挥基层党组织的引领作用，而且将党建工作与社区网格化管理紧密结合，建立“横向到边，纵向到底”的服务机制，充分发挥基层党组织的战斗堡垒作用，真正做到把维护人民的利益当作使命和职责。

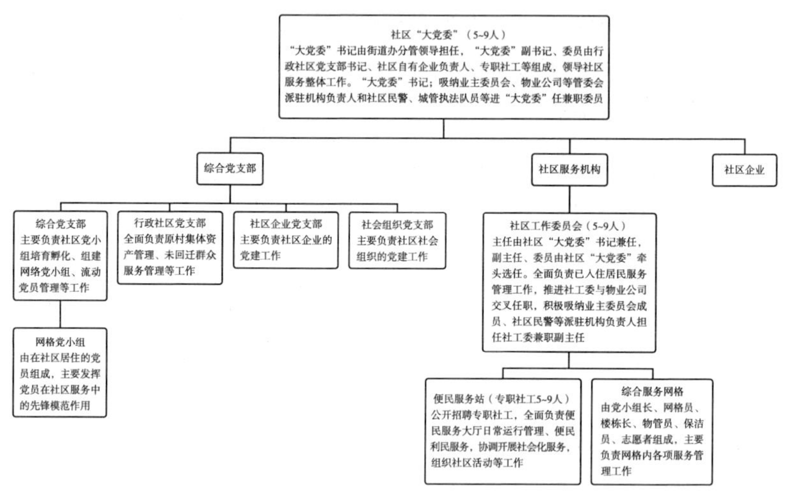

“一核四元”组织架构

（三）完善基层社区的组织网络，夯实党的执政基础

社区党组织是社区内群众自治组织、经济组织、社会组织的领导核心，全面领导社区的各项工作。将“支部建在社区”，在社区范围内实现党的基层组织整体化建设，通过组织覆盖和工作覆盖夯实党的执政基础，这是中国共产党加强社会领域管理的重要途径。为了防止基层党建工作碎片化、边缘化，应当从全局角度明确总体规划，将各方力量整合起来，实现党建工作的系统推进。空港新城结合各地的工作经验，在构建空港新城管委会党委—街道党工委—社区党组织纵向管理的主体架构基础上，将社区内企事业单位等的党组织统一在社区“大党委”的领导之下，并分设不同类型的社区支部，从而实现社区党建工作从垂直管理转向区块整合，织密基层党

组织网络。

首先，在空港新城管委会党委的领导下，空港新城管委会、街道和社区三级党组织实现上下互联、相互融合。同时明确各级党组织的职责，推动基层所需要的职权和资源下沉，使基层党组织有资源、有能力提供更加精准的管理和服务。加强党建工作的协同性，提高各项工作效能，实现从传统的平面化向立体化、系统化城市基层党建格局转变。

其次，以党建的现实需要和方便党员管理为原则，按规定程序成立社区“大党委”，下设综合党支部、行政社区党支部、社区企业党支部、社会组织党支部，并予以明确分工。其中，综合党支部主要负责社区党小组的培育孵化、网格党小组的组建、流动党员管理等工作。综合党支部下设的网格党小组由在社区居住的党员组成，实现党组织建设纵向到底。行政社区党支部全面负责原来村庄的集体资产管理、面向未回迁群众的服务管理等工作。社会组织党支部主要负责社区社会组织的党建工作。社区企业党支部主要负责社区内企业的党建工作，社区内企业均成立了党支部，实现社区内单位党组织建设全覆盖。

这种纵横一体的区块式管理方式，通过各方主体的融合互动，形成了定位清晰、功能互补、资源互联、共治共享的治理结构，以及以共同利益、共同需求为纽带的社区共建协作机制，逐步实现党组织领导下的公共管理与居民自我管理相结合、政府提供服务与居民自我服务相衔接、多元服务供给与多样服务需求相匹配的全面、高效的工作局面。

（四）加强党员管理和党性教育，发挥基层党组织的战斗堡垒作用

无论是日常工作还是应急管理，党员群体要始终走在前面，起到积极引导和示范作用。同时也要激发社区成员的热情，引导群众支持并积极参与。这是加强党员队伍建设，发挥基层党组织战斗堡垒作用的根本保证。空港新城 XF 等社区在党建工作中十分注重加强党员队伍的思想建设和能力建设，强化对党员的教育管理和监督，在努力建设政治合格、执行纪律合格、品德合格、发挥作用合格的党员队伍方面做出了突出成绩，为社区党建力量的稳定充实提供了强有力的支撑。

1. 规范党员管理，激发党内生机与活力

基层党组织与人民群众的联系紧密不可分割，保持党员队伍的生机与活力是激发基层党组织内生动力的重要基础。“村改居”社区中的党员结构层次多、文化水平差异大，而且要从原先的支部进行调整并重新管理，因此对党员的管理难度更大。对此，空港新城所辖的各社区在党建工作中注重加强对党员的规范管理，使党员管理规范化、制度化和精细化，并建立了相应的党员评价考核体系，设立了科学的党员考评标准，将党员的日常工作、党内民主生活等纳入相应的考评标准和体系当中，形成了一系列可细化操作的党员管理教育规范，以促使每个党员积极进行自我教育、自我管理、自我提升，调动每个党员的积极性和创造性。同时，科学、规范化的管理和教育也促使党员提高自我的党性觉悟，在密切联系广大群众中充分发挥党的优势，壮大基层党组织队伍。

2. 加强党员的修养教育，提高党员的思想觉悟和理论水平

新形势下，需要每个党员具有优秀的政治素养和工作能力。在社区建设工作中，党员只有政治站位高、业务水平高，才能够在关键时候身先士卒、起到表率作用。为此，空港新城各社区不断探索党员的教育机制，采取多种教育方式来提高党员的政治觉悟和思想政治理论水平，使广大党员干部坚定正确的政治方向，牢固树立全心全意为人民服务的宗旨意识，形成自力更生、艰苦奋斗的创业精神。

首先，通过加强针对社区党员干部的马克思主义理论学习，提高其理论修养。党员干部要成长起来，必须加强马克思主义理论武装。只有具备了坚定的理论基础，才能拥有真理的力量；只有对马克思主义真学真信，才能做到政治上和党性上的坚定。空港新城辖

区内社区建立了党委理论学习中心组，采用专题讲座、重点发言、观看录像、讨论交流、社会考察等形式组织集体学习，精心研读《马列主义经典著作选编（党员干部读本）》、《毛泽东选集》、《邓小平文选》等经典原著，深入学习贯彻习近平新时代中国特色社会主义思想，努力提高社区党员的马克思主义理论水平。尤其是作为马克思主义中国化的最新成果，习近平新时代中国特色社会主义思想不仅包含了中国共产党治国理政的新理念、新思想、新战略，也贯穿着对中国共产党人政治品格、价值追求、精神境界、作风操守的要求。通过系统的理论学习，教育引导社区广大党员提高党性修养和政治素质，增强“四个意识”、坚定“四个自信”，坚决做到“两个维护”，树立崇高信仰、担当精神、价值追求，使每个党员在实际工作中做到用马克思主义中国化的最新理论成果武装头脑，掌握辩证唯物主义和历史唯物主义的世界观和方法论，学会运用马克思主义的立场、观点、方法等观察形势、分析问题、指导工作。

其次，坚持解放思想、实事求是的思想路线。空港新城所辖的各个社区，注重提高党员的思想觉悟和政策水平，把党的路线、方针、政策作为党员教育的一项重要内容，使党员能够正确掌握并将其运用到面向社区人民群众的服务过程之中。在实践工作中，要求每位党员面对开发区创新发展以及“村改居”社区过渡阶段面临的特殊困难和需要，做到解放思想、实事求是。解放思想就是要坚持新发展理念，实事求是就是将切实的工作内容和求真求实的精神统一起来。当前空港新城适逢国家中心城市、自贸试验区、国家临空经济示范区以及“一带一路”建设等重大战略机遇，要从“村改居”社区的实际出发，科学地分析社区发展过程中的优劣态势，为社区建设与发展把好脉，坚持稳中求进、勇于创新的工作总基调。在社区治理过程中，摒弃“以邻为壑”、封闭自满的优越感，不断增强危机感和紧迫感。不因循守旧，勇于冲破旧的思维方式和僵化观念的束缚，把“村改居”社区建设既当作挑战，又当作机遇。空港新城在“村改居”社区治理过程中勇于探索、大胆创新，获得了多项荣誉，探索形成的“办社合一”、“弱村强社”、“五金保障”、“123456”管理服务体系等社区工作模式得到广泛的认同。

再次，注重培养党员干部理论联系实际的能力。从实际出发，理论联系实际，运用马克思主义的立场、观点和方法去研究和解决问题，是党完成各项任务的必备条件，也是在实践工作中攻坚克难的重要思想武器。只有掌握科学理论，在实践的过程中才能够把握事物发展变化的本质。在针对党员的教育过程中，社区党组织要求党员既要深入了解和研究新形势下社会发展中的宏观问题，又要在“村改居”社区微观治理过程中善于运用科学理论去分析现实问题，大胆创新，力求在平凡的岗位上做出非凡的工作成绩。为此，基层社区党组织要求党员同志做到四个结合，即：将坚持社会主义方向与社区实际工作相结合；将政治理论学习与专业知识培养相结合；将理论创新与实践创新相结合；将时代主题的总要求与具体的实践要求相结合。社区党组织开展的党员教育，极大地提升了广大党员同志的凝聚力、战斗力，打造了一支政治素养高、业务能力强的社区工作队伍。

3. 发挥基层党组织的战斗堡垒和党员的先锋模范作用，将服务阵地建到最基层

从根本上讲，社区党建是为了促进社区更好地发展，居民生活更加幸福。XF 等社区在社区党组织和党员的带动下，将党建工作和社区工作相融合，以党建工作来化解社区矛盾、服务社区居民，不断促进社区融合、居民幸福。为了充分发挥基层党组织的战斗堡垒和党员的先锋模范作用，在社区“大党委”的领导下，成立了便民服务站党支部，设立党员先锋模范岗，推进党员带头参与社区服务管理。在服务群众的工作中，组建了由广大在职党员、退休党员、社区群干、志愿者组成的网格服务团队，广泛开展群众性精神文明创建活动，为广大居民做好理论宣讲、普法宣传、道德教育、美德弘扬、扫黑除恶、环境保护、卫生督导等方面的宣传教育和服务工作，形成社区治理工作扎实有序，基层党组织的组织力、凝聚力和

战斗力不断增强的良好局面。

（五）加强社区情感治理

法国社会学家迪尔凯姆认为，“集体情感”是一种社会事实，产生于集体且在社会情境中得以体现。社区作为生活共同体，所产生的集体情感不仅仅是社区成员的精神需要，更是形成集体意识、社会团结和凝聚力的需要。为了应对市场化带来的人际疏离和集体意识的衰落，重构“集体情感”十分重要。有学者提出，社区治理需要“情感治理”，“情感是不可忽视的维度”①。随着改革开放不断深入，中国特色社会主义发展到新阶段，经济、政治、文化、社会等方面都发生了深刻的变化，基层社会治理模式和方法也在不断变迁。当前的社区治理，对制度、技术等硬核力量的依赖性较强，反而对“人”的因素考虑比较少。加强社区情感治理，意在促进社区权力结构重组、重构人际关系、凸显居民的主体性、增强个体的社区情感认同等。

基层党组织初心连着民心，必将民心汇于初心。良好的党群关系体现了社会主义的制度优势，更是基层党组织的责任担当。在社区治理过程中，基层党组织应当更好地落实和坚持党的宗旨，积极促进“党组—社区—群众”的情感认同，以情动人、融情入理，密切党和人民群众的血肉联系。首先，以情感治理柔化刚性的组织结构。党组织和社区工作者要将依法照章办事与情感交流和疏导有机结合。要改善党组织的工作作风，面对居民开展工作时，在严明纪律的前提下力求“春风化雨，润物无声”。其次，以情感为联结，使社区居民之间以及居民和社区工作者之间在相互尊重、相互理解、相互包容的基础上进行人际互动，使人与人的交往更加真诚，让社区更加和谐、更有温度。再次，注重提升居民在社区参与过程中的主体性。社区党组织要以充分开掘居民的潜能为己任，培育居民的

---

① 文军、高艺多：《社区情感治理：何以可能、何以可为?》，《华东师范大学学报》2017年第6期，第28~36页。

社区意识，使人民群众自觉参与到社区民主自治工作并实现自我价值，获得精神上的愉悦和情感上的升华，提升对社区集体的认同感和归属感。

【社区党建工作案例】[①]

案例 1　“疫”战到底，发挥基层党组织的战斗堡垒作用

“基础不牢，地动山摇。”基层党建要继承和发扬党的建设的宗旨和目标，坚持新时代党的建设原则、方针和主线，创新工作机制和工作方法，使党的建设成果在基层充分显现，将党全心全意为人民服务的宗旨落到实处。

党建引领是基层社区治理的核心。在西咸新区和空港新城的精心指导下，DZ 街道党工委着力打造城市党建“幸福样板”，XF 社区也响应时代号召，创新提出“党建引领、村社并存、弱村强社”的思路，成立了 XF 社区“大党委”和社区工作委员会，统领 11 个社区支部、1 个非公支部，全面领导社区服务管理工作。在日常工作中充分发挥社区的引领作用，形成多方协同、共建共享共治的新型管理机制。

“一个支部，一座堡垒。”2020 年，在疫情来势汹汹的严峻形势下，XF 社区迅速成立多个联合党支部，配合 DZ 街道党员先锋“一队四岗”安排，为社区筑牢疫情防控屏障，让党旗在疫情防控工作的一线高高飘扬，让党徽在防控疫情的一线闪闪发光。“一队”即疫情防控党员先锋队，先锋队自觉树党旗、戴党徽、亮身份、作表率，开展宣传、排查、防控、保障等工作，积极冲在疫情防控工作第一线。“四岗”即党员先锋宣传岗、党员先锋排查岗、党员先锋防控岗和党员先锋保障岗。

一面党旗、一块党员先锋岗展板、一张签满名字的“请战书”、

---

① 相关材料由空港新城 DZ 街道和 XF 社区提供。

一张简易桌，还有消毒桶、体温测试仪……无论走到DZ街道哪个村社的出入口，都会看到这样的防疫监测点。几位戴着“党员先锋岗”红袖章的工作人员负责给出入群众测量体温，给进出车辆消毒，对外来人员进行排查登记，并负责公共区域的集中消杀，不留隐患，不留“死角”。他们三班轮流，24小时不间断。“咱们第八社区一共576户2503人，咱们一定不能掉以轻心。”XF第八社区党支部书记李某作为排查岗的党员先锋，就返乡人员再摸排进行了周密的安排部署，每日不厌其烦地进行反复摸排，对外地返乡尤其是疫区返乡人员进行重点把控，确保不漏一户、不漏一人。保障岗的党员先锋负责及时了解返乡人员的生活状况、物资供应情况及物价涨幅，并为群众提供生活保障，让群众“安心”。

经营幸福家，成为幸福人。XF社区积极发挥社区党建的引领作用，将社区党建工作融入社区日常事务中，充分发挥党员先锋岗的作用，让每一位党员先锋在工作一线找准自己的定位、发挥应有的作用。党员们各司其职，用自己的力量为群众日常生活提供服务，为群众安全保驾护航。

案例2　行微小平凡之事，彰显大爱担当

在为社区居民服务的过程中，发挥共产党员的先锋模范作用至关重要。要对广大党员进行党性教育，切实提高社区党员队伍的凝聚力和战斗力，为居民提供全面细致的生活保障服务和特色服务，满足其基本需求和特殊需求，使党员真正成为社区服务的核心力量。

访谈对象：岳某，男，72岁。

岳某，Y村人士，于2019年3月回迁到XF社区。为人善良温厚，方正质朴。无论在哪里他都乐于帮助他人、无私奉献，发挥自己的余热，为社区、为社会贡献自己的力量。岳某1988年入党，至今已有34年党龄。同时，他也是一名退休的人民教师，在教师岗位上尽职尽责，关爱学生，为生活困难的学生提供资助，为每一位学生的成长默默耕耘。

回迁到新社区之后，他为居民做了大量服务工作，充分发挥了

老党员的榜样示范作用。尤其是在疫情防控工作中，他率先示范，积极参与疫情志愿服务。在核酸检测、入户排查、注射疫苗等工作中，他主动要求参与，并且坚持志愿服务60余天，平均每天服务12小时左右，为快速检测、排查摸底、疫苗注射等工作的开展做出了最大的努力和贡献。在2020年疫情形势紧张的时候，出现了一些居民不配合、不理解的现象，甚至有部分居民因不戴口罩和社区人员发生言语冲突。岳老询问情况之后，发现我们的工作人员在工作方法上也存在简单粗暴的问题。面对不愿戴口罩的居民，他会主动劝说，动之以情、晓之以理。他说：“首先应该为自己的安全考虑，其次你得想想自己的家人和周围的人，为了自己和他人都应该主动检测、戴口罩，尽量不让疫情在我们这里反弹扩散。”最终大家都积极配合，理解并支持社区的疫情防控相关工作。

作为一名居民党员，他说：“要发挥自己的余热，尽自己的能力，对得起党，对得起社会，对得起人民！”他的这种积极乐观、无私忘我的态度，不仅感动了许多居民，也带动其他居民参与到志愿服务工作中来。

案例3 “红心向党”，以“艺”战“疫”

中国特色社会主义进入新阶段，加强社区文化建设有利于提升居民的精神境界，满足人们的精神需求，引导社区居民追求真善美，增强居民的社会责任感。尤其面对疫情这样的公共事件，只有党员带头、示范引领，才能充分发挥持久深厚的力量，凝聚起居民战胜困难的强大合力。

访谈对象：刘某，男，79岁。

“冠状病毒来捣乱，武汉成了重灾源。咱们百姓怎么办，保持冷静少添乱。关注新闻听宣传，不听谣言少受骗。电话微信拜个年，不串门子不见面。在家窝着最安全，不送年礼自家餐……”2020年，一首朗朗上口的快板通过广播、微信群等在DZ街道及周边街办村组广泛传播，受到广大干部群众的热议和点赞。

“我平时喜欢搞搞创作，这次写这个快板，就是号召大家不给社会添乱，团结起来战胜疫情。”快板作者、共产党员刘老创作这段快板时已经78岁高龄，但依然精神矍铄，积极开朗。他一直以来十分喜爱文学艺术，年轻时就创作了许多作品。当了DZ街办LZ村的书记之后，一心扑在工作上，他的文学爱好被搁置起来。如今从书记位置退下来之后，他发挥余热，一头扎进文艺创作中。

刘老身边有一批长期一道从事文艺的老伙计。他想着，应该把他们组织起来，带动更多的人为社区文化建设添砖加瓦。在他的带领下，大家积极组建了“红心向党”小分队，吸引了30余名文艺爱好者参加。几年来，他们根据辖区扫黑除恶、主题教育、安全生产、垃圾分类等主题，自编自导三句半、快板等节目，活跃在舞台、乡里和街头，以群众喜闻乐见的方式演出，成为在一线宣传的“生力军”。

2020年1月31日，刘老听说各支部要组建疫情防控先锋队，就急急忙忙来到支部主动请缨，再三要求加入先锋队。支部考虑到刘老已经78岁高龄，便婉拒了他的请求。

“我能理解组织的安排，作为一名共产党员，虽然不能到一线参加防控工作，但我还能搞搞创作，在宣传上给大家帮帮忙。”刘老结合农村防控宣传实际和自己掌握的一些疫情防控知识连夜创作，用了不到3个小时就创作出了快板作品《服从就是做贡献》，并通过微信群发给“红心向党”宣传小分队的兄弟姐妹们，由他们在家编排、录制。作品号召广大群众认真、积极地配合街办和村组的防控工作。

在刘老的带动下，DZ街道越来越多的群众积极参与到疫情防控工作中来，WA村老兵董某自觉加入到村口排查行列，GC村的两名群众为村口执勤人员送来了热气腾腾的手擀面……大家都在尽自己最大的努力为打赢这场疫情阻击战而奋斗。

第六章　开创“共建共治共享”社区治理新局面

社会治理关系到党的执政地位、国家长治久安和人民安居乐业，创新社会治理是推动我国治理体系完善、治理能力提升的重要课题。党的十九大报告中强调要“打造共建共治共享的社会治理格局”，党的十九届五中全会进一步提升为“完善共建共治共享的社会治理制度”。这是中国共产党在准确把握我国处在新的历史发展阶段的基础上，从国家治理层面提出的新目标、新要求，也为加强和创新社会治理指明了方向。在城市化进程中，统筹推进乡镇（街道）和城乡社区治理，是实现国家治理体系和治理能力现代化的基础工程。空港新城除了解决“村改居”过程中包括过渡期和回迁初期遇到的治理难题之外，还不断加快基层社区治理改革和创新的步伐，推进社区治理体系和治理能力的现代化。这既是空港新城发展规划之要，也是社区居民追求美好幸福生活之需。

一　基层社会从管理向治理转变的必要性

社区本质上是一个社会共同体。在最早提出“社区”一词的德国社会学家滕尼斯看来，社区是由具有共同价值观念的同质人口组成的关系密切、守望互助、富有人情味的社会团体。[①] 这是他基于传统社会构建出的理想组织类型。在前现代社会，在以农村为代表的传统社区内，人际关系密切，人们相互信任、和睦、依赖且彼此关

① 〔德〕费迪南·滕尼斯：《共同体与社会》，林荣远译，商务印书馆，1999，第54页。

联，依靠共同的规范来维持社区内居民的归属感和凝聚力。当时个人能力不高、社会功能不足，人们主要依赖社区和集体行动来获得物质资源、积聚社会资本，维持个人的生存与发展，而礼仪和风俗则是实现社会内部控制的主要方式和手段。进入现代社会，随着整个社会市场化程度不断提高、政府功能日趋完善，社会成员受到的来自亲友、邻里等集体内部的社会支持逐步式微。资本的逻辑使得社会成员以从业者、消费者的身份出现在现实中，非熟人之间的经济往来成为最普遍的社会互动。同时，随着社会分工的不断细化，科层制的普遍应用，政府及各类社会组织、社会管理体系和社会服务体系不断健全，社会成员的社会性也不断提高，个体更加依附于整个社会系统，个体之间依靠个人关系的横向联合弱化了。这就从客观上改变了传统社会个人对他人、集体的依附关系，那些靠血缘、地缘所形成的亲密互助关系被由市场、契约维系的社会关系取而代之，传统社区所依赖的社会基础被消解。

然而，在面对社区分化和利益关系多元化、原有的社会支持消亡等问题时，人们对社区共同体的需求并未消解，依然渴望在城市化、现代化中保持人与人之间互助、亲密、友好、和谐的共同体精神。由于“社区失落”是城市化、现代化进程导致的后果，所以这一问题也就成为全球性问题。“回归社区”、“重建共同体”成为现代城市居民的共同期望。面对“失落”的社区，西方一些发达国家的社区工作者开始倡导“以人为本”的社区发展理念，更多关注人的个体需要和生活质量的提升，通过重构共同体来找回人人和睦相助的生活共同体。例如美国在 20 世纪 70～80 年代推行的“邻里街区”模式就是其中的代表。“二战”之后，由于越来越多城市社区的开发建设仅仅关注居住功能，人们的物质需要更多依赖于社区之外各类市场组织的提供，个人对邻里和社区的依赖逐渐式微。传统社区所具有的精神层面的归属感和认同感是现代社区所无法提供的。美国佛罗里达州的海滨社区则一改现代都市中规模庞大、功能单一的社区建设方式，更加接近传统的“邻里社区”模式，突出低密度、

“5分钟生活圈”，社区内自建绿地景观、纪念性建筑、步行道路等，公共空间得到重点开发。这些公共空间的优化，有利于社区人群开展一些公共性活动，这为增强人与人之间交往提供了较多的便利条件，邻里关系得到极大的改善。事实上，这也带来社区的房产增值。

相较于外在的社区规划建设，培育社区内要素、提升居民的参与意识和参与能力，形成政府、市场、社会组织及个人等多主体共同民主参与的局面，则是社区发展过程中更为重要的内容。美国社会学家F. 法林顿在1915年出版的《社会发展：将小城镇建成更适合生活和经营的地方》一书中，首先使用了“社区发展”这一概念。实践中，社区工作者试图通过社区发展来促进社区改善，强调应当动员社区成员积极参与社区事务和活动，通过宣传和倡导使社区发展成为一项社会运动。但是随着社区实践的深入，人们逐渐意识到这种运动式工作方式的效果往往是短期的，难以维持社区的长期、可持续性发展，也容易忽视社区以及社区居民的能力建设。比外在的物质条件的改善更为重要的，是居民社区意识以及参与能力的提升、社区要素的培育和社区居民自治能力的提升等。美国学者欧文·桑德斯认为，回归社区是社区成员在社会关系和心理认同上的一种转变，其不仅是围绕卫生、福利、产业、文化等事务而实施的一系列活动，也是遵循进步原则、具有价值取向、形成改革事业的一种运动。[①] 这说明，社区发展的目标不仅仅指向社区环境卫生等公共服务的优化、居民居住条件和生活水平的改善，而是更注重在社区内部形成共同的情感和价值体系，相互信任并彼此支持的人际关系，发达的、可供居民随时参与的社区组织，以及与政府间良好互动的网络等，以此来维持社区的可持续性发展。

鉴于社区发展是全球共同关注的议题，联合国于1955年发表了《通过社区发展促进社会进步》的专题报告，提出有关社区发展的十

① 〔美〕欧文·桑德斯：《社区论》，徐震译，黎明文化事业股份有限公司，1982，第16页。

项基本原则：一是根据社区需要和居民愿望制定工作方案；二是建立多目标计划并组织行动；三是改变居民态度与物质建设同等重要；四是通过民众参与改变政府功能；五是选拔和训练领导人才；六是应特别重视妇女和青年的参与；七是计划的实现有赖于政府的协助；八是制定社区发展计划必须有完整的政策；九是充分利用各种民间资源；十是地方与全国的发展计划必须协调进行。[①] 可见，社区发展更加看中居民的参与意识和社区的能力建设，强调协同多方力量实现社区的可持续发展。

新中国成立后，我国为适应计划经济体制构建了以“单位制”为主、“街居制”为辅的城市管理体制。1954 年《城市居民委员会组织条例》和《城市街道办事处组织条例》出台，标志着我国在城市基层社会开始推行这种城市管理体制。但是这一城市管理体制随着改革开放的深入却越来越难以为继。社会转型推动社会变革，之所以从“单位制”转变为“社区制”，主要是因为国有企事业单位改革和城市的扩张使居民从“单位人”变成了“社会人”，居民从原本对单位的依附转变为接受社区管理和服务。城市社区建设对于有效整合社会资源、构建适应新时期社会化运行方式的新型社会意义重大，也是基层社会管理和社会控制的重要手段。经过 20 世纪八九十年代的探索，我国的社区建设自 2000 年中共中央办公厅和国务院办公厅共同转发《民政部关于在全国推进城市社区建设的意见》后全面推进。该《意见》强调在我国全面推进城市社区建设的重要意义，并明确了城市社区建设的指导思想、基本原则、主要目标和主要内容，可以说是一部纲领性文件，对于改革基层社会管理来说具有划时代的意义。经过 20 多年的发展，基层社区无论从办公场地、人员配备、管理制度建设等方面看，还是从社会管理和服务模式创新发展等方面看，都日趋成熟。其间城市基层政权和群众性自治组织建设工作得到有力加强，各地逐步形成了较为完整的社区组

① 陈良谨：《中国社会工作百科全书》，中国社会出版社，1994，第 449 页。

织和运行体系，对于推进中国的和谐社会建设发挥了重大作用。

当前，随着中国城市化进程的加快和社会管理的不断深入，推动社区建设与发展已经成为我国社会和谐发展的重要内容。社区凭借丰富的民间资源、群体的共生关系以及与政府关系的亲近等诸多优势，日益成为基层社会管理的重心。然而，随着社区建设进程不断加快，一些内生性问题和矛盾也逐渐显现出来。比如城市变迁和市场化带来社会信任丧失，人与人之间、人与社区和社会之间的关系也逐渐疏离。那么，如何进一步加强社区党组织的核心领导作用？面对社区多元治理的发展方向，政府力推社区建设的背后却是社区其他主体参与不足，那么如何更有效地动员广大居民参与到社区建设中来？如何激发社会组织参与社区建设的活力？如何处理好政府、社区、市场组织和社会组织等之间的关系，形成多元共治的社区治理格局？“单位制”解体后居民的社会支持系统如何构建？这些问题已然成为社区发展中必须面对的内容。近年来，各地从主管部门到基层社区都在不断探索，也形成了许多新的社区管理服务模式和工作机制。社区要实现高质量发展，必然要求从理念到实践层面进行二次变革与发展，即从过去社区建设偏重于体系建设转变为改机制、提效能等内涵式发展，如此一来向社区治理转变就成了大势所趋。

“治理”一词在20世纪80年代在西方学术界开始出现，尤其在经济学、政治学和管理学领域较为流行。后来在实践中，无论是政府部门还是社会组织，都广泛使用该词。全球治理委员会于1995年在《我们的全球伙伴关系》中指出：“治理是各种公共或私人机构在管理共同事务时所采用的方式总和，是在调和各种社会冲突和利益矛盾时采取联合行动的持续性过程。”世界银行认为：“治理是利用机构资源和政治权威管理社会问题与事务的实践。”[①] 在我国，“治

① 转引自许耀桐、刘祺《当代中国国家治理体系分析》，《理论探索》2014年第1期。

理”一词在十八届三中全会时正式出现在党的文件中，会上首次提出推进国家治理体系和治理能力现代化。我们应当认识到，“社会管理”与“社会治理”这两个概念非常接近，却有着不同的内涵。社会管理的基本任务是协调社会关系、规范社会行为、解决社会问题、化解社会矛盾、促进社会公正、应对社会风险、保持社会稳定。在传统的社会管理过程中，更多注重强政府的表现。而社会治理是多方的共同治理，强调协商和共识的达成，也强调相关各方的平等参与。从社会管理走向社会治理，是治国理念的重要发展。习近平总书记深刻指出：“治理和管理一字之差，体现的是系统治理、依法治理、源头治理、综合施策。”[①] 从社会管理到社会治理，是体系建构的过程。在这一过程中既需要构建一个完整的科学理论体系，对整个社会从宏观到微观层面进行指引，又需要在实践过程中不断创新社会治理方式。实现从社会管理到社会治理的转变，要求：①坚持系统治理，要从政府包揽向政府负责、社会共同治理转变；②坚持依法治理，要从管控规制向法治保障转变；③坚持综合治理，要从单一手段向多种手段综合运用转变，通过强化道德约束、规范社会行为、调节利益关系、协调社会关系等社会性手段和措施解决社会问题；④坚持源头治理，要及时反映和协调人民群众各方面、各层次的利益诉求，从根本上解决矛盾、防微杜渐[②]。

需要强调的是，社会治理的重心必须落到城乡社区。社区是社会的基本单元，是面对人民群众的第一线，是社会治理创新的微观场域。基层社区获得有效治理和社区服务能力提升，有利于化解社会矛盾和应对各类社会问题，能够为创新国家的社会治理奠定良好的社会基础。因此，社区治理的现代化是社会治理现代化在基层的体现。同时，社区是居民生活和活动的场所，是关系到社区成员切身利益的空间，开展社区治理目的在于依托共同体实现共同体成员

---

① 《习近平关于社会主义社会建设论述摘编》，中央文献出版社，2017，第127页。

② 魏礼群：《实现从社会管理到社会治理的新飞跃》，《北京日报》2019年3月18日。

福祉的最大化。因此，社区治理应当建立一种由共同目标支持的、针对社区公共事务的活动和管理机制，形成以社区公共服务为基本，以居民自治为基础，以专业服务为特色，以政府主导和社会参与为保障的治理体系。通过社区治理，最大限度地协调人民内部的利益和矛盾，从而赢得民众广泛的认同。

在我国，社区治理相较于社区建设有着全新的内涵。我们应当从以下几个方面去理解。

第一，社区治理强调多元参与、共建共治共享。社会治理体现为复杂的治理体系和治理结构，治理主体多元化是其本质要求。随着市场组织和社会组织的蓬勃发展，政府与社会力量协同治理已经成为一种全球化趋势，这也是城市治理的必然选择。在社区层面，社区治理是社会治理的微观形态，政府与社区间的关系是其中重要的组成部分。社区治理过程主要是通过多元主体合作、协商、形成伙伴关系、确立和认同共同的目标等方式来实施对公共事务的管理。

从行为主体和行动过程来看，社区治理打破了过去那种“政府独大”的局面，形成由多元主体共同参与的新格局。而社区行动是以协调为基础的、持续的互动过程，强调多主体行动者通过相互影响、彼此协作来发挥作用。社区治理的权力运行方向并不是单一的、自上而下的，而是多向度的、上下互动的过程。因此，社区治理的基本要义是形成政府、社会、市场三元互动模式，通过制度性和非制度性规范实现共治共建共享。① 在工业化和现代化进程中，基层社区治理的主体包括个人、社会组织、权力机构等，多元化、多向度和多路径是其突出特征。在社区范围内，政府机构与非政府机构、公共机构与私人机构、个人与组织之间建立起协商与合作机制，来共同来决定和处理社区的公共事务，进一步提升社区自治能力和凝聚力，提高社区治理效能，这对于个人生活与发展、社区发展乃至

① 李迎生、杨静、徐向文：《城市老旧社区创新社区治理的探索——以北京市P街道为例》，《中国人民大学学报》2017年第1期。

社会发展都起到积极的促进作用。

第二，社区治理强调正确处理政府和其他治理主体之间的关系。东西方国家的社区发展和治理路径存在很大的不同。从历史演进看，西方社会中的社区是自下而上逐步发育成熟的，社区自治性、民众的社区意识以及形成的各种规范和约束大多是内生的。因自治性较强，社区与政府之间的关系更多表现为合作关系。西方国家的社会组织数量众多、发展成熟，政府对社区事务的参与主要是通过各种基金项目资助社会组织的活动计划，而非亲力亲为。与西方国家社区发展道路不同的是，新中国成立以来，从社区建设到社区治理，政府一直发挥着重要的引领和推动作用。新中国成立后首先从政治层面将基层群众自治制度、中国共产党领导的多党合作和政治协商制度以及民族区域自治制度作为我国的基本政治制度。从计划经济时代实行“单位制”、“街居制”到2000年全面推进城市社区建设之前，这一阶段的基层社会管理主要是在政府的推动之下实现的。我们在充分肯定政府在城市社区建设过程中起到的关键作用和具有的核心优势之外，对这一过程中产生的一些问题也不能回避。从当前的社区实践工作来看，政府主导下的城市社区建设主要存在三个方面的问题。一是政府过多的干预使社区自治性组织的行政性色彩十分浓厚，社区居民委员会成了政府的“一条腿”，忙于配合完成市、区相关部门安排的任务。这使社区“眼睛朝下”不足，脱离群众，是一些社区居民委员会和居民之间联系并不紧密的重要原因。二是政府过多干预导致社区自治组织发育及居民的参与能力不足。长期过度依赖政府的扶持，基层社会容易产生“等、靠、要”的依附性心理。这在社区居委会、社区组织和居民身上都有体现，不利于实现社区民主自治能力的提升。三是政府过多干预导致社区管理的同质化现象严重。由于政府对社区建设、社区管理有着较为全面的指导方案，社区管理的体系化和标准化就有了重要的参考，但也造成一些社区在管理过程中更多地考虑到如何符合政府的要求，因而导致社区的“规定动作”规范而“自选动作”不足。加之许多社区缺乏创新能力，盲目效仿一些先进社区的做法，而并没有结合自身的需要和优势来实现个性化发展，导致社区同质化倾向较为明显。

值得注意的是，为减少政府过多的行政干预，政府向基层分权和赋权是社区治理的必然要求，但这并不意味着要去政府化。“社区制”在我国不过20余年发展时间，就社区参与意识和社区参与能力而言，社区组织和居民依然不够成熟，因而发展初期的社区治理依然要由政府主导。政府在政策制定、财政支持、调动社会各界力量等方面具有不可替代的重要作用，在社区治理过程中可以根据各地居民素养、社区居委会的管理和服务能力、社会组织的专业水平等协调政府行政功能同社会自治功能的互补。至于政府在什么情况下适当介入和适时退出，完全取决于社区的发育和完善程度及其面对实际问题时的应对能力。在中国特色社会主义新时代，随着基层社会治理体系的健全、社区自治能力的逐步提升，以及社会组织规模的扩大和专业化程度的提高，政府将更多地向下分权和赋权，不断推动社会治理的重心向基层下移，实现政府治理和社会调节、居民自治的良性互动，最终社区治理亦将完成从“政府本位”向“社会本位”的顺利过渡，这也是社区治理现代化的必然要求。

第三，社区治理更加注重居民和社区能力的提升。社区治理是一个长期的过程，除了要完成特定的、具体的经济和社会发展任务外，更看重对社区基本要素的培育，包括社区组织的发育完善，社区成员参与公共事务积极性和能力的增长，社区居民间信任、密切、和睦关系的不断增进，居民社会关系网络的不断扩大等。以往的社区工作更多考虑的是如何满足居民的需要，即以需要为本，而从社区治理来看，除了提供全面的社区服务以满足居民群众的生产生活需要这一首要任务之外，还注重社区的整体营造，实现可持续发展。为此，社区治理中的资产导向理念开始在国内一些经济发达地区得到认同。资产导向理念强调通过发现和利用社区自身优势，努力挖掘社区内外部的社会资源以及物质资源，具体包括人力资源、物力资源、财力资源、政策资源等，为社区增权；注重从社区营造角度进行资源分配和能力建设，努力提高社区的服务和治理效能。

第四，社区治理行为指向的是社区自身的公共事务。这需要从两个层面理解，其一是公共性，其二是事务性。从公共性角度来看，社区治理的服务对象应是社区全体居民和社区自身。现在许多社区开始注重引入社会组织和社会工作者来开展专业的社区服务。但是一些社会组织和社会工作者认识上存在一定的误区，认为社区工作就是在社区里为一些个人和群体提供专业服务。其实，这是混淆了在社区开展社会工作和社区工作两个概念。在社区内开展社会工作的方法很多，既包括个案工作、小组工作，也包括社区工作等专业工作方法，有时也会使用综融的方法。而社区工作是宏观社会工作，其服务对象是社区全体居民和社区自身。一些社会组织和社会工作者误认为社区工作就是在社区里开展个案和小组工作，因而忽视从宏观层面开展社区工作。实际上，社区治理不仅应当关注个人、家庭和特定群体，还要更多关注社区全体居民共同的利益、事务，实现社区内外部环境的治理和优化，因此应当采用宏观的视野和方法。另外，从事务性角度看，社区治理的内容包括社区管理、社区服务、社区能力增进、社会生态系统和社区支持系统构建等方面。社区治理是一个关系到社区成员切身利益的范围广阔的领域，涉及社区服务与社区照顾、社区安全与综合治理、社区公共卫生健康及疾病预防、社区环境及物业管理、社区文化和精神文明建设、社区社会保障、社区应急管理等不同层面。因此，多领域、宏观性、综合性、系统化是社区治理的重要特点。

二　构建“村改居”社区多元协同治理新格局

对于“村改居”这一特殊社区的治理问题，应当着力于两个方面。一是在过渡期要从过去的村委会管理模式顺利转换到城市社区治理模式。二是从社区发展角度看，要建立新的社区治理体系、工作机制，以适应新时代社会治理的要求。社会系统里的权力具有一定的“时空连续性”，这一状况在“村改居”社区中显得尤为突出。在传统的乡村社会，社会职能大多由村委会承担，制度、组织建设和服务功能主要围绕村里的现实需要展开，而村民出于信任和依赖，对村委会的认同度较高。撤村并居后，物理空间的变化导致权力秩序的断裂，权力体系从村委会向居委会转移。“村改居”后，基层权力的“时空连续性”并不会因为物理空间的变化而失效，初期居民遇到一些问题时依然习惯找原来的村委会解决，而对新成立的居委会因陌生而出现暂时性疏离。

> 从村委到居委并不是一件简单的说转就转的事儿。我们刚来的时候，居民们不了解我们，有啥事还是找村长、支书。为了给搬迁居民提供更便捷、更具品质的生活，我们空港新城XF社区党群服务中心、DZ街道便民服务站于2019年7月正式揭牌并投入运营，建筑面积达2030平方米。服务中心有方便居民的办事大厅，还有图书阅览室、书画社、舞蹈室、居民课堂、电影院、文艺话剧演艺厅等齐全的配套设施。可以说，为社区居民提供了全方位、多渠道、高效率的服务。一开始的时候居民们并不知道这个服务中心可以做什么，担心那些文化娱乐设施收费，所以常常在门口张望却并不进来。后来，我们一批一批地组织居民参观、讲解，让他们了解、体验服务中心的各项业务。他们了解到，原来要跑几天、跑好几趟才能办的事儿，在这儿几分钟就可以办完，于是连连说“这太方便了”。后来，来我们服务中心办事、参加活动的人越来越多，服务中心也变得越来越热闹了。（受访者：任某，女，30岁）

从村委会到居委会的转变，不仅仅是让居民能够接受，更重要的是要实现工作机制的转变。从性质上说，“村改居”社区已经被纳入城市社区的范畴，但是由于其正处于由乡村向城市的过渡阶段，旧村拆迁和新区建设跨越的周期长，加之村集体资产处置等历史遗留问题需要妥善解决，因此在过渡期原来农村的基层组织与新成立的城市社区基层组织都要发挥作用。如何顺利完成基层权力的过渡，一直是“村改居”社区治理的难题。权力过渡期间，刚成立的居委会一般难以立即获得回迁居民的认同。而原来村集体经济的管理者也是村委会或居委会的管理者，在整个征迁、回迁期间依然有许多工作需要他们完成。撤村并居之后，社区要接管原来村庄的绝大部分事务，从长期看更要替代原来的村庄进行统一化、社会化管理，实现“居进村退”，社区空间转化也带来权力再分配的矛盾。

笔者从对空港新城XF社区的调查中了解到，面对过渡时期基层社会治理中的矛盾，空港新城根据实际情况，使街办与被拆迁村的农村基层组织紧密联系，按照“村社并存、弱村强社”的基本思路，构建了社区“大党委”、社区工作委员会、社区党支部、物业公司等“多元共治”的社区治理架构，统筹协调各“村改居”社区，强化组织引领，构筑社区治理的主阵地，有效地解决了体制转变这一难题。这一做法的优点在于，针对“村改居”社区的特殊情况，整合街办、原来的村“两委”、新社区“两委”、物业公司等各方力量，填补过渡期间的“服务真空”，强化接力阶段的组织力量，为真正实现“村委会变居委会”提供时间窗口。同时，也在开辟“村改居”社区“共建共治共享”新局面，构建人人有责、人人尽责、人人享有的基层社会治理共同体的道路上迈出了重要一步。

（一）成立社区工作委员会，加强从“村”到“居”过渡期间管理

“村改居”之后，原来的村委会功能弱化，如果新社区在人员、制度、管理机制等方面跟进不到位，势必影响到初期的社区管理和服务。XF社区为便于在新社区建设和回迁安置时开展相关的管理和服务工作，适时组建了一个过渡性组织——社区工作委员会，全面负责社区政务服务、公共服务、网格化管理、“四社联动”、示范创建以及党群服务中心运营管理等工作，在过渡期履行社区居委会的相关工作职责。

XF社区工作委员会设主任1名，副主任2名，委员2~6名。主任由社区“大党委”书记兼任，副主任、委员由社区“大党委”牵头选任，提倡由社区“大党委”成员兼任。由于整个社区依然处于建设和发展之中，为了更好地管理过渡期间的各种事务，街办派驻具有丰富管理经验的工作人员到社区工作委员会中担任重要职务，也使一些原来的村委会成员进入社区工作委员会，来保证各项工作有效开展。同时，推进社区工作委员会人员与物业公司人员交叉任职，物业公司分管社区的副总经理兼任社区工作委员会副主任，另1名社区工作委员会副主任兼任物业公司社区项目部总监。此外，吸纳社区民警、城管执法队员等空港新城管委会派驻机构人员到社区工作委员会兼职，形成齐抓共管、协同服务的新格局。在过渡期间，社区工作委员会全面负责各项工作，加强面向群众的社区服务。为了深入调查民情、了解民意，每年年底由社区工作委员会牵头组织，通过发放民意调查问卷、入户走访、会议座谈等方式，针对社区各组织机构以及社区治理的整体工作进行民主评议，征求群众的意见和建议，将群众的迫切需要和一些改进措施列入第二年的工作计划。由于坚持以人为本，切实为居民办实事、办好事，自2018年以来，社区工作委员会连续三年群众满意率达99%以上，帮助社区顺利完成从“村”到“居”的过渡。

社区工作委员会是一个过渡性组织，而依法成立社区居民委员会则是社区居民自我管理、自我教育、自我服务、自我监督的必由之路。社区工作委员会既承担了过渡期间社区管理与服务工作，又发挥了培育社区居委会等群众性自治组织的平台作用。随着征迁安置工作分期分批不断推进和社区各项工作逐渐步入正轨，XF社区按照“迁入一个、整合一个，部分迁入、部分整合”的原则，适时组建社区居民委员会。2021年3月，西安市全面完成第七次居民委员会换届工作，XF社区按照《城市居民委员会组织法》通过选举产生了居民委员会领导班子，包括主任1名，副主任1名，委员7名。同时以居民小组为单位，依法选举产生居民代表123名；以楼栋为基础，将社区划分为13个网格，每个网格设立专职网格员，负责对楼栋的服务管理等相关工作。同时，社区设有巡警室、联防队以及社区物业监督委员会等。目前，XF社区居委会班子健全、职责明确，各项工作平稳有序推进。

（二）“四社联动”实现协同治理

从公共管理的角度看，在政府管理部门之外引入社会组织、市场组织等各种社会力量，有利于弥补政府管理成本高、效率低的不足。在社区治理方面，多元社会力量共同参与城市社区治理，是推进基层社会治理理念、工作机制和实现路径创新发展的重要途径。自2013年以来，民政部将“三社联动”作为基层社会治理的重点工作，要求各地在城市社区推进和实践。“三社联动”强调社区居委会、社会组织和社会工作者之间紧密结合，在社区服务、社区建设、社区治理方面联合行动、互相促进，履行各自职能并获得共同发展①。经过几年的发展，社区、社会组织、社工队伍已成为促进社会稳定和谐的重要载体和动力之源，“三社联动”服务机制也成为我国推动社会力量参与基层社会治理的基本机制。在“三社联动”的推广过程中，一些地方认识到，引入更多社会力量参与，对于社区治理有着极大的推动作用。于是，陕西、山东等一些地方将“三社联动”拓展为“四社联动”，即建立以社区为平台，以社会组织为载体，以社会工作人才为支撑，以其他社会力量（社会志愿者、驻社区单位、物业服务企业、市场组织等）为依托的社区治理机制，进一步强化了社区平台的地位，推动多方力量共建共治共享机制形成。

XF社区基于“党委领导、政府主导、民政牵头、部门配合、社会协同、公众参与、整体联动”的工作思路，以社区为平台，以居民需求为导向，以统筹社区资源为重点，以项目化运作为手段，建立了由社区、社会组织、社会工作专业人才、社区志愿者构成的“四社联动”服务机制。这一机制有利于全面提升社区工作水平，形

---

① 王思斌：《三社联动的逻辑与类型》，《中国社会工作》2016年第4期。

成互惠融合、优势互补、协调发展的新格局，推动基层社会治理体系的完善和治理能力的提升。

1. 推动社区治理联动平台建设

由于多元共治鼓励社会组织、企业、居民等积极参与社区治理，因此对社区服务管理平台建设有着更高的要求。XF 社区通过健全组织机构，搭建基础平台和信息平台，有效地精简了办事程序和步骤，提高了社区服务和管理的效率。

一是健全组织机构。依托西安市第七次社区居民委员会换届选举，XF 社区选齐配强社区“两委”班子，充分发挥社区党组织的领导作用，不断提高居民自治组织的履职能力和服务水平，并引导社区社会组织、社会工作专业人才和社区志愿者发挥各自优势，实现社区治理的互联、互补、互促。

二是搭建基础平台。XF 社区坚持科学规划、分步实施的原则，扎实推进社区服务场所建设。新建的 XF 社区党群服务中心（含日间照料中心、儿童托管中心）面积达 3000 平方米。以社区党群服务中心为依托，社区还设立社区专职人才工作室、社会组织孵化站、社区志愿者服务站等，科学整合服务资源，合理布局平台空间，为推动“四社联动”创造了条件。

三是打造信息平台。XF 社区利用智慧化、网格化手段对接社区需求，打造针对社区服务的综合信息平台。同时，广泛汇集社会组织、社会工作机构、志愿服务机构、社区服务企业的信息资源，促进社区服务信息的有机整合与共享。建立社区社会组织、社会工作者、社区志愿者参与社区服务的网上信用公示和评价机制，接受社区居民监督。

2. 外引内育加强社会组织力量

随着社区规模的不断扩大和社区群众需求的多样化，仅仅依靠政府或者社区居委会的力量显然不够。社会组织是在政府和市场之外提供专业社会服务的重要力量，是社区治理的重要参与主体之一。在国外，社会组织发展较为成熟，是各类社会服务最主要的提供者，政府多以购买服务的方式来委托社会组织为居民提供各种专业服务。从一定意义上看，社会组织的发育程度也体现出社区治理的现代化程度。党的十九大报告指出，要“加强社区治理体系建设，推动社会治理重心向基层下移，发挥社会组织作用，实现政府治理和社会调节、居民自治良性互动”。

通过社区内外的社会组织，可以有效地链接内外部资源，发动各种社会力量，为社区群众或者特定群体提供专业、系统的服务。以社区为平台和载体，引入和发展社会组织也是社区治理的必然要求。当前，培育和扶持基层公益性、服务性、互助性社会组织，对于拓展社区服务渠道，改善民生，丰富社区文化生活，建设社区文明，协同进行社会治理，维护和谐稳定，形成互助互济的共同体精神，具有重要意义。近年来，XF 社区通过建机制、重培育，外引专业社会组织，内育社区社会组织，使得参与社区服务的社会组织力量得以不断壮大。

一是扶持社区社会组织发展。XF 社区通过加强社区社会组织孵化站建设，放宽准入门槛，简化登记程序，积极引进、扶持、培育贴近城乡居民需求，覆盖公益慈善、文体娱乐、社区服务、社会养老、志愿服务、司法矫正、助残帮扶、环境保护、社会治理等领域的各类社区社会组织。同时，先后成立社区妇联、团支部委员会等社区群团组织，红白理事会、书画社、广场舞艺术团等群众组织。还从外部引入家庭医生工作室、中介服务所、物流办事处等社会服务组织。这些群团及社会组织以社区居民的实际需求为取向，充分发挥自身的人才、资源等优势，满足社区居民多样化的服务需求。同时，坚持物质性服务和精神性服务并举，开展面向所有对象、覆盖不同层次、满足各类需求的社区服务。在推进城市精神文明建设方面，XF 社区的社会组织开展了丰富多彩的文化、体育、娱乐活动，极大地丰富了社区文化生活，促进社区的和谐稳定。这些服务也为社区居民提供了更多的沟通交流机会，促进邻里和睦，增强社区凝聚力，在提高社区群众生活水平方面发挥了积极作用。

二是建立、完善工作制度，实现制度化、规范化、程序化管理。社区社会组织的培育是一个较为长期的过程。在对社区社会组织培育之初，应加强制度及组织规范，促使其在合理合法的轨道上运行和发展。同时，社区社会组织要求得长期发展，需要开拓新的资金渠道。购买“第三方服务”是政府委托社会组织为居民提供专业化服务的方式，也是社会组织谋求发展的重要资金来源。空港新城十分重视和鼓励外部专业的社会组织和有能力的社区社会组织承接政府购买服务项目，广泛参与社区服务。2018 年《西咸新区社区工作经费管理办法（试行）》（陕西咸人社民发〔2018〕80 号）出台，针对购买社会组织服务中的项目立项、经费预算、信息发布、项目管理、绩效评估等方面形成了具体的工作办法。日后随着社区社会组织数量的增加和专业服务能力的提升，广大居民将获得更优质、更全面的服务。

3. 强化社会工作专业人才的支撑力量

社会工作是综合运用专业知识和方法，为有需要的个人、家庭、机构和社区提供专业社会服务，舒缓、解决和预防社会问题，恢复和发展社会功能的职业活动。近年来，社会工作事业在我国发展十分迅速，在家庭、医疗、社区、老年人、青少年、残疾人等领域已经显现出专业服务的力量。在社区层面，社会工作者基于专业理念，采用个案工作、小组工作等工作方法为居民提供生活保障、情感支持、能力促进等方面的专业服务。因此，社会工作者作为专业力量是社区工作必不可少的支撑。从“村改居”社区的社会工作发展现状来看，对社会工作人才的需求十分迫切。但是由于工资待遇、岗位发展空间等因素的影响，愿意长期从事社区工作的专业社会工作人才缺口较大。近年来，为弥补供需缺口，空港新城加大政策扶持力度，通过提高工资水平、福利待遇加强对社会工作专业人才的引进和培育，使其为居民提供更多专业化社会服务，也使居民享受到更专业、更全面的服务。

一是建立社会工作专业人才聘任制度。空港新城加大社会工作人才引进力度，通过社会公开招聘、行政事业单位选聘等方式吸引高校社会工作专业毕业生和取得社会工作者职业资格的专业人员到社区工作。同时，加大在工资待遇和未来发展空间上的支持力度，针对取得本科、硕士学位以及初级、中级和高级社会工作师职称的社会工作人才，制定不同的津贴标准、设置不同的专业技术岗位。

二是加强对相关人员的专业培训。从现有的社区工作人员情况来看，很多人原来是在村镇工作，缺乏城市社区管理的经验，更缺乏社会工作专业理论和实务工作能力。为此，空港新城为切实提高社区工作人员的职业素质和社会工作专业水平，经常邀请高校及专业社会工作机构对基层自治组织成员、社区工作人员进行社会工作理论与实务方面的专业培训，要求每人每年参加集中培训不少于2次。同时，支持和鼓励社区工作人员积极参加社会工作方面的知识学习和培训，并参加国家认证的社会工作者职业资格考试。鼓励社会工作者走出去，增加与同行、专家交流先进经验的机会，以此开阔视野，学习了解社会工作的最新理论和方法。

三是拓展社会工作者的发展空间。空港新城要求，社区专职工作人员岗位、民政系统基层工作岗位、各类公益性岗位的招聘应优先考虑社会工作专业人员。同时，建立社工认证制度，取得社会工作者职业资格证书的人员经登记后，可在政府购买的社会服务项目中以社会工作者的名义从事社会服务活动。空港新城还建立社工服务交流平台，鼓励社会组织、企事业单位设立社工服务岗位，拓展社工的就业渠道，以此吸引越来越多的人才从事社区社会工作。

4. 推动志愿服务有序开展

XF社区在推动社区志愿服务发展的过程中，充分结合自身的特点，倡导承继回迁居民在传统农村生活中形成的互助互济的精神，并弘扬新时代“奉献、友爱、互助、进步”的志愿服务精神，充分挖掘社区力量，聚集社区资源，培育社区居民骨干。XF社区在组建社区志愿者队伍、建立志愿者服务平台、拓展志愿服务领域等方面建立了志愿服务长效机制，实现社区志愿服务的专业化、常态化和可持续发展。

首先，XF社区注重从社区中汇聚力量，组建社区志愿者队伍。除了动员社区内部的中共党员、机关企事业单位的工作人员，还将视线放在青少年学生群体与身体健康的离退休人员身上，发掘各个群体的优势和特点，组建具有特色的志愿者服务队伍。一些具有专业技能的热心居民也加入志愿者队伍，长期坚持开展义剪、义诊、普法、家电维修等活动。在倡导社区居民互帮互助的基础上，XF社区对社区志愿者进行了系统的培训，从志愿服务的价值观到实务能力，全面提高志愿者的服务水平，营造社区互助互爱的氛围，进一步提升居民对社区的归属感和认同感。

其次，建立志愿者服务平台。XF社区通过推行社区志愿者注册登记制度、志愿服务记录与证明出具制度、志愿服务储蓄制度、志愿服务积分兑换制度和服务效益评估制度等，加强对社区志愿者队伍的管理。在XF社区，开展志愿服务活动需要首先在志愿者服务平台上发布信息进行宣传。志愿者根据自身情况，综合考量时间、地点与活动内容后在平台上报名。志愿者每参与一次活动，在平台上都会记录相应的时长，用作后续的评优评先工作的参考。依托志愿者服务平台，各项制度得以落实，志愿活动的开展也有了一定的规范与保障。同时，制度完善下的志愿者激励措施也能够发挥相应的作用，各项志愿活动的开展有迹可循，志愿服务的水平得以在服务效益评估中实现优化和提升。

再次，不断拓展志愿服务领域。XF社区积极号召各类具备专业能力或特长的人员加入志愿者服务队伍，充分发挥志愿者在邻里守望、组织文体活动、关爱弱势群体、服务社会等方面的作用。XF社区开展的志愿服务活动内容丰富，在社区救助、帮扶、优抚、助残、为老、就业、公共安全、环境卫生、安全生产和文化体育活动等方面都有志愿者参与其中。同时，社区倡导并组织开展了一系列社会捐赠、互帮互助、承诺服务活动，不但弘扬了社区睦邻互助的友好团结风气，而且传承了和谐共处的传统美德。

三　“社区吹哨，部门报到”，推行“条专块统”综合治理机制

空港新城目前有20个社区，全部为“村改居”社区。“农民变市民，农村变社区”的这种新形势、新变化，给空港新城社区治理带来新的课题：怎么快速、高效地解决社区居民的合理需求，不断提升人民群众的获得感、幸福感、安全感？为此，需要建立一个优化政府与社区之间联系、强化社区治理的新模式。

经过几年的探索，围绕社区治理中“没人管”、“不想管”、“多头管”等问题，空港新城推行了“社区吹哨，部门报到”的社区综合治理机制，推动社区治理“重心下移、力量下沉、资源下投”，变群众的“小事”为部门的“大事”。这一机制一改原先政府各职能部门自上而下发号施令，街办、社区做配合的传统模式，把社区、街办作为反映居民需求的“第一吹哨人”，面对人民群众的急难愁盼问题，各相关部门（单位）及时“报到”处理，实现“条专块统”，部门（单位）参与社区治理的作用得到充分发挥。通过不断解决“村改居”社区工作的痛点、难点问题，打通服务群众“最后一公里”，真正做到“民有所呼、我有所行”。

在“吹哨报到”工作机制下，空港新城确立了街道党工委与办事处、社区“大党委”与社区工作委员会、社区党支部与居民委员会三级“吹哨”机构。“吹哨”事项由人社民政部门牵头协调，建立人社民政部门牵头总抓、统筹协调的“报到”机制。针对收集到的各类需求，人社民政部门围绕居民关注较高的突出问题，协同街道、各部门（单位）深入调查研究，提出解决方案，并提交空港新城管委会研究审议，确保“吹哨”制度落到实处，为群众排忧解难。

（一）第一时间发声，快速响应诉求

“吹哨”就是及时为居民的需求发声。社区“大党委”建立了通过多种渠道反映居民诉求的“吹哨”机制。在街镇党工委、办事

处的领导下，由社区“大党委”负责，依托社区党群服务中心、“空港·微邻里”小程序、网格化管理系统等平台，通过居民实地反映、网络收集、网格员走访等多种渠道和方式收集群众的意见建议以及社区存在的相关问题。对于收集到的意见建议及问题，首先由社区“大党委”牵头处置；社区“大党委”不能处置的，报请街道处置；街道不能处置的，可填报《空港新城社区治理相关问题排查处置表》，提交给空港新城社区治理办公室（办公室设在人社民政局）处置。

（二）人社民政部门引领，高效制定方案

在此基础上，社区“大党委”进一步建立了由人社民政部门牵头协调的“报到”机制，并制订了具体的实施细案。由空港新城社区治理办公室牵头协调，对收集的各类意见建议及存在的问题进行梳理。对于居民热切关注的热点、难点问题以及关系民生保障的重大事项，协调相关部门（单位）、街道，深入社区开展调研，召开会议进行研讨，制定《关于×××社区相关问题的解决方案（送审稿）》，提交空港新城管委会专题会议研究审议。对于无需由空港新城管委会专题会议研究审议的一般问题，由相关部门（单位）按照《解决方案》的要求，负责抓好落实。

（三）业务部门负责，高效落实处置

待《解决方案》确定后，相关部门（单位）针对群众关注的重大事项和民生问题，前往社区“报到”，积极对接社区“大党委”，严格按照《解决方案》的相关要求，结合自身岗位职责，进一步制订详细的、切实可行的解决措施，认真抓好落实，确保社区存在的问题及时得到解决，让群众满意。

（四）督察部门考核，需求高分满足

社区建立参与结果测评的“反向考核”制度，坚持“干得好不好，群众说了算”的基本原则。街道负责指导社区“大党委”对空港新城相关部门（单位）“报到”的工作情况进行测评，并向办理部门（单位）反馈，由办理部门（单位）将测评结果报送给空港新城社区治理办公室。考核办负责将“吹哨报到”工作机制的落实情况纳入部门（单位）年度考核目标任务，由空港新城社区治理办公室会同考核办依据社区“大党委”的测评结果，对各相关部门（单位）“吹哨报到”工作机制的落实情况进行考核，保障“吹哨报到”机制有效落实。

“吹哨报到”机制的建立，为基层街道和社区切实带来好处。杨某曾任 XF 社区党委书记，也是一名合格的社区工作“吹哨人”。从 2017 年开始，XF 社区陆续迎来一批批回迁群众，社区人口从最初的 2000 多人迅速增长到 1 万多人。居民对日常采购粮油、蔬菜、水果等生活必需品的需求与日俱增，而社区周边的小型超市已经不能满足居民的需求，自发的路边市场在街区形成。据其介绍：“到 2019 年年中，路边市场占道经营、影响交通、引发卫生环境问题等越发严重，社区居民迫切需要一个正规的农贸市场。”按照传统的办事途径，社区乃至街镇想要迅速、高效地设立一个农贸市场，会面临很多难题。建农贸市场，社区需要提交申请，自己对接土地管理、规划、城管等很多职能部门，需要层层审批，想要短期内满足居民需求，并不容易。但通过“吹哨报到”机制，社区、街办与上级部门联合，从项目审批、选址、资金拨付到建设，仅仅用了半年时间，农贸市场便整体投入使用，既极大地方便了人民群众，又彻底解决了占道经营、环境秩序混乱等问题。

农贸市场的快速落地不是个案，社区党群服务中心建设、辖区周边公共厕所建设、社区供电设备紧急维修等问题，也在“吹哨报到”机制下得到快速处理。对于一些解决难度小的居民需求，职能部门在接到“吹哨”后在人社民政部门牵头下，可以直接到社区快速“报到”处理。家住 XF 社区的成女士对“吹哨报到”机制能快速解决居民需求的好处大加赞赏，她说：“农贸市场和周边公厕问题我都有向社区反映，没想到短时间内就得到解决，真是嘹[①]滴很。”

空港新城人社民政局局长 Z 介绍说：“居民的合理需求、社区的

① “嘹”，陕西方言，意指“好”。

‘哨声’，就是我们社区工作的集结号。”2017 年至今，人社民政局大力推进“社区吹哨，部门报到”工作机制，提出为民服务“前沿阵地”向社区下沉、向楼宇延伸、向群众靠近，用心、用情、用力打通服务群众“最后一百米”，让群众“小事不出社区，大事不出街道”，着力满足群众需求，促进社区治理进程。空港新城在西咸新区首创的“社区吹哨，部门报到”社区综合治理工作机制，也得到西咸新区人社民政局的充分肯定。他们认为该机制为解决“村改居”社区治理提供了一种新思路和新模式，突破传统思想，使社区与部门紧紧相连，快速高效地解决居民的迫切需求。

四　构建高效、系统的网格化管理平台

党的十八届三中全会指出，要改进社会治理方式，创新社会治理体制，以网格化管理、社会化服务为方向，健全基层综合服务管理平台。其中，网格化管理是我国在社区治理实践中的一种创新性工作模式。它是将城市管理的辖区按照一定的标准划分成若干个单元网格，以数字化和信息化为手段，通过城市网格化信息管理平台，实现市、区、街道、社区多方高效联动的现代化城市管理模式。网格化管理对于提高城市管理效率、服务广大人民群众发挥着重要作用，同时也是完善创新社会治理机制、推进基层社会治理现代化和打造共建共治共享社会治理格局的重要手段。

空港新城抢抓国家赋予的创新城市发展方式、建设自贸试验区创新高地等机遇，自 2017 年 10 月起，探索出了网格化社会综合治理新路径，把体制机制创新、发动群众参与和新技术新手段相结合，推进多网融合、多格合一，并逐步推行全域的网格化综合治理模式，初步形成了城乡共建、社会共治、成果共享，网格化管理服务与基层治理架构相协同的社会治理新格局。

（一）建立“分片管理、全域覆盖”的网格体系

XF 社区按照楼栋定界、规模适度、动态调整的原则，在社区内

建立“横向到边、纵向到底”的网格体系，搭建网格化管理服务信息系统，为网格中的人、房、事、物、组织等提供全面动态的服务并进行管理。在网格化管理工作中建立了“统一指挥、三级联动”的组织架构，实行“统一领导、二级平台、三级网格长、四级网格”的运行机制。社区“大党委”下设6个居民小组，各小组党支部具体负责本小组的治理工作。社区以楼栋为基础，划分为13个网格。每个网格配备党小组长1名，网格员1名，楼栋长、物管员、保洁员、志愿者若干名，负责楼栋服务和管理相关工作。根据实际情况，党小组长负责网格内的党建活动、党员教育及工作协调等。网格员承担网格管理和服务的主体责任，照片上墙、电话公开，24小时履职，为居民提供计生、民政、社保3大类共10项“帮代办”便民服务。日常工作中在做好信息采集、群众服务、基层综治、隐患排查、政策宣传等网格内的事项外，网格员还负责联系已征迁村的各项事务，而未征迁村的专职网格员暂时只负责村级事务的包抓。楼栋长协助网格员开展各项服务工作。物管员负责物业服务。保洁员负责公共区域的卫生保洁。志愿者开展文体活动、矛盾纠纷化解、邻里守望等。

（二）社区治理信息化，以科技支撑网格化管理创新

XF社区按照“管理网格化、服务精准化、民生科技化”的总体思路，以“走网上群众路线，搭建网格服务连心桥”为目标，探索建立了“1+6+N”数字化网格管理与服务平台，实现社区居民基本信息数字化覆盖。其中，“1”指建立一个社区居民综合信息平台；“6”指人、房、事、组织、物品、情况等六类基本信息；“N”指拓展信息源和应用系统，包括职能部门的有关工作信息等。空港新城坚持“人随事走、事有人管”的原则，将规划建设、应急管理、城市管理等部门的工作人员下沉，和社区网格员一起承担网格内的工作职责，在市政设施维修、垃圾清理、道路抛洒清洗、群众办事咨询、养老补贴发放等关乎群众切身利益的社会民生方面发挥了显著作用。自数字化网格管理与服务平台上线后，实现了四个“第一”，

即：采集信息、发现风险的第一感知触角；化解矛盾、消除隐患的第一前沿阵地；便民利民、服务群众的第一服务窗口；群众自治、多元参与的第一共治平台。数字化网格管理与服务平台的统一指挥调度，解决了以往多头执法、无人监管等问题，各类问题的发现相较之前提前2~3天，办理效率提高40%，大大降低了人力和时间成本，形成“问题联治、工作联动”的良好机制，为精细化管理社区、精准化服务民生提供了“总抓手”。

（三）推行网格化管理的工作成效

有了科技赋能，XF社区的网格化管理能力和效率明显增强，社区服务水平显著提高，群众获得感大幅提升，实现了“小事不出格，大事不出网”的创新型社会管理目标。

1. 有效维护社会稳定

XF社区着力发挥网络员全域覆盖的优势，加强对重点人群管控和矛盾纠纷化解。面对各类突发事件、社会问题以及不稳定因素，网格员及社区可以做到及时排查、分析和调处整治，从而在源头上防范和化解重大风险。社区还将刑满释放人员、社区矫正人员、严重精神障碍患者、邪教人员等重点人员信息上传到系统平台，在符合保密要求的前提下，分级授权、分片管理，对重点人员进行实时定位，努力实现重大风险防范工作预警提前、管控靠前。下一步社区还将部署重点人员人像识别预警系统和电子围栏等，进一步提升预警的准确性。对于一些突发事件，社区通过对网格员的巡逻地点进行定位和呼叫调动，安排就近的网格员积极参与到对群体性事件、火灾、抢险等的应急处置中，最大限度维护安全与稳定。

2. 人民调解机制初显成效

对于社区内居民之间产生的纠纷矛盾，社区按照楼栋—网格—社区分层处置、不同事件分类处置的原则，形成矛盾纠纷排查、化解机制。针对一般家庭矛盾、邻里纠纷等事件，由党小组长负责，网格员、楼栋长、志愿者等协同调处；而网格无法处置的矛盾纠纷，或涉及较多居民的矛盾纠纷，由社区“大党委”、社工委进行调处。

涉及原拆迁村、未回迁群众的矛盾纠纷，由各行政社区党支部进行调处。必要的时候，可提请街镇、人民调解委员会、专业调解委员会进行调处。在具体调解工作中，基层网格员多由经验丰富、具有一定声望的居民担任，被赋予人民调解的职能。他们按照“枫桥经验”，遵循突发事件必到、家庭矛盾必到、邻里纠纷必到、不满情绪必到的“四必到”工作要求，将发现的矛盾纠纷问题及时调处、前端化解。截至目前，已累计调解邻里纠纷400余起，为维护良好的社区秩序做出积极的贡献。

3. 提升社区服务质量和效率

网格化管理是社区实现服务精细化的重要依托。XF社区建立了“横向到边、纵向到底”网格化管理与服务体系，通过网格员实现社区服务的全覆盖、全天候、零距离，为社区居民排忧解难。从农村迁入社区，从农民转为市民，刚刚回迁到新社区的居民生活面临种种困难。一位社区负责人介绍说：“我们这边的‘村改居’社区，管理起来难度比较大，住在这里的居民原先都是各个村子的，不了解村子的情况，如果工作人员不会当地的方言，就很难和群众融入沟通。我们针对这个情况，特意向原先的村委了解情况，由他们推荐本村人或者村子附近的人担任网格员……”刘某在担任网格员之前，是DZ街道WL村村民，从小就对村子里的人情很熟悉。担任网格员后，因为熟悉居民的方言、习俗等，在传达和处理街办与社区的任务时，很容易融入群众并得到群众的认可。他说：“我是土生土长的当地人，从小就是街坊邻居看着长大的，谁家姨好说话，谁家里什么情况，我们基本都清楚。就算现在搬进新社区，有其他村不认识的，我也可以让村代表或者比较活络的居民联系联系，也就敲开了门。干我们这行的，就是要热心肠，没事和街坊邻居唠唠嗑，了解一下自己负责的片区的情况，把大家的需求和意见报上去……”

社区选出的网格员熟悉社区，对上配合各部门工作，对下紧密联系居民，始终将居民的生活所需置于首位，努力为居民做好服务，成为社区居民生活的守护者。

五　健全基层群众自治制度

健全基层群众自治制度，是实现人民群众依法行使民主选举、民主协商、民主决策和民主监督权利的重要举措，也是推进基层社会治理体系和治理能力现代化的重要目标之一。

（一）推行“六步议事”制度，建立社区协商议事制度

社区协商议事是实现居民自我管理、自我服务、自我监督、自我发展的重要途径，也是提升社区居民参与意识、提高社区居民自治能力的重要手段。通过拓宽居民的社区参与渠道，让居民参与到社区具体的决策过程中，发现社区需要，了解社情民意，群策群力，解决关乎居民共同利益的问题，最终提升居民对社区的满意度和获得感。XF社区以提升基层社区党组织领导下的居民的自治能力为目标，以“畅通渠道、汇集民意、促进参与”为原则，建立了较为完善的社区协商议事制度。社区依托社区工作委员会，有效引导社区居民参与社区事务，坚持“大事大商量、小事小商量”，汇集众智、凝聚共识、化解矛盾，充分发挥社区协商议事制度的作用，有效解决基层治理难题，让社区协商议事制度成为实现社区民主自治的重要手段。

在社区“大党委”的牵头下，XF社区成立了民主协商理事会，建立了周例会、周居民接待日、月民主恳谈会等各项制度，推行“六步议事”工作制度。具体做法如下。

1. 组建民主协商理事会

民主协商理事会是实现社区协商议事的组织，参与机构和人员包括社区党组织、社工委、居务监督委员会、居民代表、有一定威望的同志（包括原村或本社区的老党员、老干部，“两代表一委员”，群团组织负责人，在职党员干部等）、社会力量（如业委会、社会组织、驻地单位、物业公司、农民合作组织）等。理事会从人员构成上保证了多方参与，听取各方建议，各项工作的开展能够兼顾相关

群体的利益，最大限度实现公平正义。

2. 建立周例会、周居民接待日、月民主恳谈会等制度

这些举措以大家面对面的形式，在社区组织和居民之间架起一座桥梁，形成居民与社区以及各主体之间的良好沟通渠道，充分调动居民参与社区协商议事的积极性。同时，解决居民关注的热点、难点、重点问题，尽可能做到对问题及时发现、尽早解决，保证人民群众拥有更多更切实的民主权利，实现社区的健康运转。

3. 推行“六步议事”制度

XF社区为充分发挥民主协商理事会、居民代表会议等的协商议事作用，建立了相应的“六步议事”制度，就涉及社区公共利益的重大事项、关乎居民切身利益的实际问题开展集体商议。“六步议事”制度即多种渠道“提议题”、多方恳谈“出主意”、协商组织“拟方案”、张榜公示“开言路”、专家审查“定公约”、大家表决“说了算”，实现了社区居民民主自治和社区参与。具体的工作方法是：通过社区楼栋意见箱、网络微信平台、党群开放日、走访、座谈等多种形式，广泛收集居民的意见和诉求。通过降低居民参与社区自治的难度，使社区居民的诉求不再受到时间与空间的限制，相关意见与建议能够全面、及时地传递到社区管理者手里。对于收集到的各类议题以及意见建议等，由XF社区“大党委”或社区工作委员会牵头，民主协商理事会主持召集相关利益方、单位代表、居民代表等召开月民主恳谈会，提出解决问题的初步建议，并拟定解决问题的草案。经研究通过的草案将会在社区中张榜公示，并在公示期内广泛征求居民意见。最终，经法律人士、社会管理专业人士审查，并经民主协商理事会集体表决后，出台最终意见并加以实施。

（二）完善社区监督体系，充分发挥居务监督委员会的监督职能

有效的监督是提升社区协商治理绩效的重要保障。为保证社区各项事务良好运行，深化社区民主监督制度改革已成为社区工作刻不容缓的一项重要内容。为此，XF社区不断完善居务监督委员会的职能，积极践行党的群众路线，以维护居民的根本利益为宗旨，不断创新和

完善社区民主监督的组织形式和工作机制，推进基层民主政治建设。

为了健全民主监督渠道，XF社区“大党委”坚持实行居务公开，形成了组织完善、运转有序的民主监督机制。居务监督委员会成员通过列席居民代表会议，社区党总支有关工作会议，社区听证会、协调会、评议会和其他涉及社区重大事项的会议，充分发挥民主监督作用。居务监督委员会把在行使监督过程中发现的问题，以及居民日常反映的意见和建议，及时向社区居民委员会和其他组织反映，并督促其及时整改。由此，不断提升社区居民对社区治理的监督意识，拓宽参与渠道。此外，居民可以通过居务监督委员会设立的固定监督举报电话等，快速反映协商中出现的不规范、不公正等问题。为保证协商结果能够贯彻落实，社区“大党委”建立了严格的协商结果执行负责制，对执行不力的部门或个人实施问责，以此构建起强有力的监管制度。

（三）发挥人民调解作用，做好社区“枫桥人”

人民调解是我国社会主义法治建设中的一项伟大的制度创新，充分体现了德法兼治在国家和社会治理中的重要作用。人民调解是在人民调解委员会等主持下，本着公正、自愿的原则，依据相关政策、法律和道德规范，对民间发生的经济等各类纠纷的当事人基于情、理、法进行说服和规劝，在自主自愿、互谅互让的原则下，达成协议、消除纷争。很多情况下，群众之间的矛盾纠纷往往起于生活中的琐事，处理不当就会影响到家庭的和美、邻里之间的和睦，乃至整个社区的和谐。习近平总书记曾多次对坚持和发展“枫桥经验”做出重要指示，他指出：“各级党委和政府要充分认识‘枫桥经验’的重大意义，发扬优良作风，适应时代要求，创新群众工作方法，善于运用法治思维和法治方式解决涉及群众切身利益的矛盾和问题，把‘枫桥经验’坚持好、发展好，把党的群众路线坚持好、贯彻好。”① 这充

① 《坚持和发展“枫桥经验”，习近平总书记这样说》，求是网，http://www.qstheory.cn/laigao/ycjx/2021-03/02/c_1127157904.htm。

分表明社区人民调解工作在社会治理创新方面具有至关重要的作用。

XF社区的“忒娃”人民调解工作室便是维护社区和谐稳定，多途径维护和保障群众合法权益的一个生动典型。XF社区成立调解工作室的初衷是为了更好地利用传统乡村中“乡村精英”的影响力。费孝通先生在《乡土中国》中提出了一个有名的论断“无讼”，就是说在中国传统乡村很少会见到打官司的现象，大部分调解都是依靠民间力量得以实现的。他认为乡土社会遵循礼治，是对传统规则的服膺，通过长期的教化把外在的规则转化成内在的习惯。因此，维持礼俗的力量不在于身外的权力，而是内在的良心，它要求人们要注重修身、克己。即使社会成员之间出现矛盾、冲突而进行调解，也是被当作一种教育过程。[①] 今天我们谈及社区治理现代化的时候，无论法治还是德治，其最终目的都在于化解人民内部矛盾，实现社区和谐。因此，在社区里更需要完善社会矛盾多元化解机制，提倡以友好协商的方式在地解决各种矛盾纠纷。这对于降低解纷成本，实现诉非衔接，推动无讼社区建设有着很大的帮助。

办公地点位于XF社区党群服务中心一楼的“忒娃”人民调解工作室，是由西咸新区司法和人社民政部门牵头，整合各村、社区和街道的调解资源，在原来各村及各党支部中选拔优秀的、有威望的调解人员组建而成的公益服务机构。随着大面积征迁及XF社区回迁群众日益增多，由此引发的经济纠纷、家庭纠纷及邻里纠纷等较为突出。“忒娃”人民调解工作室自成立以来，一直发挥着调解能手作用，着力实现辖区矛盾就地化解、不上交的目标。带头人张某（忒娃）是一名社区能人。“忒”，在陕西话里是“好”的意思。人如其名，张某为人谦和、公正，群众基础好，自从当上人民调解员之后，经他调解的纠纷，解决率超过95%。2020年底，他荣获“全省优秀人民调解员”称号。“忒娃”人民调解工作室以“接地气”的方式、暖人心的话语化解了一个又一个复杂纠纷。张某说：“农村

① 费孝通：《乡土中国》，人民出版社，2008，第68~69页。

是个熟人社会。这起纠纷的当事人，很有可能成为另一起纠纷的‘和事佬’。帮老张办好了这件事，说不定就是为帮老李解决那件事铺路……归根结底，还是想方设法化解矛盾，使群众的事在群众中间解决。”这种依靠人民的力量去解决人民内部纷争的方式，既缓和了社会矛盾，留住了人情，又在自治、法治、德治三治融合的道路上做出了积极的尝试，有力地促进了XF社区建设居民自主参与、多方协同、共建共治共享的新型服务管理体系，实现“民事民议、民事民办、民事民管”。

【社区治理工作案例】

案例1　社区联席会议，联出为民服务“同心桥”①

基层社区治理是社会治理体系和治理能力现代化的“末梢神经”，社区治理的成效关系到人民群众的切身利益以及社会的和谐稳定。社区联席会议制度作为社区治理的一种新方式、新举措，对凝聚共识、协调各方利益、解决社区管理服务中出现的问题、促进社区的和谐发展具有重要的意义。XF社区目前已经形成多方共建共治共享的联通格局，以此更好地服务居民，提升社区居民的幸福感，推动幸福社区建设。

社区联席会议制度是XF社区高效处理社区事务、解决居民生活难题、便捷服务群众的制度平台。社区联席会议每周一上午例行召开，由社区“大党委”负责召集，参会人员主要有社区“两委”成员、网格员、居民代表以及物业相关负责人。在联席会议上，网格员会将上一周居民的相关诉求和遇到的问题进行反馈，大家共同商讨解决的方法。社区能解决的，会后及时解决；社区不能及时解决的，会议做好记录并汇总，会后上报给上级部门，统一上会解决。

在XF社区建立之初，居民用的是在附近开掘的水井里的水。

① 相关资料由空港新城人社民政局提供。

2019 年 8 月以来，随着居民大量入住，用水量急剧增加，原有的水井已不能满足居民的正常生活需求。社区“大党委”书记任某说：“用水关系到群众的正常生活，关系到群众的切身利益，是一件大事，我们必须尽快解决，让居民用到充足、干净、优质的自来水。”因为这件事涉及居民、物业、相关公司等多方主体，社区遂决定通过社区联席会议商讨解决。在社区联席会议上，各方以群众为中心，凝心聚力，针对此问题进行具体的协商和探讨，最终形成了一个合理的方案，即：首先由社区联系安居置业公司反映问题，然后由物业对接咸阳市第四自来水厂，资金由街办负责。经过各方共同的努力，在短短一个月内，自来水问题便得到解决。居民用上了安全放心的自来水，脸上都露出了满意的笑容。有居民反馈：“正是有了这个制度平台，我们遇到的一些问题才能得到及时回应和解决。要感谢社区，感谢这个平台。”

不管是大事还是小事，只要是关系到群众切身利益的事，社区工作人员都不遗余力地去做。社区联席会议制度让各方紧密地联系在一起，共同搭建起为民服务的“同心桥”！

案例 2　物业服务与社区工作同向同行①

在我国很多“村改居”社区里，物业费催缴一直是一个令人头疼的老大难问题。很多人把问题归因于回迁居民对物业费存在认知上的误区。但是空港新城的物业管理公司却认为，把服务做好是首要任务。虽然陕西省西咸新区空港新城物业管理有限责任公司（简称“空港物业”）是一个独立的法人实体，但是在竭力为社区居民服务这一点上与社区走到了一起。自入驻 XF 社区以来，空港物业秉持“以客户为关注焦点，服务至上，注重细节，追求卓越”的服务理念，树立了“尽心尽责，积极沟通，相互配合，快乐工作，美好生活”的工作作风，创立了具有空港特色的物业服务模式。

空港物业除了做好日常分内之事外，还努力当好社区工作委员

① 相关资料由空港新城人社民政局提供。

会的助手，坚持与社区同向同行。为了确保社区与物业公司能够及时沟通与交流，双方每周都会举行一次例行会议。会议中，社区网格员会将过去一周以来群众反映较多的问题传达给物业，物业也会现场提出初步的解决方案。会后由社区网格员将问题的处理流程、时间等反馈给群众，从而减少群众等待的焦虑。社区也会制作相关的工作进度表，及时跟踪各项工作的落实情况，使群众清楚地了解到哪些问题已经解决、哪些问题正在解决、哪些问题还未解决、未解决的是什么原因等。物业在与部门对接的过程中可能会遇到各种问题，有时甚至需要多次沟通才能解决。碰到解决不了的问题，物业会及时反馈给上级领导，通过与社区协调最终解决问题。

社区工作群中也有物业公司的人员，这样方便社区与物业公司一道及时处理社区物业方面的问题。例如针对群众反映强烈的电动车私拉乱接电线、乱停乱放问题，XF 第二社区党委高度重视，迅速行动，联合物业公司、专职网格员、“小幸福”志愿队伍等进行专项整治。联合行动中，物业公司积极配合，在社区“两委”的领导下，小区停车乱象得到有效整治。社区网格员通过和居民群众接触，使居民对物业公司的工作更加认同，从而彼此间建立了良好的信任关系。比如让许多“村改居”社区比较头疼的物业收费缴工作，在 XF 社区却越来越容易做，现在居民的物业费缴纳率已经达到 90%以上。

空港物业潜心打造自身品牌，持续不断提升精细化管理和服务水平，努力赢得客户的高度信任，实现物业管理工作提质增效与回迁群众满意度提升的双赢。

案例 3　人民调解为人民①

——西咸新区空港新城“忒娃”人民调解工作室纪实

“调解就是要摸清楚对方的脾气、性格、为人，抓住对方的心理、心态和目的。”65 岁的人民调解员张某如是说。他是空港新城远近闻名的金牌调解员，居民们亲切地称他为“忒娃（叔）”。

① 相关资料由空港新城 DZ 街道 XF 社区提供。

人民调解工作室于2019年12月正式成立，目前共有4名主要成员，均为邻里乡亲间威望出众和能力突出的典型代表。人民调解工作室的服务范围覆盖XF社区、机关、单位、家庭、个人及周边未征迁村和其他社区，致力于维护老年人权益，进行普法宣传，推动形成公民自觉学法、懂法、用法、爱法的浓厚氛围。

人民调解工作室自成立以来，每日9：00~18：00接待来访人员，并有严格的每日来访情况记录，对来访者信息、事件经过和处理结果进行详细记录。目前已处理的大型调解事件有130余起，小型调解事件更是数不胜数，在邻里间收到了良好的反馈，产生了积极的影响。

人民调解工作室积累了很多大小案例的工作经验，针对不同类型的事件和调解对象，已经形成了打“情感牌”、“服务牌”和“心理战”等具有特色的一整套调解办法。

（1）打好“情感牌”——家庭矛盾当以和谐为本

BD街道的原村民贾某结婚后育有一双可爱的儿女，在XF社区安稳地生活。但个人酒后多次对妻子实施家暴，致使女方忍无可忍返回娘家，回归家庭的希望甚是渺茫。贾某在人民调解工作室向工作人员诉说事情经过时已然十分懊悔，千方百计恳求调解员代其劝说女方回归。调解员了解了问题的症结所在后，对贾某进行了严肃的批评教育，明确指出家庭暴力不是简单的家庭矛盾，而是一种违法行为，并要求男方签署保证书，保证今后决不再对女方实施家暴。同时，调解员确实看到贾某有悔改之意，于是和社区从事妇女工作的同事一道邀请女方来到人民调解工作室。在努力促成家庭和谐的原则下，调解男女双方的矛盾。经过几番调解，最终促成一个家庭的再次圆满。为表感激之情，贾某于2021年6月向人民调解工作室馈赠鲜艳的锦旗，上书：“稳定家庭关系　促进社会和谐”。

（2）打好“服务牌”——交通事故纠纷有法可依

居民钱某一家于2019年7月不幸遭遇了重大变故。司机宁某驾车在充电站附近将钱某撞成重伤。人民调解工作室在得知消息后第一时间赶赴现场，保护现场并报警进行事故处理。受害人钱某被紧急送往医院进行救治，但终因伤势过重抢救无效而身亡。由于事故双方上下班时间不统一，在此后近一周的时间里，调解员奔波于调解双方所在的不同地点。在充分考虑到受害方受到的情感伤害和赔偿方的实际能力的前提下，调解员进行了多次协调，双方最终就赔偿款数额达成一致并和解。受害人在处理完家事后，特以经济方式向人民调解工作室表达谢意，被婉拒后馈赠锦旗一面，上书：“调车祸家父魂安　拒谢意刚正清廉”。

（3）打好“心理战”——经济债务纠纷圆满调解

一天，来自太平镇的刘某眉头紧锁地来到人民调解工作室，向工作人员提出诉求。他称同村好友张某曾经以开店为由向自己借款1万多元，后二人因一时赌气而闹了矛盾，张某因此拒绝还钱。这一拖便是20余年。刘某20多年来数次讨要均以失败告终，万般无奈下来到人民调解工作室寻求帮助。工作人员了解了事情的来龙去脉后，与双方积极沟通，在获得双方许可的前提下进行调解。张某原为包工头，事业倒是干得不错，但总爱欠账不还。调解员接手此事后，多次对张某进行家访，晓之以理、动之以情。经过一个月的不懈努力，最终说服张某分次向刘某归还了全部欠款。多年讨债无果，如今得以圆满解决，刘某对此感激不尽，于2021年向人民调解工作室馈赠“十年讨账跑烂鞋　一朝调解完璧归”的锦旗。

成立仅一年时，“忒娃”人民调解工作室就先后为群众调解了170余起矛盾纠纷，涉及金额超过80万元，西安、咸阳的群众也慕名前来求助。2020年底，调解员张某被评为“全省优秀人民调解员”。

“忒娃”人民调解工作室的成立和大受欢迎，充分体现了空港新城尽心尽力为民服务、为民办事、为民调解的初心宗旨。XF社区“忒娃”人民调解工作室始终坚持化解矛盾、服务群众，把大事、小事调解好，为人民群众多办好事、实事，让群众的事在群众中解决好，使群众更幸福、社区更和谐。

案例4　民有所呼　我有所行[①]

社区是城市治理的“最后一公里”。XF社区施行的“社区吹哨，部门报到”治理机制，推动社区治理重心下移、力量下沉，变群众的小事为部门的大事，把社区、街镇作为居民需求的“第一吹哨人”，及时反映群众呼声，及时解决群众困难，真正实现“民有所呼，我有所行”，使部门参与社区治理的作用充分发挥。

近日，一场由DZ街道综合执法指挥中心统一协调，辖区执法大队、交警中队一起行动的XF社区乱停乱放、违规停车综合执法工作正在开展。

“陕D. R2××3，请将车放入规定停车位内。”在联合执法过程中，执法队员不时用车载喇叭喊话。在多次劝离无效的情况下，就会使出规范停车“杀手锏”——张贴违规停车单。据悉，此次联合执法共劝离乱停乱放车辆130余辆，张贴违规停车单70余张，有力地整治了XF社区车辆乱停乱放的不文明行为，使社区交通状况规范有序。

当然，XF社区除了违规停车问题，还存在占道经营以及乱搭乱建等一系列基层社会治理“顽疾”。这些“顽疾”，不是哪一个行政执法部门可以独立完成的，有时需要多个部门、多家单位联合整治。哪家牵头组织？哪家配合协助？怎样形成多方合力？要解决这些问题，就需要有一个“指挥部”。

为此，DZ街道党工委借着西咸新区街镇综合管理改革的东风，于2019年6月及时成立了DZ街道综合执法指挥中心，联合综合行政执法、公安、消防、市场监管、生态环保、应急管理等部门和单位，统筹各类基层执法力量，着力解决街镇“看得见、管不着”、上级职能部门“管得着、看不见”、基层行政执法联动不顺等长期困扰基层的问题。通过一年的工作实践，为了更好地开展工作、理顺工作机制，2020年5月，根据西咸新区综改的要求，DZ街道又适时对

① 相关资料由空港新城DZ街道办事处提供。

综合执法指挥中心的人员进行调整，专门成立了综合执法指挥中心领导小组，将办公室设在综合执法大队。还相应出台了《DZ街道综合执法指挥中心联席会议机制》、《DZ街道综合执法指挥中心联合执法机制》等7项工作机制，更加高效、规范地开展执法活动。同时，联动网格管理平台，发挥辖区内几十名网格员的基层触角作用，第一时间对网格内发现的行政执法事项进行分类派单、归口处理。通过“线上报送、线下执法、限时办结、统一归档”的模式，提升了对辖区内执法事项处置的速度和质量。截至目前，综合执法指挥中心共协调市场监管、交通、教育等部门和单位开展联合执法31次，执法事项涉及占道经营、违规停车、食药监管等6方面。

DZ街道通过建立综合执法指挥中心，强化了街办统一指挥和协调机制，实现一支队伍管执法，让问题在基层发现、在一线解决，快速高效地满足了居民的迫切需求，保障了居民的生活质量，为打通社区治理的“最后一公里”做出了重要的贡献，不断提升群众的幸福感、获得感和安全感。

案例5 “幸福格格”送幸福进家门[①]

——空港新城DZ街道社区治理突出“亲民”与“便民”侧记

一

“网格员就是好，社情民生全知晓；电话一拨就畅通，处理问题快又好。”在西咸新区空港新城DZ街道，网格员成为群众生活中的暖心人、贴心人。

2017年至今，空港新城DZ街道由37名农村网格员、13名专职网格员、4名新建社区兼职网格员组成的网格员奔走在群众之中，“零距离”服务3万余名辖区群众，第一时间了解、反映社情民意，在政府和群众之间架起了一座“连心桥”。

2020年10月10日，张姓老人满70岁了。这是DZ街道XF社区第六网格专职网格员小刘在翻看“手账”时注意到的。这本自制的

① 原载于2020年10月12日的《陕西日报》，本书引用时略有改动。

“通关秘籍”，成了她服务的网格内312户居民的行动指南。

9月16日一早，小刘就来到老人家里，协助她填好高龄老人补贴申请登记表，并将老人送到小区对面的便民服务大厅窗口。从10月起，张姓老人便能领到每个月50元的高龄补贴。

“别看这些小事，每件都关系到群众切身利益。有的老人儿女不在家，没有人帮忙跑腿；有的老人不知道怎么办理。现在这些事都有网格员帮忙。”小刘说。从4月至今，她已经为84位老人代办了高龄业务。

“大家对我比较信任，我也办不了什么大事，跑腿买自来水、天然气，交电费啥的都是我力所能及的。”XF社区第六网格“好邻居”小杨说。他刚用8月份的积分换取了一桶洗衣液。

在DZ街道，由37名农村网格员、13名专职网格员、4名新建小区兼职网格员组成的网格员队伍奔走在群众中。群众亲切地称他们为“幸福格格”。

从张姓老人家出来，小刘看到一辆电动车正在居民楼下充电，长长的充电线从三楼的窗口摇摇晃晃地垂下来。她将这一幕拍照上传到“治惠西咸”App，标注好时间、地点，随后，社区物业的工作人员很快赶到现场，敲开三楼张先生家的门。小刘对张先生说：“这样充电有极大的安全隐患，一旦引起火灾，危害的是这两栋楼100多户家庭的安全。”张先生意识到问题的严重性后，赶忙关掉电源停止充电。

随着社区承载的功能越来越多，情况复杂多样，管理很容易陷入碎片化。DZ街道通过大数据、人工智能等技术手段，推动社区“智治”，兜住居民生活的安全底，提高居民生活的便利度。

自2020年5月以来，网格员通过西咸新区社会治理网格化平台，共上报事件952件次，其中已办结907件次，办结率达95.27%。

二

近期，XF社区的网格员们陆陆续续收到来自社区居民的感谢信。7月7日下午，社区网格员又收到一份感谢信。这是三期5号楼

503的住户郭爷爷忙碌了一个下午，亲手为网格员红妮写的，送到了党群服务中心二楼。

郭爷爷今年70多岁，子女不在身边，一个人居住。自2019年5月份以来，养老款一直未到账，他不知从何处查询，也跑了不少冤枉路。网格员红妮在入户巡查时知道此事后，立即来到社区便民服务站咨询，查找原因，问题很快得到解决。随后，她和郭爷爷去银行领取了养老金。郭爷爷很感谢社区为群众提供的便利，感谢网格员对他的热心帮助，不知道该如何表达，所以写了这封感谢信。

这封感谢信，表达了社区居民对网格员的感激之情，更是社区居民对网格员的认可。红妮表示，作为一名网格员，既要善于发现问题，更要帮助解决问题，正是居民对她工作的肯定，让她更加坚定了为群众办好事、办实事的初心。她会继续在平凡的岗位上坚守初心、服务群众，让“小事不出网格，大事不出社区”，用实际行动赢得更多居民的支持与信任。

三

社区网格员有个好听的名字——“幸福格格”。对于一些常年卧病在床的老人，还会提供上门理发服务。在这个过程中，“格格”们用实际行动让老人们感受到温暖，也帮助其他居民理发。“最近天气越来越热了，心里念叨着再不理头发，就该上火了。神了！还没顾得上出门，社区的娃娃们就来了。既不用我们来来回回跑路等待，又让咱省了十几块菜钱，真是想到我们心坎里了。”一位老人理完发后，兴高采烈地说。“以前都是女儿为我剪发，现在女儿工作了，啥时候回来也没个准。现在这些女孩子真细心，主动上门给我们老年人剪头发，比咱亲女儿还贴心。”一旁等着剪头发的大妈抑制不住一脸的幸福。

来到社区留守、孤寡以及行动不便的老人家里，“幸福格格”认真记录下他们的血压测量参数，方便与下一次测量做对比，以随时关注老人们的身体状况。老人们纷纷竖起大拇指称赞道，不出家门就可以享受上门量血压的服务，“幸福格格”真的是越来越贴心！

“低压 80，高压 120。就您这身体状态，准能活过 100 岁！”听了网格员的话，量完血压的李大爷高兴得合不拢嘴。居民们表示：“现在的生活真是越来越好了，以前得往医院跑，现在家门口就可以量血压了，省了不少时间。”简简单单的现场，却能让群众享受到最便捷、最贴心的服务。

第七章 落实“三服四化”，搭建多层次主动化服务体系

社区是居民的生活空间，社区服务是社区治理的核心内容。社区服务是指以本社区的居民为对象开展的公共服务，主要包括基本公共服务、便民利民服务和志愿服务等。此外，根据社区服务提供者的不同，也可划分为行政性公共服务、自治性公共服务、互助性公共服务以及市场性公共服务①。社区服务是改善民生的重要手段，也是检验社区治理成效的重要标准，全面、专业、细致的社区服务有利于满足社区居民生活和工作上的需求，提高居民的生活质量，提升居民的幸福感和归属感。2021 年 12 月，国务院办公厅颁布《“十四五”城乡社区服务体系建设规划》，明确了社区服务的重要性：“社区服务关系民生、连着民心，不断强化社区为民、便民、安民功能，是落实以人民为中心发展思想、践行党的群众路线、推进基层治理现代化建设的必然要求。”《规划》中对构建城乡社区服务体系进行了整体的规划，即建立党委统一领导、政府依法履责、社会多方参与，以村（社区）为基本单元，以村（社区）居民、驻区单位为对象，以各类社区服务设施为依托，以满足村（社区）居民生活需求、提高生活品质为目标，以公共服务、便民利民服务、志愿服务为主要内容的服务网络和运行机制。《规划》从完善城乡社区服务格局、增加社区服务供给、提升社区服务效能、加快社区服务数字化建设、加强城乡社区服务人才队伍建设以及组织保障等方面做了全面细致的部署，成为“十四五”期间全国各地城乡开展社区服务的行动纲领。

---

① 夏志强、王建军：《论社区公共服务的供给》，《社会科学研究》2012 年第 2 期。

相较于其他城市社区，“村改居”社区在建设过程中则会面临更多的困难和挑战。刚刚回迁到新社区的居民，对新的社区环境、人际关系、社区管理模式等都需要一个熟悉和了解的过程，因此对社区服务需求更多，也更为紧迫。社区服务质量的高低直接影响到社区生活能否和谐、稳定，这是对社区工作能力的重要考验，也是提升居民对社区的认同感、融入感的关键所在。为了不断提高社区的服务质量和工作效率，自2019年始，空港新城根据西咸新区推行的“三服四化”便民服务改革要求，以“助企、惠企、便民、利民”为宗旨，以“服务群众、服务民生、服务基层”为目标，以“服务事项清单化、服务流程标准化、服务手段信息化、服务重心基层化”为要求，充分运用“互联网+政务服务”和大数据，构建了多层次、主动化服务体系，政府的办事效率显著提高，群众的获得感明显增强。

一　“办社合一”：实现社区服务主动化、精细化

为提高社区服务的质量和效能，XF社区坚持“以人民为中心”，秉承“为群众办好事、让群众好办事”的服务理念，让群众少跑路，变等群众上门为政府、社区主动服务，推出了多个便民、利民服务举措，做出了多项创新。

（一）让群众只进社区一扇门，推行“一站式”服务

在征迁之前，村民需要到离村较远的街道去办事，非常不便。自从搬入XF社区之后，原来的十几个村如今集中在一个社区里。DZ街道办事处就考虑到，与其让居民跑街办办事，不如把街办的部分工作转给居民家门口的社区去办。2019年3月，DZ街道XF社区便民服务站成为西咸新区“三服四化”便民服务改革的试点单位。在各级领导大力支持、协调推进、检查指导下，根据“三服四化”和街镇综合改革的总体要求，DZ街道取消街办便民服务中心，按照“权随责走，费随事转”的基本原则，整合了10余个部门的相关事

项，将服务重心下沉，仅用了3个月时间便首创了办事处和社区合二为一的XF社区便民服务站，作为“办社合一”的新平台。

新建成的便民服务站接受XF社区“大党委”的领导，将街办业务和社区业务融合，承接街镇延伸到社区办理的便民服务事项，包括社会保障、社会救助、医疗卫生、劳动就业、文教卫体等与居民密切相关的各项服务工作。工作人员由街镇干部、社区专职工作人员等组成，各街镇按照实际需求确定人员数量。在社区工作委员会领导下，社区整合民政救助、教育卫生、社会保障、综合服务等85项政务服务事项，进一步提高了审批效率。同时，整合街道办事处、市场监管所、派出所、税务所等相关部门的业务，共设置综合服务、社区服务、物业服务、工商登记、户籍办理、车驾管办理，燃气缴费等9个窗口，可以办理10大类418项行政审批和政务服务事项。还将水、电、气、暖、公交卡充值缴费等便民事项引入社区服务大厅，实现“一门集中全办理，一枚印章管审批，一站服务全覆盖”。有了“办社合一”的便民服务站之后，各类服务能进站则进站。群众以前要到各自社区办理相关的事项，再到街道提交资料，现在只需要到社区服务站就可以在综合服务窗口直接办理相关业务。群众办事真正做到“只进社区一扇门”，获得了最大限度的便利。

为提高工作效率和服务质量，便民服务站实施事项清单化、服务照单办，流程标准化、服务规范办，手段信息化、服务网上办，重心基层化、服务就近办的“四化四办”改革。在硬件配备方面，“办社合一”的便民服务站面积达500平方米。目前，服务站划分为自助填报区、窗口服务区、引导服务区，自助服务区和休息等候区等五个区域，配备了9台自助服务设备。同时，实现公共WiFi全覆盖，文印处、茶水间、轮椅、婴儿车、老花镜、医药箱、母婴室等服务设施一应俱全，最大限度满足各类人群的不同需求。便民服务站按照西咸新区标准化建设的要求为每一个事项印制《办事指南》，针对群众办理的高频事项印制了《服务卡》，实现事项清单化、服务照单办。在提高服务质量和效率方面，服务站完善“首问负责”、

XF 社区党群服务中心

“限时办结”、“一次性告知”3 项制度，首推“窗口无否决权服务”、“周末及节假日延时服务”2 项机制，同时开展“月度服务之星”评比活动等，实现岗位有工作标准、办事有程序标准、服务有质量标准。XF 社区通过全力打造“线上无休、线下无缝”、“小事不出村、大事不出镇”的一流政务服务，使群众办事像在家门口一样便捷，让社区服务更有温度，赢得了人民群众的高度赞誉。2019 年 6 月 17 日，DZ 街道辖区内派出所进入 XF 社区便民服务站开展服务，成为陕西省首家进驻社区的基层派出所。XF 社区便民服务站设置警务室 1 间，户籍窗口 3 个，进驻人员 5 名。空港公安分局为保证进驻顺利，购置了自助照相机、自助取证机、临时身份证自动制作机、电脑、打印机等设备。以前，群众办理户籍、身份证等业务需要到派出所、街办办理手续。现在，群众只需要到户籍窗口办理，不用多跑路，更加方便快捷。

XF 社区便民服务站

（二）"上门办"、"干部跑"，打通社区服务"最后一百米"

为了更好地服务群众，XF 社区改被动等待群众上门为主动式服务，在固定窗口服务的基础上，又推出预约服务、上门服务、代办服务、延时服务、网格服务等多种服务方式，变"群众跑"为"干部跑"，变"人跑"为"网跑"，打通社区服务"最后一百米"。

社区服务"上门办"：是充分利用智慧化、网格化管理平台，依托网格员、社会组织、志愿者等力量，重点为鳏寡孤独、高龄老人、失能残疾人、留守妇女儿童以及其他特殊人群上门提供政务事务办理、生活照料等服务。

社区服务"网上办"：是依托智慧政务系统，大力推行服务事项网上办理。

社区服务"窗口办"：是在社区便民服务大厅设立综合服务窗口，由专职社工负责，一窗办理各类政务服务及便民服务事项。

社区服务"帮办代办"：事项按照"自愿委托、无偿办理"的原则，由社区网格员、专职社工、楼栋长等为群众提供帮办代办服务，变"群众跑"为"政府跑"。DZ 街道辖区共有几十名网格员，可为群众代办民政、计生、社保等3类10项政务服务事项。这时，网格员就是隐性的“大厅”、流动的“窗口”。目前，辖区内网格员已先后帮办代办各类事项450余件次，为社区居民提供“五星级”服务，实现群众办事“大事不出街镇，小事不出社区（村）”。

空港新城全面推行的“网上办”、“上门办”、“帮办代办”、“窗口办”的服务，实现群众“进一扇门、办所有事”，做到让服务率更高、服务效果更好，群众更加满意。2020年，便民服务站共接待群众15328人，办件量达12679次，获得群众表扬20余次。

主动式多元服务

（三）建立“3+X”多层次社区服务体系，满足人民群众的各类需求

为了更好地为居民提供全面的服务，XF社区建立了“3+X”服务体系，即充分发挥政府部门、社会组织和市场组织的作用，为社区居民提供公共服务、社会服务和市场服务，满足居民的各类需求。

在公共服务方面，XF社区除了依托社区便民服务大厅提供面向企业和群众的人社民政、工商税务、公安等类政务服务，水、电、气、网等生活服务事项之外，还为居民提供全面的社区服务，包括完善义务教育、学前教育体系，开办社区法制学校、老年大学，开展针对党员的远程教育培训，为居民开办“新市民课堂”、提供就业培训等，满足居民对各类教育服务的需求。同时，完善社区卫生服务体系、计划生育服务体系建设，为居民提供医疗、计生等服务。完善社会福利、日间照料、小型机构养老等服务体系建设，为居民提供养老等服务。完善图书阅览、电子阅览、文化长廊等服务设施，为居民提供文化服务。完善法律法规宣传和咨询等服务体系，为居民提供法律服务。完善防灾减灾体系，开展消防安全、地震演练等活动，为居民提供防灾、减灾服务等。

在社会服务方面，大力培育和引进社会组织和志愿服务组织，在社区党群服务中心建立社会组织孵化基地和志愿服务站点，为相关组织提供必要的办公场所和设备。加大政府购买服务的力度，引导社会组织提供居家养老、日间照料、新市民培训、关爱留守儿童、“四点半课堂”、法律援助、心理咨询以及文化体育等方面的各类专业服务。此外，社区发动居民骨干和积极分子，组建公共服务类、公益服务类、志愿服务类、便民利民服务类等多种类型的社区社会组织，以满足居民生活的多样化需求，激发社区活力、促进和谐发展。

在市场服务方面，XF 社区以社区自有企业为基础，全力打造“15 分钟便民生活服务圈”，合理规划布局商业业态，引入商超、银行、家政机构、物流企业、餐饮企业、美容美发机构等市场组织，为社区居民提供更便利、更全面、更安全的生活服务。此外，XF 社区的物业服务由西咸新区空港新城物业管理有限责任公司承担，该公司提供卫生保洁、绿化养护、环境秩序、安全保卫、设施维修等服务。公司入驻社区之后，以网格化、信息化、智能化为重要支撑，不断细化服务流程，关注服务细节，丰富服务手段，提升服务品质，为社区居民提供以人为本、全时全域、高科智能的物业服务。

（四）提高社区服务效能

社区治理的核心内容是社区服务，而社区服务效能是衡量社区服务质量的重要指标。为提高社区服务效能，必须形成良好的社区服务工作机制。考察社区服务效能有两个核心指标。一是“效”，指效率、效果和效益，即考量社区服务是否能够满足社区之需，群众是否满意，同时在时间、资源利用、成本支出和服务质量方面是否达到投入产出最佳比。二是“能”，即考察服务需求评估与管理能力、社区组织决策能力、资金和人力等资源配置能力、居民及社会组织等多元主体的社区参与能力等方面。

“村改居”社区由于安置搬迁的方式、区位、时间和经济条件等存在较大差异，这在客观上造成社区服务需求的复杂性和多样性，这类社区需要面对更多的特殊问题。为提高社区的服务效率，使服务覆盖社区全体居民，XF 社区充分发挥社区各级各类组织的作用，建立了“分层负责，一抓到底”的责任落实体系，健全为民服务链条，确保“人有事干，事有人干”，大大提高了社区服务效能。

1. 引领：社区干部来牵头

XF 社区强调，在社区服务过程中要发挥社区干部的带头作用，以原来的村“两委”、监委会、妇联、村民小组、村民代表等为班底，依章依法选优配强社区党组织委员、社工委副主任和委员，选齐配强党小组长、楼栋长，选举产生居民代表。拓宽社区干部的来源渠道，大力引进能力出众、经验丰富、业绩突出的社区班子成员进入社区党组织、社工委，推动社区服务各项工作有序开展。

2. 辅助：专职社区工作人员来协调

XF 社区的专职工作人员具有一定的专业知识以及工作经验，不管在“村改居”初期还是在社区发展建设阶段都发挥了独特的不可或缺的作用。社区采取公开招聘的方式组建专职工作人员队伍，每个社区配备 5~9 名专职人员，其中包括 1 名党务专干，重点负责党务、政务便民服务，协调开展其他各类公共服务和社会服务。社区鼓励高校毕业生、退役军人等优秀人才到社区工作。

3. 实施：社区网格员来落实

社区为每个网格配备 1 名网格员，承担网格管理的主体责任。

《空港新城社区网格员管理办法》明确了网格员的选拔培养、日常管理、教育培训、监督考核等各项机制，以激发网格员的工作活力。空港新城提倡街道干部下沉社区，鼓励原来的村干部、村民小组长、基层党员等担任网格员。网格员与网格内的党员、社区民警、社区志愿者、楼栋长、物业管理人员、保洁人员等共同组成网格管理队伍。在网格内建立党小组，负责网格内的党建活动、党员教育及工作协调。楼栋长协助网格员开展工作。

4. 巩固：选优配强是关键

加强人才队伍建设是社区治理中最为重要的一环，是实现社区治理能力现代化的基底，是提供专业化、人性化服务的重要保证。对此，社区坚持选优配强的人才选拔制度，加强骨干力量培养，着力打造政治站位高、能力素质优、奉献精神强、服务态度好、群众基础牢的社区工作队伍。

一是“六条标准”选人才。XF 社区负责人介绍道：“我们各类工作人员的选配坚持‘六条标准’，不单纯看年龄、身份、文凭、资历，而主要看政治站位高不高、责任意识强不强、服务态度好不好、奉献精神有没有、工作能力优不优、群众基础牢不牢。”XF 社区敢于将经由招聘选拔的年轻有为、德才兼备的社区工作人员放在重要的职位上开展工作，在实际工作中提升其个人能力，积累工作经验。

二是建立分级培养体系，畅通社区工作人员的职业晋升通道。首先根据社区人员的结构特点建立分类培养模式，有目标、有计划地建立系统性人才培养体系，以此调动广大工作者的积极性，激发其工作热情。其次为留住人才而重用人才。社区努力将年轻工作人员、优秀志愿者培养成中共党员、楼栋长，将优秀党员、楼栋长培养成党小组长、专职社工，将优秀党小组长、网格员、专职社工培养成社区党组织、社区委员会成员，从而畅通社区干部、专职社工进入街镇、空港新城管委会工作的通道，给予其更大的施展个人能力的空间。

三是采取专家授课、集中培训、外出学习等多种方式，提高社区工作人员的理论水平和专业素养。XF 社区经常性开展社区工作人员任职培训、在职培训和专门培训，要求每月开展一次集中学习，每年至少轮训一次，以提高社区工作人员的工作能力和为民服务意识。支持和鼓励社区工作人员参加各种职业资格考试和学历教育考试，提高专业化水平，并在工资待遇和晋升通道上对这类人员予以倾斜，以便社区工作人员尽快走上专业化道路。

二　推进嵌入式养老服务，搭建四级养老体系

2021 年 5 月，国家统计局公布的第七次全国人口普查数据显示，我国老龄人口已超过 2.64 亿，占人口总数的 18.70%，其中 65 岁及以上人口有 1.91 亿人，占 13.50%。与 2010 年第六次全国人口普查数据相比，60 岁及以上人口比例上升 5.44 个百分点，65 岁及以上人口比例上升 4.63 个百分点，已接近中度老龄化社会。在老龄化程度不断加深的背景下，如何建立健全针对“银发”群体的健康服务体系，成为一个重要的民生课题。“十四五”规划纲要提出，要构建“居家社区机构相协调、医养康养相结合的养老服务体系”。近年来，面对社会转型、政府职能转变以及日益增长的养老服务需求，依托社区所建立的居家养老服务模式逐步得到大家的认可。相较于机构养老，社区居家养老在实现老年生活“正常化”、建立老年人社会支持系统以及减轻财政压力等方面有着显著的优势。

XF 社区为推动养老服务的完善，加强养老服务设施建设，积极打造“15 分钟养老圈”，建立“1+N”养老服务模式，拟建成以居家为基础、社区为依托、机构为补充、医养结合的养老服务体系。2022 年 11 月，XF 社区被国家卫健委、全国老龄办评为全国示范性老年友好型社区。

（一）嵌入式机制推动养老服务，公建民营兜底保障

为了满足社区内老年人的生活照料需求，XF 社区大力推进社会福利中心建设。空港新城综合社会福利中心是 XF 社区首家公建民营

性质的养老机构，属西咸新区重点民生项目。项目总投资 5000 万元，建筑面积 6400 平方米，设计床位 280 张。2020 年 7 月正式投入运营，成为集兜底保障、社会代养、康复理疗、医养结合于一体的普惠型、照护型综合养老机构。该机构在承担空港新城范围内城乡特困人员、流浪乞讨人员、孤残儿童等“兜底保障人群”托养任务的同时，还承担了 XF 社区的日间照料和居家养老等服务职能。为了扶持该中心发展，空港新城落实了营利性与非营利性养老机构享受同等建设和运营补贴的政策，使该中心的运营环境大为改善，未来将努力把空港新城综合社会福利中心打造成省内外有影响力的五星级养老服务机构，引领空港新城养老服务产业的发展。

（二）构建“四级”养老服务体系，实现社区养老全覆盖

为满足有层次的养老需求，空港新城结合自身的实际情况，建立了空港新城综合社会福利中心（德瑞养老院）、社区日间照料中心、居家养老服务中心及农村幸福互助院“四级”养老服务体系，并通过嵌入式机制将“四级”养老服务体系融为一体，合理地将专业机构的资金、人才、技术、市场等方面的优势与各类资源进行整合，在保证自主运营的基础上，使更多老年人享受到优质的养老服务，实现老人不离家就能养老。

在实践中，空港新城明确要求，空港新城综合社会福利中心、社区日间照料中心、居家养老服务中心及农村幸福互助院等各层级养老服务机构，主要面向半失能、失能、失智、孤寡、空巢等老年群体，提供基础医疗、营养膳食、文化娱乐、精神慰藉、卫生清洁、康复训练、安宁疗护等照护型服务，并将这些对象纳入“特殊群体”。新建的居住小区要按照人均用地不少于 0.1 平方米的标准配套建设居家养老服务设施。同时，依托综合服务设施和闲置资源，采取购买、置换、新建和租赁等方式，建设社区日间照料中心，并于 2022 年底实现辖区内养老服务设施全覆盖。积极有效地落实陕西省、西咸新区、空港新城三级建设和运营补贴政策，推进养老机构面向社区开展养老延伸服务，为居家养老提供服务支撑。以社区为平台，

加强养老服务设施与社区服务中心以及社区卫生、文化、体育等设施的功能衔接，发挥社区公共设施的服务功能，形成由专业服务、社会支持、家庭陪护构成的综合为老服务网络，满足老年人多层次、多样化的养老服务需求。

此外，为减轻家庭和个人养老负担，空港新城管委会依据《空港新城特殊群体关爱照护实施方案》，针对低保户、低收入家庭中失能老人以及低收入家庭中半失能老人，按照“机构让一点、新城补一点、个人承担一点”的原则，参照特困供养人员收住价格，个人和社区分别按照5：5、6：4、7：3的比例承担入住养老院相应的费用。经测算，低保户中失能和半失能老人入住养老院，除低保金外，个人每月仅承担两三百元的费用。对于不愿意入住养老院的老人，空港新城也提供4小时/（人・月）～30小时/（人・月）不等的免费上门居家照料服务。目前已经有600多名老人受益。

为了推进社区养老及社区照顾服务，空港新城先后出台《空港新城养老服务发展（2020-2022）实施方案》、《空港新城特殊群体关爱照护实施方案》等文件，并建立养老服务工作联席会议制度，由民政部门牵头、相关部门配合，从制度建设和组织保障上合力推进养老服务工作。

（三）医养结合，医疗、康护全面保障

医养结合是以医疗为保障，以康复为支撑，集治疗、康复和健康管理于一体的养护方式，也是我国当前一种切实可行的医疗改革新模式。为了满足老年人医疗和照护的需要，空港新城使养老机构与医疗机构加强合作，确定咸阳市中心医院、泾阳县医院、空港新城北港医院为签约合作医疗机构。这些医疗机构开通了为老服务绿色通道，利用设备和技术优势为养老机构的老人提供便捷的医疗康复服务。同时，为老年人提供定期体检、上门巡诊、病床护理、健康管理等基本服务。北港医院、街镇中心卫生院对可用医疗资源进行功能结构调整，设立老年护理、康复床位。空港新城综合社会福利中心内部设立了医疗室，由医生、资深护理人员、社工、康复师组成服务团队，为老年人提供医疗、护理、康复训练等综合性养老服务。这些措施极大地满足了社区老人的医疗、康养需求。

（四）建立养老服务专业化队伍，提升服务质量

加强养老服务人才队伍建设，是积极应对人口老龄化、推动养老服务高质量发展的必然要求。空港新城的养老服务人才队伍建设主要推行以下三个方面的措施。一是促进养老服务职业化。空港新城鼓励有合作关系的院校和培训机构开设与养老机构经营管理、老人护理等相关的专业。与辖区内的养老服务用人单位合作开展订单式培训或员工培训，引导辖区内城镇“4050”人员和转移就业劳动者进入养老服务领域，培育梯队结构合理、后备资源丰富的养老服务工作队伍。二是强化对从业人员的专业化培训。将针对养老服务机构负责人、养老护理员及其相关从业人员的专业学习培训费用纳入空港新城财政年度预算，加强对从业人员的职业技能培训和职业道德教育，不断提高养老服务人员的综合素质和服务水平。三是建立健全激励机制，积极引进养老服务人才。空港新城为养老服务机构提供公益性岗位支持，对全身心投入到养老服务行业的志愿者给予物质奖励。在养老服务领域建设了一支专兼结合、结构合理，素质过硬、专业性强，慈善义工、社工和志愿者广泛参与的人才队伍。

三　全力开展未成年人关爱和保护工作

我国法律规定，未满 18 周岁的公民即为未成年人。未成年人的成长过程是一个心智逐步发育成熟的过程，也是人生观、价值观逐步形成的过程。对未成年人的关爱与保护，首先是要保护未成年人的合法权益，如未成年人的生存权、发展权、受保护权、参与权、受教育权等，未成年人所在的家庭、学校、社会和国家均有义务提供保护。其次要优化未成年人的成长环境，给予未成年人更多的关爱和支持。良好的家庭亲子关系、优质的学校教育，以及良好的社

区和社会文化环境都有利于未成年人的成长。为了满足未成年人多方面的成长需要，开展相应的专业化、个性化服务十分必要。近年来，随着我国社会工作事业不断发展，未成年人社会工作已经成为社会工作的一大领域。社会工作者根据未成年人的生理、心理特点，个体需要和群体需要，以及家庭需要等提供了一系列专业服务。还通过链接各种社会资源，建立社会支持系统，激发未成年人的潜能，促进其健康成长。由于未成年人个体和各自的成长环境有很大的差异，所面临的问题和需要不同，因此对未成年人的服务有着较为细致的划分。比如有农村地区的留守儿童、失学儿童、随父母进城的流动儿童、残疾儿童以及涉罪青少年等，在实际工作中需要针对有不同需要的未成年人开展不同类型的专业服务。

在“村改居”社区里成长的未成年人也有特定的需求。一是他们原本生活在农村，语言、生活习惯和城市有着很大的不同，在陌生的环境中容易受到歧视和不公正待遇，进入城市之后存在社会适应和社会融入问题。二是原先所接受的农村文化教育等相对落后，导致其社会化程度落后于城市同龄人，需要进一步提升他们的认知能力、自我探索能力。三是很多未成年人的父母由于工作原因，缺乏充分的时间和精力对他们进行教育辅导和生活照顾。

实现人的社会化是社区的一个重要功能。社区是未成年人生活、学习的主要场所，也是其获得社会认知、形成行为习惯的重要社会环境。从社区工作层面看，针对未成年人的服务工作主要包括两个方面。一是改善社区环境，形成友好、和谐的社区氛围。二是动员学校、社区、家庭、社会组织等各方力量，整合社区内的有效资源，为未成年人提供服务和社会支持，形成管护、教育合力，以促进儿童的身心健康和全面发展。从 XF 社区的情况看，主要致力于：

（一）为未成年人提供托管和教育服务

XF 社区的居民原来为农村人口。从近年来农村发展的实际情况来看，原本就存在大量农村劳动力流向城市打工，而回迁之后，原先从事农业生产的劳动力也面临从农业转向非农产业，这些必然造成对未成年人照顾不足等问题。XF社区为解决社区留守儿童以及单亲、困难和双职工家庭的孩子放学后无人照看的难题，与西咸新区一家社会工作发展中心合作，根据《西咸新区关于深入推进城乡社区发展治理的实施意见》、《西咸新区关于推进四社联动创新社区治理和服务的实施方案》等文件精神及社区实际情况，拟定了“相约XF社区儿童成长计划”四社联动项目方案。社区招募志愿者在学校下午4点半放学后为孩子们提供课业辅导、兴趣培养、传统教育、思想道德教育、自我防护教育和社会实践等多种免费服务。每次“四点半课堂”开课前，来自社工服务机构的老师们便早早来到课堂，打扫卫生、消毒、摆放桌椅，迎接孩子们的到来。课堂上，孩子们认真完成作业、看书。遇到孩子不懂的，老师会耐心辅导，学习氛围非常浓厚。除了辅导作业之外，老师们还给学生们安排了绘画、手工、书法等课程，引导孩子的全面成长。

“四点半课堂”还将社区多功能活动室、图书阅览室、会议活动室、电子阅览室、室外广场等作为教学场地。社区组建了“四点半课堂”志愿者服务队，拟定了志愿者服务队运行管理办法，根据每个志愿者的特长及服务意愿，确定其主要负责的具体服务内容，并从周一到周五进行排班。同时，利用微信、海报、DM传单宣传“四点半课堂”，引导少年儿童放学后主动到社区“四点半课堂”来，并请其家长签订服务及安全协议。老师们采购了不少有利于孩子兴趣培养、读书学习的物资，如跳棋、电子琴、书画用品、儿童图书等。“四点半课堂”还致力于关爱留守儿童的身心健康，使其养成良好的生活行为和学习习惯，树立积极的人生观。

“四点半课堂”开办以来，吸引了越来越多的孩子加入，孩子们不仅提高了学习成绩，还拓展了知识视野。在孩子们完成作业后，志愿者们还会组织各种文娱活动，让孩子们在轻松愉悦的氛围中有所收获，感受浓浓的关爱。

（二）为残疾少年儿童开展康复救助

对于社区内有着智力缺陷、肢体残疾的少年儿童，XF社区给予了更多的关爱。为改善其生活条件，帮助其进行康复训练，保障他们的平等权益，并使他们获得全面发展，社区建立了康复救助保障机制，并实施相应的康复服务项目。根据《西咸新区残疾少年儿童康复服务目录》的规定，社区为具有西咸新区户籍，年龄为0~16周岁，有康复需求，经定点评估机构确诊并有康复潜力，生命体征平稳且家属成员配合的，具有视力、听力、言语、肢体、智力残疾以及孤独症谱系障碍的少年儿童包括儿童福利机构收留的残疾少年儿童提供康复救助。救助内容主要包括人工耳蜗植入、肢体矫治手术、辅助器具适配，为患听力、言语、视力、肢体、智力残疾以及孤独症的少年儿童提供康复训练和支持性服务。救助项目实施以来，为社区内的残疾少年儿童群体提供了很多帮助，不仅通过专业的医疗康复服务促进残疾少年儿童身心全面发展，也大大减轻了残疾少年儿童家庭的负担。

四　扶助残障人群，提供全面保障

根据我国《残疾人保障法》的定义，残疾人是指在心理、生理、人体结构上，某种组织、功能丧失或者不正常，全部或者部分丧失以正常方式从事某种活动能力的人。残疾的种类具体包括视力残疾、听力残疾、言语残疾、肢体残疾、智力残疾、精神残疾、多重残疾和其他残疾。我国目前有8500万残疾人，其中2000多万残疾人生活在城市社区。残疾人是一个特殊而困难的群体。受身体状况和经济条件的限制，他们对社区的依赖程度较高。社区内的残疾人，需求在社区、服务靠社区，是社区的重点服务对象之一。近年来，残疾人社区康复工作成为社区服务的一项重要内容。从残疾人的需求来看，社区需要在康复医疗、基本生活保障、教育、就业、精神支持、文化生活等方面给予他们更多的扶助，以促进其全面发展。XF社区将助残作为提升自身服务水平的重要内容，广泛发动驻社区单位、社会组织、志愿者组织参与助残活动，支持和鼓励社会组织参与残疾人公益事业，为社区残疾人提供全面的照料、补助以及就业帮扶服务，以提高残疾人的生活质量、社会地位，促进其平等地参与社会生活。

第一，为残疾人提供生活补助和日常照护。社区通过走访等形式向残疾人宣讲相关助残政策，详细了解社区内残疾人近期的生活情况和实际的困难与需求，同时每月向每名残疾人发放300~2400元不等的补助。对于特困残疾人，还免费配置假肢、轮椅、护理床、腋拐、助行器等康复辅助器具。为了方便残疾人的康复治疗和日常照护，社区建立了托养中心，为具有西咸新区户籍并持有第二代《中华人民共和国残疾人证》的残疾人提供托养服务，服务内容包括集中托养、日间照料、居家安养等，对有集中入住意愿的特困残疾人实行“应住尽住”，优先接收经济困难的残疾老年人等。

第二，以创业促进残疾人就业。社区通过推行灵活多样的就业形式，扶持残疾人自主创业、自谋职业，改善其生活质量。社区每年向每名残疾人一次性提供扶持资金6000元，作为创业流动资金。资金主要用于开发残疾人工作岗位，安置残疾人就业，开展残疾人职业技能培训，无障碍改造，康复训练、文化活动设施建设，提高残疾人的社会保险缴纳水平，适当弥补流动资金的不足，研发新产品，开发市场，扩大生产规模等。

第三，扶持当地残疾人参加就业、创业培训及孵化基地建设。空港新城依托XF等社区，建立了为残疾人提供创业培训、创业实训、项目开发和创业指导等多项服务的残疾人创业孵化基地，同时为每个基地提供15万元的扶持资金。资金主要用于场地租赁、无障碍设施建设、创业孵化项目等。依托这些基地，空港新城为残疾人进行持续性培训和指导，以此不断提升残疾人的就业和自主创业能力。

扶助社区内的残疾人群体，收到三方面的效果。一是提高了残疾人的生活质量，保障了残疾人的权益，使残疾人能够重新回归社会，平等地参与社区和社会生活。二是通过就业培训和支持其自主创业，提高了残疾人的个人能力，使其自尊、自强、自信、自立，进而消除社会歧视，提高残疾人的社会地位。三是倡导关爱和互助精神，弘扬中华民族传统美德，有利于树立社区良好的精神风尚。

五　推进社区服务数字化建设，实现“互联网+”与社区服务深度融合

智慧城市在我国最早于2008年提出。2012年，住房和城乡建设部办公厅发布了《关于开展国家智慧城市试点工作的通知》，自此我国智慧城市建设开始全面推行。2014年发布的《国家新型城镇化规划（2014—2020年）》明确将推进智慧城市建设上升为国家级战略规划，提出推动物联网、云计算、大数据等新一代信息技术创新应用，要实现与城市经济社会发展深度融合。在一个城市里，智慧化建设涉及的领域非常广泛，比如信息技术产业发展、国土资源数据云平台建设、数字乡村、交通运输新基建、智慧家庭等。其中，智慧社区是核心应用场景之一。目前，国内许多一、二线城市的社区纷纷将智慧社区建设作为体现社区治理能力现代化的一项重要内容。智慧社区就是应用现代互联网、物联网技术打造交互式管理平台，能够实现多部门业务协同、信息共享，对各类事件做出快速响应、智能调度，成为社区综合治理的“智慧大脑”，为社区治理的现代化插上科技的翅膀。

空港新城的智慧社区建设自2019年9月开始启动，在全力推进的进程中，围绕“重服务、优治理、惠民生”的建设思路，制定了“互联网+社区服务”行动计划。空港新城的智慧社区建设以社区居民、社区管理人员、政府为服务对象，主要借助视频监控与识别、大数据、人工智能、移动互联网等技术手段，构建信息化、智能化社区管理和服务平台。通过这一平台，进一步建立集智慧政务、智慧安防、智慧养老助残、智慧生活等于一体的智慧服务管理系统，构筑美好数字服务新场景，将城市社区打造为服务便捷、管理精细、设施智能、环境宜居、私密安全的智慧社区。一系列举措提高了社区的工作效率，提升了社区的管理能力和服务水平，使社区居民充

分享受到智能化社区带来的便利。

（一）智慧政务

空港新城智慧社区是以“i空港”和“空港·微邻里”为载体建立的，具备党群建设、社区管理和公共服务、社区家庭联动智慧生活圈、智慧政务、物业管理与养老服务、社区安防6大主体功能的智能化数字平台。“i空港”是空港新城开发的智慧城市微信小程序，可为企业、居民提供在线政务、服务监督投诉、日常出行等服务。居民可以根据自身需要，通过“空港政务”服务栏查询1324项业务办事流程，线上办结率可达99.9%。此外，西咸新区下放的99项业务已全部开启网上办理通道，居民可以通过西咸新区政务服务网、西咸政务微信公众号进行事项办理。目前，辖区内各便民服务站正在全力宣传“一网通办”，引导更多的群众进行网上办理，让群众明白办事不必东奔西跑，网上办事更快捷。“空港·微邻里”则是XF社区为打造社区智能化生活，提供高品质、精细化服务而开通的智慧社区平台，涉及社区政务办理、物业保修、养老服务等诸多公共生活服务内容，居民日常服务需求大多可以得到满足。

（二）智慧安防

随着我国5G技术的快速进步，智慧安防的应用场景越来越广泛。当前，城市的安防系统已经逐步形成集治安管理、环保监测、交通安全、应急指挥等于一体的综合体系，整个系统覆盖街道、社区、楼宇以及一些重点区域。为打造平安社区，社区的治安防护问题也得到建设部、公安部等部门的高度重视，这些部门多次下发文件要求加强住宅小区的智能化安全防范设施建设。

为了提升社区安全保障水平，XF社区建成了包含门禁、报警和监控三大部分在内的较为完整的智慧安防系统。社区更新物业设备设施，对安防系统等进行智能化改造升级。通过区域摄像头整合、模拟摄像头更换、重点部位架设高清摄像头等措施，实现对社区无死角摄像监控，将实时监控影像统一接入警务室；同时安装人脸识别、智能分析设备，开发手机端App，发现异常情况时手机端可报警提醒；安装入口智能门禁设备，实现居民“刷脸”进入、车辆自动识别；安装电子巡更设备，推进人防、机防结合。这些安防措施利用信息化和高科技手段，为居民的安全又加上了一层更加坚实的防护网。

XF社区同时实施了“雪亮工程”。该工程由空港新城公安分局牵头负责，空港新城党委、管委会办公室、国土资源与房屋管理局等相关部门配合落实，是以县、乡、村三级综治中心为指挥平台，以综治信息化为支撑，以网格化管理为基础，以公共安全视频监控联网应用为重点的群众性治安防控工程。该工程通过三级综治中心建设，把治安防范延伸到群众身边，发动社会力量和广大群众共同查看监控，共同参与治安防范。社区共布设摄像头220个，实现人过留痕、车过留牌。人脸抓拍识别系统对可疑人员进行识别、跟踪、分析，同时完成重点人员布控，真正实现治安防控“全覆盖、无死角”。自从实施了“雪亮工程”，居民日常生活得到更多的保障，不仅在社区里生活更安全，而且原本存在于生活中的一些难题也得到解决。例如为了防范高空抛物等危险行为，XF社区特地在每栋楼前增加了摄像头，能够自下而上监测到所有楼层，对抛洒物体行为进行视频取证，工作人员可以第一时间上门对行为人进行批评教育并追究相关责任。自此，高空抛物问题得到根本遏制。社区还建立了物联网设备监测系统，对布设的烟雾感知器、供电环境、消防栓水压、井盖进行监控，当设备出现异常时，系统能够自动报警，方便人员进行快速处置。总之，智慧安防系统进一步提升了社区居民的安全感和满意度，使他们生活在智慧化社区环境里感觉到更加安心和便利。

（三）智慧养老、助残

近年来，随着我国逐渐步入老龄化社会，养老需求与日俱增，而智能化、科技化已经成为养老产业新的增长点，是我国养老产业发展的一个重要方向。

空港新城充分考虑到老年人、残疾人等的生活习惯和特殊需要，

智慧安防系统

在XF社区全面推动互联网、物联网应用适老化及无障碍改造工程，加快社区感知设施、家庭终端和城乡安全风险监测预警系统建设，搭建了养老和健康综合服务平台，建立了关爱老年人和残疾人的特定应用场景。社区结合日间照料中心、综合社会福利中心建设，充分运用互联网、物联网技术，搭建居家养老系统。为居家老人特别是孤寡、空巢、残疾老人配备智能手环等传感设备，实现远程实时监护、健康监测、意外智能报警、需求一键呼叫、应急救援救护、信息多方共享和互联互通。居家养老系统将运营商、服务商、个人、家庭等连接起来，促进现有的医疗、健康、养老等资源优化配置和使用效率提升，满足家庭和个人多层次、多样化的健康养老服务需求。

（四）智慧生活

XF社区搭建了智慧生活系统，开设社区通知公告、社区活动发布、商业信息查询、社区分享、跳蚤市场、咨询求助、好人好事、邻里互帮等模块，及时将社区内的大小事宜进行通知与宣传，让居民更好地参与社区活动与日常事务，提升了居民的社区参与感和生活幸福感，畅通了社区与居民、居民与居民之间的沟通渠道，打造出社区服务的窗口、居民生活的帮手。XF社区还通过互联网、物联网、手机App等，为社区居民提供智能停车和其他物业服务，主要包括在线报修、装修申请、清洁绿化、投诉建议等，还开通了通过手机缴纳物业管理费、水电费和停车费等各种费用的功能，为群众提供功能齐全、便捷高效的物业管理服务，使群众足不出户就能办理大小事务，真正发挥出智慧物业的便利功能。

社区居民反馈：“刚搬来时好多事情不会，现在有了智慧社区，拿着手机啥事都能办。只要登录手机小程序，不但可以交物业费、进行房屋报修，还能报名参加社区活动。”家住XF社区的78岁的韩某，双腿瘫痪、行动不便，社区为他以及和他一样的老人安装了网络烟感报警器。目前，社区正在为老人配备健康监测智能手环。

“让数据多跑路、群众少跑腿”，社区服务数字化建设提高了基层治理的智能化水平，提升了社区政策宣传、民情沟通的效能，同时使社区居民享受到更便捷、高效、舒适、智能的社区服务，使XF社区安居、宜居，有助于推动社区治理体系现代化的进程。

【社区服务工作案例】

案例1　幸福窗口，便民福音[①]

2021年4月19日，DZ街道迎来一位白发苍苍的老人。经了解，老人是专程坐公交从咸阳市到街道办送表扬的。

老人王某已73岁高龄，是DZ街道SJ村三组村民，曾是乡上的教师，近几年住在咸阳，有时到西安帮忙照顾孙子。2020年11月，因不熟悉流程，合疗一直缴不上费，无奈之下，想到回户口所在地求助，便找到了XF社区党群服务中心便民服务大厅。

当日值班的专职网格员小周热情地上前询问要办理的事项后，

① 相关资料由空港新城人社民政局提供。

为老人抽取了号码，并帮忙复印了相关资料。但因老人西安的合疗未停保，各项信息无法上传网络，业务未能办成。老人当即慌了神。

为了让远道而来的老人少跑路，小周随即留了老人的电话，等老人回去停保之后，为他代办余下的业务。没到一周，老人便可以在手机上为合疗缴费了。没过多久，老人再次前来办理业务。当日窗口排队人员很多，街办干部小王看到老人犯难，便说：“叔，您把资料给我，不用来回跑了。”老人几番犹豫后，最终选择了信任。没过几天，小王电话通知老人，业务已经顺利完成。

老人一直感念于两位年轻同志热情耐心的服务和言出必诺的品格，几经辗转专程来感谢。在XF社区党群服务中心便民服务大厅，老人热情地握着小周和小王的手，激动地说道：“你们两个可真是好人，将群众的小事始终放在心上，是光辉形象！”

在DZ街道，无论是便民服务大厅的工作人员，还是网格员，都始终奉行群众的事无小事，始终如一地保持热情的服务态度和良好的职业素养。网格员小周和街办干部小王的事例，是XF社区日常工作的缩影。工作人员用自己真诚认真的态度和贴心的服务，为一个个群众解决了生活中的各种问题，践行了“四化四办”的要求，为居民生活保驾护航。正如老人所说：“把老百姓的小事当大事办，把老百姓的缓事当急事办，把老百姓的事当自己的事办。”

案例2　奔涌的DZ后浪①

为群众办实事、办好事是DZ街道XF社区便民服务站一向秉承的服务标准。立足于群众最关心、最紧迫、最现实的需求，持续扩大服务覆盖面，推出更多便民服务举措，扎实为群众办好事、办实事，让群众少跑路、少等待，是服务站一直坚持的服务目标。群众的认可是便民服务站持续奋斗的动力。DZ街道XF社区便民服务站坚守为群众服务的宗旨意识，夯实基础、补齐短板，让群众办事环节更简、办结时间更少，不断增强群众的获得感、安全

① 相关资料由空港新城DZ街道办事处提供。

感、幸福感。

在社区便民服务站，工作人员小冯时候招呼着前来办事的大爷大妈。小冯，一个在大厅工作了 7 年的本地姑娘，她业务精通、踏实肯干。大厅从街办对面 78 平方米的综合服务中心发展为如今面积达 500 平方米的“办社合一”的便民服务站，工作人员队伍从当初的 4 人壮大到如今的 16 人，而她，也随着社区便民服务站的发展成为一名优秀的社区工作人员。2020 年，由于工作成绩突出，小冯荣获“西咸新区营商环境好青年”称号。

“大家可以登录自己的用户名和密码，查看有没有群众通过政务网提交的相关申请。”便民服务站的小王是这里的“技术担当”，负责便民服务站的网络维护、设备调试，同时兼顾“一网通办”的培训与后台管理。工作起来，这个生于 1993 年的小伙沉稳、干练，面对群众始终充满热情，解决群众难题时总是耐心细致、不厌其烦，常常获得群众的夸赞。他荣获了空港新城优秀团员的荣誉称号。此外，他和户籍窗口、注册登记窗口的同志一起获得 2019 年度空港新城“三服四化团队”称号。在大家的共同努力下，XF 社区便民服务站 2019 年底被西安市行政审批服务局评为“15 分钟政务服务圈”建设示范点。

每一个高光时刻的背后，都折射出 DZ 政务人的无悔付出和团结一致向前的初心。在 XF 社区便民服务站里，无数个像小冯、小王这样的有为青年正奋斗在自己的岗位上，在最基层的工作中为群众谋幸福，在最琐碎的事务中为群众办实事。正是这一个个如萤火般的亮点，汇聚成 XF 社区最动人的光芒。

案例 3　上门为群众办事，把群众留在心中①

民之所望，政之所向。“为民”是一切工作的出发点与落脚点。群众生活无小事，一枝一叶总关情。在社区实际工作中要用春风化雨的方式切实做好群众最关心的事，真正把工作做到群众的心尖上，

① 相关资料由空港新城 DZ 街道办事处提供。

将温暖送到群众的心坎里，以实际行动践行“以人民为中心”。

谁家漏水了，谁家暖气不热了，谁家老人要办老年优待证了……2020年4月以来，32岁的网格员小郭每天一睁眼就开始为西咸新区空港新城XF社区9号楼、11号楼、18号楼的265户居民的家长里短操心。

2020年，郭某成了XF社区的一名专职网格员。从基本信息采集，到社会治安防控、政策法规宣传，再到计生、民政、社保等“帮代办”便民服务，小郭每天要在这三栋楼里跑上好几个来回，很快就成了这三栋楼居民最熟悉的人。

2020年6月，小郭在例行巡查时发现9号楼的电梯间成了“水帘洞”。她从第1层起一层层地排查上去，一直步行到第14层才找到问题的根源：14层的一个住户从门缝往外流水，一直流到电梯间。因住户家中无人，她迅速联系物业，关掉了水管的总阀门。等到住户回家后，她又帮助住户一起清理被淹的家。“检查楼里有没有消防安全隐患是每天的例行工作。一旦发现问题，我们要第一时间联系物业，协助解决，给大家创造一个安全的生活环境。”小郭说。

2020年9月，小郭在入户服务时得知18号楼里73岁的老人杨某和他行动不便的妻子都没有办理老年优待证。原因是，之前在村里时，因为不懂流程，老年优待证一直没办下来。小郭主动征得老人同意，仅用一天就为老两口在社区党群服务中心办好了老年优待证。面对这两位空巢老人，小郭说：“以后不管遇到啥事，都可以找我。”

在XF社区，有一个又一个这样的身影。他们奋战一线、满腔热情，一颗热心为大家，让社区群众感受到家一般的踏实与温暖，也勾画出党群一家亲的生动图景。

案例4　反家暴、促和谐，构建和谐社区①

XF社区的网格员心里时时刻刻想着居民，不是靠居民提出需

① 相关资料由空港新城XF社区提供。

求，而更多的是主动发现他们的需求，帮助他们解决生活中遇到的难题。网格员一次又一次的真情付出，换来了居民的信任。他们既是信息员、宣传员、巡查员，也是监督员和调解员，在社区工作中他们与群众的联系最为密切。“你好，我是网格员！”简单的一句话便成为打开群众心门的一把钥匙。只要听到这句话，辖区内的老百姓便会放下警惕，敞开心扉。

家庭暴力是一种违法行为。而在许多农村地区，传统思想上认为男人打老婆、打孩子是很正常的事。一些女性长期被丈夫责骂甚至殴打，只能选择忍气吞声。邻里间谈及此类事也认为，这是别人家的私事，不便说什么。社区工作人员看到一些人存在观念落后、法律意识淡薄的问题，觉得需要从社区层面加强妇女儿童保护工作，关注妇女儿童问题，并鼓励受伤害的女性要敢于对家暴说“不”。社区工作人员在走访受害者的时候，一方面对男方批评教育，指出其行为的错误之处，另一方面教育受家暴妇女要敢于维护自身的权益，学会用法律来保护自己。自从有了社区工作者对家庭暴力的介入，一些经常打骂妻子和孩子的人意识到自己的过错，大大减少了施暴行为。

为了让大家能够真正关注和保护妇女和儿童，在社区营造关爱妇女儿童的良好氛围，社区设立了妇女儿童维权中心。通过中心开展的各项宣传教育活动，切实预防和制止家庭暴力，引导广大居民尊法、学法、守法、用法，保护家庭成员的合法权益，维护平等、和睦、文明的家庭关系，实现家庭平安幸福、社会和谐稳定。2020年12月2日下午，DZ街道妇联在XF社区党群服务中心举办了妇女儿童权益保护知识讲座，从法律层面让大家认识到妇女儿童的合法权益，以及侵害妇女儿童权益的行为在法律层面的界定和处置办法等。12月4日上午，党群服务中心开展了以“维护妇女儿童合法权益、共建平安和谐社区”为主题的宣传活动。本次宣传活动，让《妇女儿童权益保障法》走进社区、贴近居民，进一步增强妇女儿童依法维护自身权益的意识和能力。12月18日下午，XF社区又发起妇女儿童家庭需求问卷调查活动，由网格员入户了解妇女儿童的需求，认真倾听居民的心声，并耐心为居民解答，真正做到社区妇女儿童的烦恼有人听、困惑有人帮、心结有人解、权利有人维，从而帮助辖区内居民构建和谐的家庭关系，营造温馨、幸福的社区氛围。

案例5　小镇遇见幸福①

为了使群众在社区生活中充满获得感和幸福感，全面享受各类社会福利政策，XF社区为居民提供计生、民政、社保3大类10项“帮代办”服务。通过智慧化、网格化平台和专职网格员上门走访代办的形式，社区建立了让群众“零跑腿”的服务体系。

在DZ街道，几十名网格员为辖区内3万余名群众提供服务。他们了解社情民意，为群众排忧解难。除此之外，DZ街道还发动干部群众，建立了一支“党员+专职网格员+居民+便民服务站工作人员”的服务队伍，参与社区、村组事项的“帮代办”、矛盾调解等各项工作。

从群众上门办事到为群众送服务上门，思路转变的背后是主管部门对城乡融合发展的提前规划。“人群聚集容易，难的是汇聚人心。”“过去群众居住分散，一些日常业务都要去街道办理，现在大多数村民已经住进了社区，原来的工作程序也得有相应的调整。”

2019年6月，XF社区服务大厅建成投用，空港新城、DZ街道和XF社区三级业务工作人员统一入驻，社保、教育、医疗、户籍等10大类418项业务让群众不出社区就能办理。高效的办事效率极大地提升了群众的幸福感和获得感。

“理想的生活是什么样子的?”在XF社区，每个人都有自己的回答。幸福是一家老小健康团圆，出差再远也不用担心家里老人没人照料；幸福是每天下楼就能跟老伙计们下盘棋，聊聊天；等等。不同的回答都指向同一个理想——幸福。

每天下午4时半，放学回家的小学生三三两两地走进XF社区党

① 相关资料由空港新城DZ街道办事处提供。

群服务中心，社区的“四点半课堂”就设在这里。通过政府购买服务，“四点半课堂”免费为留守儿童、家庭困难儿童等提供学习辅导、兴趣培养服务，解决孩子放学后、父母下班前的看护“真空”问题。傍晚的社区小广场上，相隔20余米的广场舞团和交谊舞团随着各自的音乐翩翩起舞，不同风格的乐曲交织，但彼此的舞步互不干扰。正所谓，幼有所养，老有所依，居有所安，业有所乐。2018年，外嫁多年的村民杨某回乡探亲，看到社区和谐安乐的景象，决定回乡创业。半年之后，她投资的社区第一家酒店正式开门营业，酒店名字叫“幸福礼遇”。

截至目前，XF社区常住人口有一两万人，先后培育出书画社等21个群众社团组织，建成党群服务中心、农贸市场、幼儿园、小学，并引进酒店、药店、医院、超市、养老院等。以XF社区为中心，一个办事便捷、交通便利、生活多彩的社区生活圈已然成熟。“下一步，我们将继续以社区为中心，提升公共服务品质，满足群众更加丰富多元的需求，在实现资源高效利用的同时，让深度融合的成果惠及更多居民，这也是我们的理想。”一位空港新城管委会负责人说。

第八章　构建生计保障体系，实现回迁居民的可持续发展

伴随着“村改居”进程的进一步加快，越来越多的居民在搬进现代化社区的同时也失去了原本的土地这一生计来源。对于大多数回迁后的居民而言，如何获得新的收入来源以保障今后的长期生活，成为回迁后的首要问题。现实中，从诸多地区的“村改居”实践可以看到，土地补偿金虽然能够直接地为村民提供经济支持，却难以成为这些村民搬入回迁社区后可持续的生计来源。与同处于城市化进程中的“城中村”改造不同的是，回迁社区少了许多优势。“城中村”是“都市里的村庄”，周边人口密集，商业比较成熟，房产升值较快，土地征迁之后居民往往可以获得较高的房屋租金收入和村集体资产分红。而这些对于正处在建设阶段的开发区而言，初期能带来的产业增收、资产增值效应不明显。此外，开发区人口不足，工商产业、公共基础设施及配套设施等均处在发展初期，整体就业和营商环境并不理想，这给回迁居民的就业、创业也带来诸多不便。同时，回迁居民大多原本从事农业，也面临就业技能转变与提升、改变就业渠道和就业观念等问题。原来在田间地头务农的居民，回迁后苦于自身重新就业的能力较弱。“我们农民除了种地还能干啥?”“我们年龄、能力都比不上年轻人，我又没有文化，谁愿意找我工作?”甚至还有一些居民就业不够积极主动，认为工作不自由或给别人打工就是低人一等：“听说出去工作就是打工，哪有我以前舒服自在。”可见，就业问题不仅仅关系到回迁居民生计的可持续性，更可能影响到城市化进程的推进。因此，政府部门和基层社区需要着力为回迁居民提供全面的生计保障，使其迁入新居之后能够有持续稳定的收入来源，从而为他们融入城市生活保驾护航。

一　构筑“五金保障”护城河，解除回迁居民后顾之忧

面对“村改居”之后居民的生计问题，空港新城从长远着眼，在制定征迁政策的同时，创造性地推出“现金+租金+股金+薪金+保障金”的“五金保障”体系。通过征迁补偿款、闲置房屋租赁的租金、集体经营的商业用房股金、就业薪金和养老保障金，不仅仅在心理上为居民“上了保险”，更从实际上为居民谋了利益。“五金保障”体系的形成，既确保居民拥有较为充足的存量资金，又使他们能获得稳定、持续的增量资金，兼顾了人民群众的当前利益和长远利益，在整个由征迁到入住的过程以及居民未来的生产生活中都发挥十分重要的作用。

（一）征迁补偿有现金

征迁补偿款是整个征迁过程中给予原来村民的最直接的经济补偿。搬入社区后，与原本村庄的物价相比，城市物价普遍偏高，且增加了原本没有的支出项目（如物业费、购买粮食和蔬菜等食品的费用）。当大部分居民在短时间内还不能找到稳定的收入来源时，征迁补偿款就成了居民过渡时期非常重要的经济保障。依据空港新城的政策，在房屋征迁、土地征收及流转时，失地农民可以获得房屋补偿款、补助款和奖励款等。按照区域内平均每户有 4.5 人、人均有耕地 1.5 亩测算，缴纳完安置房购房款后，每户可获得征地拆迁补偿现金约 60 万元。同时，为了让所有失地农民都能够顺利、公平、无误地收到现金补偿，在制定补偿标准时，政府要求，要认真测算庄基地的原有价值和群众的建房成本，并测算土地开发价值，同时结合当地群众的人均收入和生活成本，在符合国家法律法规的前提下，尽可能让群众获得最大化的收益。同时，加强对征迁补偿的正确引导，防止出现“暴富返贫”现象。由于征迁补偿是“一次性买断”，许多农民拿到“一大笔”补偿款后却不知道如何合理使用，缺乏正确的消费观和投资意识。一些人盲目消费和投资，造成

短时间内补偿款被迅速用完。对此，XF 社区建立了配套的补偿金“后管理”制度，联合公安、银行等部门和机构开展“防诈骗”宣传和理财培训，帮助群众树立正确的消费观和投资观，避免出现资金损失以及“暴富返贫”现象。

（二）闲置房屋收租金

回迁居民根据家庭人口数分到的房屋大多是超过实际所需的，大部分居民回迁后持有 3 套以上的住房。按照回迁政策，回迁居民每人可获得 60 平方米的安置面积。据社区工作人员测算，平均一户的安置面积约为 270 平方米。假设回迁居民自住一套 120 平方米的安置房屋，剩余的 150 平方米可以对外进行出租。按照 8.3 元/（平方米·月）的租金价格进行计算，每户每月可通过闲置房屋收取租金约 1245 元。同时，为了更好地落实这一政策，让居民的闲置房屋租得出、赚得着，社区一方面主动联系区内大型企业，通过联营改造等方式，吸引员工租住，或建设公寓式酒店。另一方面，积极联络即将被征迁的村子，将现有居民空置的房源公布在村组，起到衔接作用，保证群众过渡时期有房住、闲房有人租，从而畅通房屋的出租渠道。未来，随着城市建设水平和社区环境的不断提升，房租还将有较大的增长空间，且能够成为居民一项稳定的收入来源。

（三）商业面积分股金

XF 社区规模大，临街商铺多，能够获得较多的集体资产收入。为了便于经营管理和公平分配，在 DZ 街道党工委、办事处的指导下，社区整合了原来 DZ 村、ZJ 村、HJ 村的股份经济合作社，按照程序成立了 Z 公司。公司负责统一经营临街商铺，群众按商铺入股，可以分到股金。按照政策，回迁群众每人可获得经济发展用房 10 平方米，平均每户可获得 45 平方米，租金按 20 元/（平方米·月）计算，每户每月可收股金 900 元。随着空港新城开发的深入，土地尤其是商业资产不断升值，人口流入持续增加，社区商业用房的市场潜力逐渐凸显，带动租金价格不断攀升。如今，XF 社区已接收经济发展用房 94 间，面积约 2.8 万平方米，有 85 间已签订出租合同，出租率达 90%以上，租金收益超过 600 余万元，每人每平方米可分得净利润 13 元。2018 年 8 月，XF 社区经济发展用房共分红 345 万元，参与分红的有 2303 人，平均每股每月分红 125 元，单人最高分红 1750 元，单户最高分红 17500 元。再加上务工以及土地流转收入，XF 社区回迁居民的年收入是原先的近 3 倍。2019 年，社区共分红 784 万元，受益人数为 3670 人，人均分得 2136 元。2020 年，受疫情期间房租减免影响，分红略有下降，为 705 万元，受益人数 3670 人，人均分得 1921 元。总之，总体逐年递增的分红收入极大地改善了回迁居民的经济条件。

（四）区内就业挣薪金

社区依托优越的地理位置，联动企业为居民提供就业岗位，使居民获得薪金保障。按当地政策要求，现有的劳动密集型企业为回迁居民预留就业岗位，同时跟进相应的就业培训，使居民能够通过人才推介进入企业就业，从而挣到薪金。除了引入社区外的就业机会，XF 社区也从自身内部开发出不同类型的就业岗位，为居民在家门口就业、挣到薪金创造条件。自社区建成至今，在政策的帮扶与引导下，越来越多的居民逐渐转变就业态度，在提升自身技能的基础上找到适合自己的岗位。

（五）老年生活有保障金

对于社区内劳动竞争力相对较弱的老年人群体，XF 社区通过合理优化社保制度、建立老年生活保障金的方式提供经济帮扶。“村改居”社区中的老年人普遍具有受教育程度低、收入不稳定的特点，在整体上处于弱势地位。为了避免这一群体被边缘化，提升他们的生活水平，帮助他们更好地适应城市社区生活，在征迁过程中，政府从居民失地后的生活实际出发，全面提升被征迁群众尤其是老年人的社会保障水平。在办理失地农民保险的同时，还按照每亩地 3 万元的标准统一打包支付失地农民养老金。而年满 60 岁的居民，每人每月可领取 260 元的养老保障金。

以原 DZ 村村民赵老为例。赵老一家儿孙三代共有 7 口人，在

2013年征迁时全家共分得4套简装安置房屋，另外获得70平方米商业用房的分红权及每人5万多元的安置补偿款。如今，全家人自住2套、外租2套，每年坐收租金约25000元，商业用房股金分红约13440元。儿子在家门口经营的两家饭店一直以来生意兴隆，儿媳在机场的一家企业上班，两位老人每年也能领取养老保障金6240元。这个例子说明，空港新城建立的“五金保障”体系，为回迁居民编织了一张安全网。通过这张网，绝大多数回迁居民能够获得长期、稳定的收入。随着空港新城的高速发展，收入还将不断提高。“征迁安置，核心就是算账问题。”空港新城管委会一名负责人说，“群众最大的痛点是故土难离，最大的期盼是安居乐业。只要我们给群众把账算明白，把承诺兑现到位，没有人会拒绝新生活。”“五金保障”体系就是给回迁居民提供五个支撑。无论是一次性收入的征迁补偿现金，还是代表长期性收益的闲置房屋租金和商业面积股金，无论是开源式就业帮扶，还是兜底式养老保障金，都是XF社区居民所说的“稳稳的幸福”。

二　就业全面帮扶，提高居民的职业意识和职业能力

面对回迁的众多农村富余劳动力，能否引导他们顺应社会的发展潮流，为他们的生计转换铺平道路，事关XF社区的可持续发展。“授人以鱼，不如授人以渔。”除了“五金保障”体系的“授人以鱼”，更需要推动就业渠道的拓展和就业技能培训水平的提升，实现“授人以渔”，使居民能够具备就业技能，获得稳定的收入。

2017年10月，空港新城管委会发布《空港新城关于加快推进社区建设工作的实施方案》，提出要建立健全社区组织管理体系，成立社区便民服务站，并明确社区服务的主要内容。其中，社区便民服务站作为街镇向社区延伸的专业服务机构，在居民劳动就业方面发挥着重要作用。在此基础上，空港新城加大对回迁居民就业、创业的扶持力度，建立了多层次、多形式的就业保障机制。截至2019

年，通过强化技能培训、搭建招聘平台等措施，90%以上有就业意愿的回迁劳动力实现就业。

（一）建立定向定岗就业机制，发挥航空港的区位优势

空港新城作为我国首个以发展航空城为定位的国家级临空经济区，主要依托西安咸阳国际机场，重点围绕临空物流、国际商贸、飞机维修等产业的发展，带动临空制造业集聚发展。借助空港新城作为“航空港”的区位优势，XF社区建立了定向定岗就业机制。

政府牵引了“航空港”综合服务项目以带动当地就业，要求劳动密集型企业预留20%~30%的就业岗位给本地群众。社区在实地考察后，在了解各项工作的环境、工资待遇、保险福利的基础上，针对具体的岗位开展培训，帮助农村富余劳动力提升自身能力，从而更好地适应新岗位。2019年，空港新城积极对接区内西安东航赛峰起落架系统维修有限公司、圆通速递转运中心、申通快递有限公司等一批企业，累计为居民提供就业岗位13000个。通过这一机制，空港产业项目的发展与社区内富余劳动力的就业联系起来，实现产业、社区与居民“三赢”。

（二）搭建就业招聘平台，线上、线下合力推动就业

空港新城搭建了线上、线下就业平台，充分利用互联网优势，为居民提供各类就业信息和资源。线上平台方面，建立了农村劳动力资源数据库，与西咸新区内外的企业进行人才信息交流，联系海外劳务派遣中介，多方解决辖区内群众就业问题。同时，积极依托“空港人才”微信公众号发布各类招聘信息，拓宽居民获取信息的渠道，方便居民了解目前的就业形势，帮助他们更好地匹配适合自己的岗位。截至2019年，“空港人才”网站、微信公众号和就业信息海报等累计推送150余家企业的招聘信息，约3280个用工需求，使群众不出家门即可了解就业信息。线下平台方面，在XF社区党群服务中心、社区广场等场所，用LED屏滚动播出招聘信息，或者印制就业信息海报，把用工信息送到群众家门口。同时，空港新城通过举办以“春风行动”为代表的就业招聘会，为求职者提供面对面接

触用人单位的机会，推动劳动力供需的精准对接，使有就业意愿的居民都能实现就业。在“线上+线下”并行举措的推动下，已经有千余人在顺丰、圆通等速递公司，空港大酒店以及绿化保洁等企业就业，月平均收入达3000多元。

（三）开发基层社区工作岗位，挖掘“内需”，增加就业机会

“就近灵活就业”是社区面对就业困难人群开发出的一条新路。作为一个新建成的大型现代化社区，XF社区在日常管理与维护上有着大量的人力需求。社区考虑到当地居民中许多人年龄偏大、知识水平较低等实际情况，为他们提供了大量社区管理和公益性服务方面的岗位。岗位类别多样，居民可以优先选择保安、保洁、托老、医疗、中介、家政、市场协管等领域的公益性岗位。不同能力层次的居民都能在社区的帮助下找到适合自己的岗位，这在很大程度上解决了社区居民尤其是年龄偏大的劳动者就业难的问题。

除此之外，社区居民还开发出居民自助、互助类服务这一创新型就业方式，“幸福手艺人”就是其中的代表。在国内一些社区，此类自助、互助类社区服务大多是由居民自发组成的公益类社区组织提供的。而对于XF社区这类“村改居”社区而言，满足回迁居民的就业和生计需求更为迫切。为了给社区内一些有就业能力的居民拓展收入渠道，社区网格员在入户过程中将有水、电、装修、家电维修等技能的居民信息统一收集在一起，并据此组建了“幸福手艺人”队伍。社区居民如果家中遇到相关问题，可以直接通过网格员获取手艺人的联系方式。对于用工需求方——居民来说，自然更加信赖同住一个社区的手艺人；更重要的是，对于手艺人来说，这无疑拓宽了他们的收入渠道。同时，社区还通过政府购买的方式向“幸福手艺人”购买服务，由“幸福手艺人”为社区内的低保户、孤寡老人等提供免费服务，实现互惠互利，更增进了居民间的感情。

（四）开展就业技能培训

“村改居”社区居民的就业问题，应该说比一般社区困难更多。原本主要从事农业或者相关产业的回迁居民，由于失去了土地，需要谋求新的就业出路。作为一个按照现代化标准建设、主打高科技产业的新型城市，空港新城的产业结构、产品结构、区域结构等和农村地区有着根本上的差别，在就业方面对劳动力的知识水平和工作技能有着更高的要求。而回迁居民们原先所掌握的知识、劳动技能以及形成的观念等，大多与市场需求不匹配，他们很难在现代化产业中立足，就业难度较大。我们在走访中也看到，回迁居民整体学历水平不高，受文凭所限他们在劳动力市场上常处于弱势地位。有居民称："以前在农村的时候有地，每个人用一亩半分地等着夏秋的丰收，一年到头还能赚万把块钱。现在没有地，我们必须出来打工，可是却吃了没文化的亏，不管到哪里都有学历的要求。我们以前在村里都是早早出去干活补贴家里，现在我们明明也还能干、还能学，但是哪里都不要，我们只能成天在小区打转，这样下去也不知道该怎么办。"在城市里，高收入职业、体制内岗位一般对学历有更严格的要求，因此很多富余劳动力一时间找不到合适的工作。尤其是那些学历较低、50~59岁年龄段的群体面临更大的就业困难。反观其原本从事的农业劳动，对年龄、学历并没有严格的要求。这也意味着，曾经可以稳定获取一些收入，而在移居城市之后则会出现短期甚至长期收入中断的情况。因此，亟须对他们开展就业导向型教育和技能培训，尽快使其适应工作岗位的要求。

社区作为连接群众与政府、用人单位之间的桥梁，应链接更多的就业与教育资源，为居民提供相应的培训，拓展就业渠道和就业服务保障的范围，帮助居民获取更有效的信息，为其提供更多的帮扶与支持。为改善社区就业状况，在了解了居民的求职与企业的招聘意向后，空港新城有针对性地开展了多种多样的劳动技能培训活动。这些培训活动，不但使居民们了解到各个岗位对能力的要求，帮助他们选择适合的岗位，而且能在就业前帮助他们积累经验，以便胜任各项工作。目前，空港新城举办的企业职工线上培训、农民工百日免费线上培训、以工代训等三大类培训，已惠及3700多人次。拥有专项技能的居民再就业更加顺利了。在口口相传中，越来越多的人认识到就业培训的好处，开始参与到就业培训课程中，实现从农业向工业、服务业的转换。

（五）开展职业素养教育，使居民树立正确的就业观念

随着各项举措逐步落实，越来越多的岗位向社区的居民开放。但是，如何使这些长久以来“面朝黄土背朝天”的农民真正转为城市职业人群，实现身份角色的改换，转变他们长久以来形成的就业观念，提升其职业素养，成为“村改居”社区在促进就业问题上面临的核心问题之一。一些人对就业整体形势和就业方向了解有限，更因为自身在知识、技能方面存在不足，认为自己只能从事一些简单劳动，而且他们对职业操守、职业道德、劳动保障等劳动者的权利和义务等缺少足够的认知。为此，社区多次开展各类教育培训，以提高居民的职业素养、社会交往能力，改变其就业观念，全面提高居民个人的就业能力和社会适应能力。

为了让群众易于理解接受，社区通过歌曲、短片、榜样宣传、经典故事等多种形式，向居民诠释和宣传爱岗敬业的职业精神，鼓励居民从自身做起、自强自信，在平凡的岗位上创造不凡，在合作、奉献中不断创造价值。如今，越来越多的居民走上工作岗位，不仅增强了就业意识，还提高了自身的综合素质，实现自我价值的提升，摆脱了在就业市场中的弱势地位，最终实现个人及家庭收入水平的提高。

三　鼓励自主创业，注入发展动力

作为一个“村改居”型社区，XF社区的居民在“五金保障”体系的支持下生活有了一定的保障。但如何将其有效转化为居民可持续发展的动力源泉，是居民与社区建设者共同面临的问题。2018年，中共中央、国务院印发《乡村振兴战略规划（2018—2022年）》，进一步强调激发农村创新创业活力的重要性。《规划》指出，要“坚持市场化方向，优化农村创新创业环境，放开搞活农村

经济，合理引导工商资本下乡，推动乡村大众创业万众创新，培育新动能”。因此，除了在资源整合与技能培训方面下功夫，空港新城也注重激发回迁居民的内生力量，充分调动居民自我发展的积极性，鼓励社区中那些观念较新、有专长的居民抓住机会开展创业活动，为社区乃至社会发展贡献自身的一份力量。在扶持自主创业方面，XF 社区主要从搭建居民投资创业平台、开展创新创业培训以及社区底商统一规划运作三个方面入手。

（一）搭建居民投资创业平台，提供资金补助

拥有资金是开展创业活动的前提，及时获得足够的创业资金，是居民开展创业活动的基本条件，也最终决定创业规模。空港新城为营造良好的创业环境，建立了相应的居民投资创业平台。依托投资创业平台，居民可以根据自身的需求申请相应的创业担保或一次性创业补贴。为了使群众免申报、免跑腿，空港新城实施“免申即享”一次性创业补贴政策，由行政审批与政务服务局牵头，在人社民政局、市场监督局、税务局、街道办事处协同下，通过大数据直接对符合补贴条件的小微企业、个体工商户进行匹配。网格员逐户核实资料，公示后将符合条件的单位或个人信息报送至财政局，由财政局直接拨付创业补贴。创业担保方面，获得县级以上劳动模范、创业明星、巾帼建功标兵等荣誉称号的人员，信用乡村推荐的创业人员等，原则上可获免创业担保贷款的反担保手续；还款积极、带动就业能力强、创业项目好的借款创业人员，可获得创业担保贷款贴息，符合条件的个人最高可申请 20 万元的创业担保贷款。一次性创业补贴政策更是为创办小微企业或从事个体经营的创业人员提供每人 5000 元的补助款项。截至 2020 年，空港新城共发放创业担保贷款 330 万元，小微企业贷款利息补贴 4 万余元，帮助一批个人和企业实现创业梦想。在各项政策的推动下，创业资金筹措门槛更低、渠道更宽、更有保障，居民的创业积极性得到很大的提升。

（二）开展创新创业培训，提升创业能力

在资金和政策的支持下，越来越多的居民对创业产生了兴趣。

但是面对一个相对陌生的领域，许多居民还是有畏难情绪。缺乏对市场化经营方式的全面认识，在很大程度上制约了居民的创业热情。因此，开展创业培训活动，广泛宣传创业知识、政策与信息，成为创业前的必要行动。为了不断提升社区居民的创业能力，XF 社区牵头，协同社会各界力量定期举办一系列创新、创业培训班。培训内容包括创办企业的相关政策、创业过程中所需的相关专业素养。同时，社区邀请创业人士、政府工作人员、高校教师等为有需求的居民开办讲座、答疑解惑，让每个有创业意愿的居民都能通过参加免费的培训提升创业能力和社会竞争力。

（三）社区底商统一规划运作，优化创业空间

XF 社区在建设规划中为了满足居民日常生活所需，并帮助回迁居民获取集体经济收入，将部分住宅的一、二层楼设计为底商。这些底商无疑为社区中有着较强创业意愿的居民提供了平台。在家门口创业，不仅节约了交通、租金方面的成本，而且有大型社区上万人的消费需求做基础。如今，XF 社区的许多居民都参与到社区底商的经营中。他们发挥自己所长，开办超市、饭店、理发店、服装店等，做起了小生意。随着经营规模不断扩大，还能为社区内其他居民提供超市理货员、饭店服务员等工作岗位，拉动社区内部就业。2020 年，社区底商出租率达到 95% 以上。社区底商在统一规划运作下实现了规模发展，盘活了社区内部经济，使多方受益，不但带来经济效益，更成为当地居民自主创业和扩大就业的重要平台。

总的来说，空港新城在“村改居”就业难题上因地制宜，多措并举，通过资金支持、就业和创业指导以及平台搭建等，努力为居民拓宽就业、创业之路。社区的就业、创业活力被激发出来，对人才的需求也随之增加，社区的待就业人口也有了用武之地。随着收入的增长，居民的幸福感也越来越强，也逐渐正视身份的转变并产生身份认同。

第九章　推进市民化进程，实现社区参与式发展

推进农业转移人口市民化，对于推动新型城镇化进程、实现城乡融合发展意义重大。《国家发展改革委关于印发“十四五”新型城镇化实施方案的通知》中指出，要通过“稳妥有序推进户籍制度改革，推动城镇基本公共服务均等化，健全配套政策体系”等途径加快农业转移人口的市民化。应当看到，“从村到居”是一种由外力推动的较为剧烈的社会变迁方式，地理空间的转换以及户籍的改变并不代表回迁居民市民化的真正完成。迁入“村改居”社区后，回迁居民虽然完成了由农民向市民身份的转变，但其本身的文化特质短期内并未改变。受长期农耕文化影响所形成的乡村生产生活方式，在居民搬入现代城市社区后一定程度上还延续着。现代城市社区的人口高密度、居民异质性以及契约化、制度化、理性化的社会运行方式，必然使回迁居民短期内难以适应和融入。从文化层面看，整个“村改居”社区处于由传统乡村社会文化向现代城市文化过渡的阶段，表现为混合型、过渡型社会文化。因此，对于市民化过程中存在的问题，我们在社区治理过程中不仅要给予外部的政策扶持，更要从“人”的层面去改变居民的文化习惯、思想认知、行为方式，去关注这个还未完全摆脱传统乡村社会意识的群体，最终使其真正融入城市社会，实现市民化。

一　以社区适应和融入为本，促进回迁居民市民化

针对 XF 社区居民幸福感的调查结果显示，大多数居民对“村改居”后的社区居住环境、服务管理持肯定的态度。但相比之下，居

民对新社区人际交往的评价与社区认同却显出较大差异。在“村改居”过程中，同一个村子的居民可能被分配到不同的楼栋与楼层，原有的社会交往在一定程度上被割裂、分离。“来到这里后，老伙计都被‘打散’了，出了门谁都不认识，家家户户都是一个铁门关得紧紧的，实在是不适应，觉得乏味得很。”“平时的生活基本上就是吃完饭往沙发上一躺，看一天电视打发时间，总感觉和别人搭不上话。”“城市里奇怪得很，扔个垃圾还要找垃圾桶，还要分类，我实在不懂这些。”一些回迁居民仍然延续原先在村子里的生活方式与习惯，对社区管理不适应，日常生活中也存在高空抛物、破坏社区环境、私人占用公共物品、个人物品占用公共空间等不文明现象。如何使回迁居民尽快适应城市社区生活，成为亟待解决的问题之一。为此，XF 社区一直坚持从思想和行动两个方面来突破“融合难”困境：培养居民的社区意识，在思想层面为居民融入城市提供起点；通过推动社区参与、发掘社区能人、组建社区自组织等，为重建新的共同体秩序而持续努力。

具体而言，为了使社区居民能够顺利完成从农民到市民的身份转变，建立彼此之间新的情感联结与认同，提高对社区的归属感与责任感，XF 社区开展宣传教育并举办了多种社区活动，如开设“新市民课堂”以提升居民素养，实施居民公约来树立文明新风等。这样不仅帮助社区居民加深彼此之间的联系，形成新的社会关系网络，而且提高了居民的社区意识，增强了居民的责任感，加快区内居民的适应和融合进程。

（一）以活动凝聚人心，建立新的情感联结

在“村改居”的过程中，居民要实现身份的转变，最先要突破的就是各种旧有的生活习惯与价值观念，摒弃原本生活方式中的陋习，才能更好地适应城市生活。社区应当使社区中的人联结起来，加强社区与居民、居民与居民之间的交流，培养彼此之间的情感。XF 社区的做法是，通过举办集体性文化娱乐活动让回迁居民走出各自家门，丰富其日常生活，从而凝聚人心。社区注重发掘居民的各

种兴趣，精心策划、举办红色教育、民俗节庆、体育健身、文明创建等各类主题鲜明、富有特色、卓有成效的活动，以此来吸引社区居民参与，在参与中加深居民彼此的了解，建立新的社会网络与情感联结。

以社区为平台开展各项活动，不仅能够为居民提供施展才华的机会和空间，还能加深社区居民之间的了解，建立新的人际关系网络，从而推动社区睦邻友好氛围的形成。

（二）开设“新市民课堂”，提升居民的文化道德水平

社区是个人与社会发生交互作用的最基本的场域。人们经常而广泛地参与社区活动的过程，就是学习和传承社会文化、群体价值以及行为模式并逐渐内化的过程。从农村到城市，意味着文化的变迁。中国有着深厚的传统文化底蕴，儒家的“孝悌忠信礼义廉耻”等思想，在倡导集体精神，弘扬互助互济、相互关爱的社会美德，建立社会公序良俗方面具有积极作用。而社会主义核心价值观更是当代中国精神的集中表现，凝结着中国人民共同的价值追求，具有凝心聚力的强大力量，需要通过社区教育成为居民自觉的行为准则，内化于心、外化于形。XF社区通过开展各类社区教育，让居民了解各类社会规范及其协调作用，使社区主体关系融洽，居民合规守法，邻里友好互助、扶贫帮困，在社区居民之间形成高尚和谐的人际关系和良好的道德风尚，从而提高社区的凝聚力以及居民的归属感和认同感。

为了提升社区居民的文明素养，使居民们更好地实现身份的转变，从而更加顺利地融入社区，XF社区特面向居民开设了内容丰富、形式多样的“新市民课堂”。“新市民课堂”是针对城市“新市民”开展的社区教育活动，通过举办社区文化培训班，重点围绕普法知识、文明礼仪、公民道德、品质生活等内容，大力开展主题教育培训。如在文艺社团、市民大讲堂、民主理事会等各类活动和场合中为居民做法律常识宣讲、城市管理相关政策解读，使居民了解并自觉遵守法律法规及政策规定。

社区教育不仅帮助居民提升了文明素养，而且在倡导社区文明新风尚、提高公共文明水平、实现市民身份转变等方面发挥作用，从而增强居民的自我认同感和社区归属感，促进社区融合，打造新型“人文社区”。

（三）继承村规民约，建立居民公约，规范居民行为

在 XF 社区的发展过程中，“新市民课堂”在居民文明素养的提升上发挥了很大的作用。但仅仅依靠宣传动员，难以在短时间内营造整体且持续的文明氛围。党的十九届四中全会指出，要“健全党组织领导的自治、法治、德治相结合的城乡基层治理体系”。“三治结合”原则是我国在法治社会建设以及城乡基层社会治理方面遵循的主要原则。社区自治并非随心所欲，而是需要通过一定的社会规范来协调居民之间的关系、约束居民行为。只有大家共同遵守，才能达到维护和稳定社会秩序的目标。除了这些规范性的法律规章制度外，社区自治还需要依托根据不同地方风土人情、生活习惯等所制定的村规民约和居民公约。村规民约、居民公约是帮助村（居）民进行自我管理、自我服务、自我教育、自我监督的有效手段，也是健全和创新党组织领导下的自治、法治、德治相结合的现代基层社会治理机制的重要形式。

XF 社区组建前，每个村子都有自己的村规民约。在代代相传中，村民们接受并且遵守这些规定。可以说，村规民约是“法”的有效延伸，是更加亲民的“法”。当然，村规民约以及居民公约必须以遵循现行的法治原则和伦理道德精神为前提条件。结合“村改居”社区自身的特点，XF 社区在社区居民的共同参与下，修订和完善了自己的居民公约，将爱党爱国、公共道德、邻里关系、社会风尚、移风易俗等内容纳入其中，以制度规范行为，强化居民的规则意识，树立社区文明新风尚。《XF 社区公约》的出台，使社区居民直观认识到自身存在哪些不文明行为。通过教育引导与制度约束，社区中高空抛物、乱扔垃圾等不文明行为越来越少。居民不仅能够自觉依据《公约》规范自己的行为，而且形成了“社区是我家”的主人翁

意识，继而影响、带动周围的人。

拿移风易俗来说。居民们大多保留着原来乡村中的生活习惯，尤其是在民俗节庆时，仍沿袭传统乡村中的各种风俗，但是一些陈规陋习也给社会带来危害。例如，清明节期间的路边烧纸祭扫行为，在乡村中十分常见，但放到城市社区环境中，不仅污染环境、影响他人生活，还增加了发生火灾的风险。对此，XF社区结合《公约》中“不搞陈规旧俗，反对封建迷信及其他不文明行为，树立良好社会风尚”的规定，发出了《文明祭扫倡议书》，倡导居民破除陋习，移风易俗，用鲜花祭亲人。XF社区倡导居民树立科学文明的生活理念，促进社区精神文明建设，让平安有序、和谐幸福的新风尚得以落地生根和传承。

（四）农民市民化的工作经验及启示

我们总结XF社区在促进农民市民化过程中的工作经验，认为以下几个方面值得肯定。

1. 坚持文化育人

市民化不仅仅是为居民解决户籍、就业等问题，更要从文化层面实现对人的改变。因此，实现从农民到市民的根本性转变，就要注重个人素养的提升和对可持续发展能力的培养，不断累积和提高人的文化资本。

为帮助居民顺利实现市民化，XF社区的工作人员通过组织和居民的面对面沟通和交流，了解和掌握每一位居民的日常生活情况、社会认知能力、知识水平和技能水平等。根据居民的需求，调动政府和民间各种资源，有针对性地开展各类教育培训和服务，提高居民的知识、技能储备，以使他们更快适应城市社区生活。此外，终身学习是居民在市民化过程中提升自身职业能力和综合素养的内生力量。社区在开展各类培训的过程中，鼓励居民作为社会中的一员，要在国家构建终身教育体系的背景之下树立终身学习的观念，改变自我认知，树立自信，通过长期、持续和系统的学习，提升文化修养和对生活的掌控能力，去主动适应社会和积极应对各类困难，逐步形成公民意识，提高社会责任感，成为真正意义上的市民。

2. 为居民搭建社会交往平台

回迁至新社区，意味着居民从原本的“熟人社会”进入“陌生人社会”，客观上造成居民原先的社会交往链条的断裂。XF 社区通过举办各类社区活动将居民召集起来，发挥资源链接者的作用，为居民建立了一个个社会交往平台，拓展居民的交往范围。居民通过共同参与社区活动，冲破了高楼的区隔，拉近了彼此之间的距离。居民能够认识更多新的朋友，建立新的联系，形成新的社会关系网络，逐渐适应新环境、融入新社区。社会交往平台的搭建，对于形成友好和谐的社区生态环境、建立互助互济的社区支持系统具有十分重要的现实意义。

3. 坚持德法兼治

“法安天下，德润人心。”这一思想在社区治理中同样适用。XF 社区对于社区中的各种不文明行为，始终坚持“教育为主，惩戒为辅”，宣传教育和建章立制双管齐下，共同发挥效用。在社区里出现的各种违规违法行为，有很多是一些新迁入的居民不了解城市社区的管理方式，公民意识不足，对相关的政策法令不熟悉所致。XF 社区通过开辟“新市民课堂”、开展各类普法和文明新风宣传教育活动以及建立“居民公约”等方式，培育居民的文明自觉意识，形成新的社会规范，提升社区公共文明水平，帮助村民实现向市民的身份转变。

二　“能力为本”，实现社区参与式发展

对于“村改居”社区而言，实现从农民到市民的身份转变，一个重要的意义就是树立居民社区参与的主体意识，使每位居民都能够积极主动地投入到社区事务当中。社区参与是社区治理与社区发展的重要推动力，也是社区实现民主自治的重要方式。我国提出加强和创新基层社会治理，多元主体共同参与管理社区公共事务，打

造共建共治共享的基层社会治理格局。这一方面强调在社区治理过程中，地方政府、居委会、民间组织、志愿者组织及公民等利益相关主体都应当参与到社区治理过程中；另一方面也强调社区参与应当建立在民主、和谐、公平、正义的基础上，实行民主选举、民主决策、民主管理、民主监督，以公开讨论、平等协商、沟通谈判及妥协互让等方式来处理社区公共事务，反映居民诉求，维护公共利益。

社区居民是社区参与各主体中最为重要的群体，是社区公共利益的直接相关者，而居民对社区公共事务和各项活动的积极参与，便成为提高基层社会治理水平的基础和关键。社区治理的核心理念是“以人为本”。“以人为本”强调社区治理不仅仅是为居民提供全面、专业的社区服务，更为重要的是实现人的参与意识和参与能力的提升。社区工作只有在居民的积极参与下才能最大限度地发挥作用，才能真正符合社区居民的意愿，才能使社区发展落到实处。这对于加强基层社区民主建设，加快我国民主化进程，有效协调各种利益关系，促进居民与基层政府的互信与协作，推动社区发展有着重要的现实意义。而从人的发展角度来看，社区参与有利于培育公民个人的关系网络，加强社区内部沟通，增强公民对社区的认同感和归属感以及现代社区意识等。

（一）我国居民社区参与的现状及问题分析

当前，在以异质性人口为主的社区里，我国居民的社区参与依然存在一些有待解决的问题。例如，在快节奏的城市生活及工具性、理性化的社会现实中如何激发个体公民的参与热情？如何扩大居民参与的范围，增强居民的参与意识与参与能力？如何建立多种渠道来推动居民主动参与对社区事务的管理以及各项活动？因此，需要我们进一步了解社区参与的现状，分析这一过程中存在的问题，从理论和实践中寻求可行的发展路径。

1. 社区参与的现状

从我国社区治理的现状来看，居民社区参与度不高的情况普遍存在。从国内研究者和我们调研的结果来看，我国社区参与中的问题主要表现在以下几个方面。

第一，居民参与的主体结构不平衡。在许多社区，居民参与社区活动表现出以下特点：老年人参与度高于中青年；女性参与度高于男性；低收入人群参与度高于高收入人群。之所以出现这些情况，主要原因在于，老年人退休之后赋闲在家，社区替代了原单位成为其日常主要活动场所，其社会交往和社会参与空间主要在社区内部。而中青年人日常忙于工作和家庭生活，其社交范围多在社区之外，加之社区参与渠道不健全，致使中青年人很少参与社区组织的活动，由此造成总体参与率偏低。至于社区参与存在性别失衡的现象，主要是由社区领导的性别意识和社区资源的性别差异导致的[①]。而低收入人群参与度相对较高，主要是因为这些人得到社区更多的照顾和支持，日常和社区的交集较多，自然也愿意参加社区组织的各类活动。

第二，参与的形式较为单一，参与程度不深。从社区参与的内容来看，可以分为政治参与、文化娱乐参与、经济参与和社会活动参与（公益参与、环境参与等）。我们调查发现，在居民的社区参与中，参与文娱体育活动的多，而参与社区民主自治以及社区事务决策管理的少。多数居民只对社区的娱乐、便民服务类活动感兴趣，而对于涉及社区决策的相关事务则参与意愿不强烈。

第三，主动参与少，被动参与多。我们在日常实地调查中看到，社区组织的各类活动往往需要反复动员居民参加才能开展。很多情况是，社区每年都有要完成的居民活动组织任务，所以才成为社区活动的热心组织者。然而，社区可以动员的居民资源并不多，加之社区活动形式单一、缺乏创意，造成活动的吸引力不够。“每年的活动基本都是那些，很少有新颖又吸引人的活动让我们参加。”被访谈

① 陈文：《城市居民社区参与中的性别失衡——基于武汉市百步亭社区的个案研究》，《江汉大学学报》（社会科学版）2010 年第 4 期。

的居民如是说。对于这种状况，似乎更为有效的办法是，找那些和社区本来就比较熟悉的居民。这些居民和社区的配合度较高，乐于参与社区的各类活动。这就出现每每社区搞活动，从形式上看丰富多彩，但参与的人总是那些老面孔，造成社区参与面的窄化。

2. 社区参与不足的原因

以人为本、以社区居民为中心，一直以来是社区治理工作的基准。这一方面要求社区要针对居民所需提供相应的社区服务，另一方面则是应当发动群众积极地参与到社区事务中来。在社区治理过程中，仅仅依靠政府及其他组织的力量来管理和服务社区是不够的。要真正实现社区民主与自治，更要发掘和培育社区居民自身的社区参与意识，调动社区内部的力量。但是从总体看，我国居民的社区参与度依然不高，这既有居民个体的原因，也有社区层面的原因。

第一，居民社区参与的意愿未被激发。许多社区居民对参与社区事务表现出漠不关心，认为自己主要的活动空间是家庭或者社区之外的场所。加之城市社区人口的异质性、生活的快节奏以及互联网的普遍应用所带来的“身体不在场”的社会交换和互动方式，这使居民对于社区活动诉求较少，也缺乏参与的热情。此外，社区居民有没有参与的兴趣，关键在于这类活动或事务是否与居民的切身利益有关。社会交换理论认为，社会互动是一种双方交换的行为，在交换过程中双方考虑各自的利益，根据自己在某些方面的利益来选择是否相互作用。当互动双方各自都达不到目的时，互动就会终止。同理，社区是社会交换的场所，社区居民参与的积极性很大程度上受利益驱动。只有当居民感到社区事务与自身利益密切相关时，才会萌发参与动机并选择参与，否则就会被动参与甚至放弃参与。

第二，社区缺乏对居民社区参与意识的培养。促使社区居民自愿参与社区发展的重要因素是居民自身具有义务感，即是说他们认为自己有责任参与到社区建设中去。一旦他们有了这样的自我要求，就会积极主动地参与到与社区发展相关的事务中。即使社区居民肯定社区参与的价值，也要看其是否愿意或有动机参与其中，并身体力行。通常是居民个人主观做出判断，决定是否参与并付诸行动。居民有时候也会受客观环境影响，比如家人或朋友赞成和支持，会促使居民有较高的意愿和动机参与社区活动。因此，居民的社区参与需要有一定的条件，既包括一定的时间、知识、能力，也包括一定的经济基础和基于信任、合作的社区资本力量。应当看到，城市社区居民对自身参与社区事务和社区服务的认知，正朝着积极的方向发生转变。随着我国经济社会发展水平不断提高，社区治理体系逐步完善，居民参与社区事务的积极性有了较大的提高，参与的深度和广度也不断拓展。这就要求我们，在社区工作中要更加注重发挥居民的主导作用，尊重居民的意愿和要求，提升居民的社区参与能力，实现居民的自我教育、自我管理、自我服务、自我监督，完善基层群众自治制度，推进社区民主与自治进程。

第三，居民社区参与能力不足。应当看到，虽然目前居民的社区参与仍存在诸多不足，但是随着我国社会经济的全面发展和公民意识的不断提高，越来越多的居民愿意参与到社区事务中来。许多居民除了参加社区日常文娱活动外，也愿意投入到社区协商议事和志愿服务等活动当中。社区事务类型较多，对参与者能力的要求也不尽相同，需通过相应的培训来提升居民在参与社区事务过程中所需要的知识和技能。如社区中的一些老年居民时间较为充裕，参与热情很高，但是很多人缺少专业技能和组织管理能力，因此多是以执行性参与为主。再如，社区政治类参与，往往需要相关居民有较深的学识并富有正义感、责任感，一些重大事务要求参与者熟悉与社区选举、民主议事相关的法律法规。在开展志愿服务方面，不仅需要志愿者乐于助人、具有甘于奉献的精神，而且不同的志愿服务需要志愿者能够具备相应的知识和技能。比如，在照护社区老年人、残疾人时，需要工作人员或志愿者掌握必要的护理知识、医学常识等。此外，社区参与多为集体行动，也需要带头人具备策划、组织协调和现场应对能力等，这些都需要通过相关的教育和培训实现。因此，在提升社区参与中应坚持发展导向，注重居民参与能力的建设，针对不同的群体开展广泛的社区教育，培育的居民自治意识，提升其参与能力。

第四，社区参与机制有待完善。除了影响居民参与的个体因素外，制度因素也会影响居民的参与效果。结构功能主义理论认为，社会是具有一定结构和组织化手段的系统，社会系统要素彼此之间存在紧密的功能性关系。社会问题产生的根源在于，要素之间存在分歧，无法达成共识，从而各要素的功能无法有效发挥。因此，对于一个社区而言，要提高社区参与度，必须形成有效的组织系统和工作机制，如此才能确保各项工作顺利进行。而现实中，一些社区相应的制度建设和组织建设并不完善，缺乏行之有效的参与机制来保障和激励社区居民参与社区事务。例如在开展社区活动时，社区并没有通过全面的调查了解居民的需要和对不同活动的参与意愿，对活动开展的意义、流程、人员、物资配备、宣传推广、意外情况的应对等没有进行系统、规范的论证和设计，在活动完成后也没有进行居民满意度调查和评估等工作。还有一些社区在民主议事过程中依然习惯于采用行政化的工作方式，也没有严格按照民主议事流程来开展工作。有时候，是社区居委会决定参加者人选，或者哪一类事务让社区居民参与。这种有条件、有选择性的参与机制，导致社区居民仅在形式上参与，缺少当家做主的感觉，甚至有时感到人微言轻。一些真正的居民群众急难愁盼问题并不能得到有效解决，这必然影响到社区居民的参与热情。

（二）“村改居”社区提高社区参与水平的途径

前面提到，社区参与的状况与居民的参与意识、参与能力以及社区的宣传、组织能力等有着密切的关系，这在“村改居”社区里表现得更为突出。从“熟人社会”直接过渡到“陌生人社会”，社区与居民、居民与居民之间短期内呈现为离散性关系，邻里关系疏离、生活方式不适应，都会导致回迁居民对社区的认同感低。XF 社区入住人口较多，需要更多的居民参与到社区事务中来。这样既能使回迁居民快速适应并融入社区生活，提高在社区中的生活质量，又能使社区加快民主自治进程，形成自我管理、自我服务、自我教育、自我监督的社区治理格局。

1. 科学分析社区需求，了解居民期望

社区工作属于宏观社会管理与服务工作，以整个社区的居民为服务对象，因此不应局限于为某一特定社群服务。在工作过程中，要注重对居民日常生活需求的调查和评估，关注社区内居民的集体需要，以及他们面对的共同问题和所关心的社区事务。通过对居民的调查，可以了解到社区所面临的难题和重要议题是什么，社区需要优先解决的问题是什么，以及社区居民对社区组织服务的可实现性、可获得性和可接受性的期望。如此，无论从社区活动的组织者还是参与者角度来看，社区活动都具有实效性。XF 社区在工作中根据自身的特点，从了解社区居民的实际需要出发，精心策划和组织各类“接地气”的社区活动，注重扩大受众的范围，让更多的人参与到社区活动中来，从而拉近社区与居民之间的距离，激发社区居民参与的热情。

在前文中我们提到，社区组织的许多活动是由社区或者一些社会组织策划的，而这些活动在开展前如果没有经过相关调查去了解居民的需要，就会出现居民参与积极性不高的问题。XF 社区的社区工作者们在与居民的多次沟通中，逐渐了解到居民的各种需求以及偏好，并据此设计、组织社区活动。例如在一次日常的社区入户调查中，有居民反映，经常在半夜听见邻居家中有打闹的声音。经多方调查，社区工作者判断这户人家存在家庭暴力行为。家庭暴力在社区里并不少见，尤其是在当地农村，许多人对家庭暴力的认识存在误区。有的人不认为家庭暴力是一种违法行为，认为只是家庭内部矛盾，外人不便干预。有的人对家庭暴力的表现认识不清，也不清楚当遇到家庭暴力时应如何正确应对。因此，社区除了对存在家庭暴力行为的当事人进行批评和普法教育之外，还在社区积极筹划各项活动，比如开办“妇女儿童权益保护知识讲座”，用公众号推送《对家庭暴力说 NO》，开展“维护妇女儿童合法权益、共建平安和谐社区”主题宣传活动等。这些活动提高了居民群众在道德和法律层面的认知，增强了居民维护自身权益的意识与能力，对形成友好、和谐、互助、关爱的社区风尚也起到很好的作用。

2. 广泛地宣传动员与倡导

社区宣传动员和倡导是社区工作的一项重要内容，主要就是通过新闻报道、互联网平台、社区宣传栏、主题日活动等多种途径，倡导社会主义核心价值观，弘扬中华优秀传统文化，提倡互助互济精神，鼓励居民多参加社区的各类活动、了解社区参与的重要性、学习社区参与的方法，促使他们从被动的服务接受者变为主动及自愿的参与者，志愿承担社区公共事务，并最终提升对社区生活的认同感、归属感和幸福感。XF 社区依托智慧社区的平台，定期在“空港·微邻里”App 上发布各类政策信息、社区新闻及活动资讯等，居民可以非常便捷地通过手机查看社区近期即将开展的活动信息，也可以通过小程序报名参与。同时，“空港·微邻里”还设置了便于居民分享社区生活的“邻里圈”，居民可以发布各类需求和服务信息，如郊游、培训、亲子活动等，以此扩大社区居民的交往范围。

3. 为居民的社区参与提供全面保障

XF 社区从场地规划、社团建设和激励机制三个方面积极为居民及社团提供支持和保障，以激发居民参与活动的热情。首先，在 XF 社区的建设规划中，已将社区居民开展活动的场地按功能进行了划分，如设置多功能会议室、图书阅览室、乒乓球室、练功房等，为居民活动提供便利，并为社团发展创造条件。其次，积极助推社团建设。社区鼓励居民组建或参加形式多样的社团组织，并引入“S 社会工作发展中心”与“M 文化传播有限公司”，对社团工作的开展进行指导，使这些社团得以快速成长。再次，建立活动积分奖励制度。积分奖励是对社团工作的肯定，能够进一步激发社团开展活动的积极性。社区根据社团参与活动的级别（社区—街办—新城）分别给予一至三星的奖励，每颗星在年终可兑换 50 元奖金。这种将社团日常开展服务、参与社区事务取得的成绩转化为积分奖励的做法，对于鼓励辖区内社团争先创优、积极参与社区的各项工作起到极大的推动作用。

总之，为了提升居民对社区日常活动的参与，XF社区积极转变自身定位，实现由管理者向服务者、倡导者、教育者、资源链接者等身份的转变。一方面，全心全意为居民提供各项后勤保障，充分发挥智慧社区的联动作用；另一方面，主动了解居民的需求点，实现社区供给与居民需求的契合。社区建立至今，居民已完成由不参与到开始尝试再到积极参与的蜕变。

4. 培育社区居民骨干，形成居民自治中坚

社区参与意识和参与能力的提高，需要持续的外在环境的改善和认知行为的改变。人类行为是在与他人和社会环境的互动中习得的，观察学习、个人自我效能认知和集体效能认知是最主要的行为学习方式。人的行为和认知、其他个人因素以及环境，作为相互影响的互动性因素而发挥作用。从社会心理来看，个人在群体中往往会认同意见领袖的观点和行为。同理，在社区工作中，社区工作者可以寻找“社区领袖”，树立行为榜样，通过培训提高“社区领袖”个人的自我效能感，让“社区领袖”影响社区居民，从而提高社区居民的集体效能感。这样由浅及深，唤起居民的参与意识和服务意识，使更多的人参与到社区事务中来。

作为“村改居”社区的XF社区，其居民大多是各村搬迁来的农民。在传统的熟人社会里，基于血缘、地缘关系人与人之间有着很强的维系力，活跃于乡村社会中的能人往往有较高的影响力和号召力。因此，村民的参与意识和响应能力是比较强的。鉴于此，XF社区在管理与建设过程中非常注重发挥社区居民自身的作用，尤其注重挖掘和培育社区居民骨干，充分发挥社区居民骨干在各项社区活动中的领导带头作用，从而有效提升了社区居民在各项活动中参与的积极性。经过社区工作者的努力，不仅有管理能力的人，而且许多乡土文化能人也涌现出来。社区采取多项举措，充分调动社区能人的积极性。XF社区在这一过程中逐渐构建了新的社会生态系统和社会支持网络，并逐步提升居民们的社区归属感。

（1）推举社区治理能人，带动社区自治

在社会的快速变迁中，随着社会联结状态的改变，人与人之间的关系呈现出弱化与疏离的状态。在“村改居”过程中，回迁居民从原本生活的村庄搬至新型城市社区，原本相互联结的人际关系因距离及封闭的居住空间的影响难以发挥作用。因此，在新型社区里，如何避免人与人之间疏离，避免社区出现“碎片化”，重新找回社会团结，是社区管理者需要面对的重要问题。对此，XF 社区主张推举社区治理能人，尤其是从原来的村“两委”中选拔德才兼备的人员进入社区领导班子，利用其原来在村里的号召力、影响力带动社区治理。在具体的工作中，XF 社区出台了几项举措。

首先，以原来的村“两委”、监委会、妇联、村民小组、村民代表等为班底，依章依法选配社区党组织委员、社工委副主任和委员，选齐配强党小组长、楼栋长，选举产生居民代表。其次，鼓励原来的村干部、村民小组长、基层党员等担任网格员，借助与原村人较为熟悉的人际关系，为居民开展服务。最后，重视党员的模范带头作用。社区规定，综合党支部承担党组织的“孵化”功能，根据居民入住情况，及时寻找党员、物色人选，组建网格党小组，推动组织下沉；同时还担负对入住社区的流动党员的教育管理职能。通过活跃在第一线的党员干部，有力执行各项政策方针，并密切党群关系，贯彻党的群众路线。

例如，韩某原本是 HJ 村的村支书，在“村改居”的工作中，他积极引导村民响应国家政策号召，并有条不紊地安排征迁、搬迁工作，得到村民们的一致认可。来到 XF 社区后，韩某在社区“大党委”中任职，带动居民与社区共同进步。ZJ 村原村支书马某在搬迁后创办了 Z 公司，负责社区商业门面的设计、招租、经营和管理等，尽自己所能为居民谋福利、创收益。韩某与马某作为原来村集体中的“能人”，在长期的农村基层工作中获得了村民的认可与尊重，来到新社区后，这种信任关系得以延续，并在社区治理过程中同样扮演着重要的角色。

（2）发掘民间文化能人，带动文化建设

在社区内部发掘民间文化能人，为他们提供施展才华的舞台，不但能够补充和壮大基层文化人才队伍，而且能满足人民日益增长的文化需求。同时，民间文化能人尤其是乡土文化能人所特有的乡土性与群众性基础，使他们能够在社区这个平台中更好地发挥引领带头作用，带动社区文化建设。2017年，中共中央办公厅、国务院办公厅印发的《国家“十三五”时期文化发展改革规划纲要》专门强调，要打造专兼结合的基层工作队伍，扶持民间文艺社团、业余队伍，培养乡土文化能人、民族民间文化传承人和各类文化活动骨干。可见，国家对于乡土文化能人的挖掘、扶持工作很关注。作为一个有1万余名常住人口的大型社区，XF社区可谓人才济济，文艺、体育、书画等不同领域的乡土文化能人都能在这里发光发热。

LZ村是一个远近闻名的文化村，文化底蕴深厚。在这样的文化氛围熏陶下，村民刘某对秦腔、快板产生了浓厚的兴趣，并逐渐开始自己创作。业余时间里，他凭借自己的文艺才能和在村子里锻炼出来的组织能力，组建了老年协会与戏剧协会，自己创作、编排节目，组织演出。搬迁到XF社区后，又组建了“红心向党”小分队，吸引30余名文艺爱好者参与进来，配合辖区内扫黑除恶、安全生产、垃圾分类、文化教育等主题，自编自导三句半、快板等节目，以群众喜闻乐见的方式演出。“红心向党”小分队成为活跃在一线的宣传“主力军”。类似的例子还有很多。DJ村的刘某联合同村的朱某一起组建了合唱团，二人一位懂声乐、一位精通二胡，带领合唱团在一次次文艺汇演中展现风采。杨某擅长舞蹈，负责社区广场舞队的工作。他不仅热衷于参与本社区的文艺活动，还带领舞友们参与空港新城的活动，走向更大的舞台。

总之，无论是在社区管理层面还是在文艺层面，只有注重发掘社区内的活力，形成“能人辈出”、“人愿献才”、“人尽其才”的新局面，才能使“以人为本”的社区治理落到实处，才是真正从居民自身出发发展社区。

5. 繁育社区社会组织，发挥居民自我服务、自我发展的作用

社区社会组织是以社区为活动范围，以社区居民为成员和服务

对象，以满足社区居民的不同需求为目的而成立的社会组织。社区社会组织是社区居民基于共同的诉求、兴趣自愿结成的，具有自由、灵活等鲜明的特点，是社区建设过程中出现的基层组织。虽然社区社会组织规模较小，组织形式也较为松散，但有着广泛的群众基础，在城市化进程中发挥的基层治理功能却不容小视。社区社会组织是社区居民参与社会治理实践的重要依托和形态。培育和发展社区社会组织，不但有利于丰富社区文化生活，弘扬社区文明，更能够带动更多居民走出家门融入社区。此外，社区社会组织还通过开展志愿服务弘扬互助互济、友爱奉献的社区精神。社区社会组织的出现，拓宽了人们奉献社会的渠道，激发了社区居民参与社区建设的热情。同时，广大居民在回报社会的过程中增强了公益意识和集体意识，使主流价值观在心中落地生根。

2016 年，中共中央办公厅、国务院办公厅印发的《关于改革社会组织管理制度促进社会组织健康有序发展的意见》指出，要“大力培育发展社区社会组织”。2017 年，民政部印发《关于大力培育发展社区社会组织的意见》，从中央层面为社区社会组织的加速发展做出顶层设计，提出以满足群众需求为导向，以鼓励扶持为重点，以能力提升为基础，引导社区社会组织健康有序发展，充分发挥社区社会组织提供服务、反映诉求、规范行为的积极作用。同时，确定了 2025~2030 年的发展目标，即社区社会组织管理制度更加健全，支持措施更加完备，整体发展更加有序，作用发挥更加明显，成为创新基层社会治理的有力支撑。

XF 社区在社区治理工作中，充分发挥社区能人的引领带头作用，推动各类社区社会组织的培育和发展，不仅使社区社会组织蓬勃发展，更在文化娱乐方面让多种类型的社团百花齐放。这些社区社会组织，通过开展民俗节庆、文化体育、敬老爱幼、公益服务等各类活动，以活动凝聚人心，形成互助友好的社区氛围。

（1）社区志愿服务有序开展

作为新型“村改居”社区，XF 社区的人口构成以中老年人为主，年轻人大多在外务工。许多老人不仅在心理上孤独无助，缺乏精神慰藉，而且在与社区的适应、融合上出现困难。针对这一问题，XF 社区开展了一系列爱心志愿活动。2019 年 11 月 22 日，社区组织“初雪送温暖”志愿服务活动，志愿者们来到小区孤寡、留守老人家中，为老人提供理发、量血压、打扫房间等照顾服务。同时，检查用电用气安全，并向老人宣传冬季安全用电用气常识，避免意外发生。这类探访活动承载着社区对老人们的关心与爱护，传承了尊老敬老的传统美德，也让社区居民真正感受到“家”的温暖。

（2）组建多种类型社团，满足居民文化生活需要

社区需要通过开展多种类型的活动凝聚人心。这些活动的开展，离不开社区中百花齐放的社团。在 XF 社区建设初期，为了丰富回迁居民的日常文化生活，社区在党群服务中心开辟了专门的区域——图书馆、书画室、运动室、多功能活动室，向居民免费开放。有了这些场地后，又发掘社区中具备各项才能的居民，引导他们组建了舞蹈队、象棋社、健步走协会、戏迷协会等 21 个专业社团，目前这些社团共吸纳会员近 600 人。各类社团队伍的发展壮大，有助于打造 XF 社区的特色文化品牌，满足群众日益增长的文化需求。这不仅丰富了社区居民的业余生活，充实了居民的精神世界，提升了居民的社区融入感与“主人翁”意识，而且提升了 XF 社区的品牌形象。

（3）联合社会力量建立社区组织孵化成长新机制，协同共进

随着 XF 社区社会组织的培育与发展，一些问题也逐渐显现出来，比如活动内容单一、缺乏创新，社团发展后劲不足等，居民们的参与热情也渐渐下降。对此，XF 社区提出两个应对举措：实行社团周例会制度并建立社会力量孵化机制。

2020 年 12 月，为总结一年来社团的建设、活动情况，部署新一年的活动任务，XF 社区举办了“DZ 街道 XF 社区年度社团总结茶话会”。针对社区居民提出的关于社团的活动形式较为单一、活动质量不高等问题，社区“大党委”决定对社团发展进行再优化，提出建立社团周例会制度，切实回应居民对社团发展的诉求。社团周例会

坚持社区、社团、热心居民三方参与，定期报告问题、商量对策、总结经验，做到问题及时发现、对策共同商议、经验共同分享学习，促进社区、社团与居民间沟通协作，提升社团的自我发展能力。例如在 2021 年初，部分居民提出成立腰鼓社的想法，随后在社区的引导与宣传下，越来越多的居民参与到腰鼓社的组建与活动中。社区还为他们联系到教陕北安塞腰鼓的老师进行专业培训。在社区与居民的共同努力下，腰鼓社发展迅速，多次参加社区举办的文艺汇演，成为一支活跃在社区舞台、深受群众喜爱的文化队伍。

除了社团的周例会制度，社区还注重发掘社会力量，如联合空港新城的 S 社会工作发展中心和 M 文化传播有限公司，一起培育社团、孵化社区社会组织。社区各大活动的策划与举办工作由它们承接，并由它们选拔优秀的社团节目参与社区内外的各大活动。在这一过程中，社区扮演了“中间人”的角色，在社团与外部社会力量间搭建桥梁。通过赋权外部组织，利用两家社会组织的专业化手段选取具有潜力的社团，并为这些社团提供外出演出机会、资金支持、信息资源，并协助其注册等，形成社区举办的文化活动水平提升、社区社团蓬勃发展、外部组织拓展社会服务空间的“三赢”局面。在三方共同努力下，XF 社区的各个社团日趋成熟，开始自我运作，独立发展。社团的不断壮大，也为 XF 社区的发展注入了新的活力，增添了新的力量。在丰富群众业余文化生活的同时，也使社区精细化服务水平再上一个新台阶。

【社区民主参与工作案例】

案例 1　文明来敲门 幸福就来临[①]

XF 社区以建设幸福家园为核心，以打造环境整洁、治安稳定、文明和谐的家园为目标，努力为群众办好事、办实事，不断提高群

① 相关资料由空港新城人社民政局提供。

众的幸福感、获得感、满意度。社区内随处可见“红马甲”，转眼即见“文明语”，沿路便是“小美景”……XF社区用文明叩响了幸福之门。

一、文明引导让你和文明更靠近

近期，在XF社区各个十字路口都能看到“红马甲”在站岗执勤，对横穿马路、不礼让行人等不文明行为进行劝导，并向他们发放文明出行宣传彩页，引导居民文明出行。与此同时，在小区内，如果你没有给可爱的小狗狗准备漂亮的狗绳，而让它在小区里自由奔跑，就会有“红马甲”上前为你亮“红牌”——《文明养犬倡议书》。“红马甲”们还对电动车乱停乱放、随意丢弃垃圾等不文明现象进行劝阻和宣传教育，进一步提升社区居民的文明意识。

二、志愿服务进社区，文明宣传树新风

创建文明社区、共建美好家园，是我们共同的心愿，更是我们共同的责任。为深入开展文明城市创建工作，进一步引导和规范社区居民的文明行为，提升居民的文明素质，共同创造安定、和谐、整洁、有序的居住环境，同时为了进一步营造“文明创建，人人参与”的良好氛围，DZ街道在XF社区更换宣传栏10块、灯箱5个，为电梯间张贴宣传海报150余张，内容涉及“社会主义核心价值观”、“文明健康、有你有我”、“关爱未成年人”、“厉行节约”、“西安市民文明公约”等，让文明常识随处可见，增强了居民对文明行为的认知和理解，从而养成良好的行为习惯，使文明成为开启幸福之门的“金钥匙”。

2021年4月28日上午，XF社区开展创文明社区志愿宣传活动，主要宣传这些行为：不乱堆乱放、不违规装修、不乱扔垃圾、不乱贴乱画、不高空抛物、不乱停放车辆、不随地吐痰、不损害公共设施、不损害花草树木、不讲粗话脏话、不随地大小便、不造谣传谣。志愿者们在小区门口设置了宣传点，向居民发放XF社区《创建文明社区倡议书》，让居民进一步了解创建文明社区的意义和目的，鼓励居民积极参与文明社区的创建。随后，志愿者们分别对商户、住户详细介绍创建文明社区的重要意义及目的，使居民进一步认识到创建文明社区的重要性，从而倡导居民从我做起、从身边做起、从点滴做起。此次活动的开展，进一步引导居民积极参与文明社区创建，形成全民参与、共创文明社区的浓厚氛围。

三、沿路小景让文明之花开满园

“这些废旧的轮胎、马桶、水缸、婴儿车，都是我们在清理小区垃圾时发现的群众丢弃的物品，我们就想着把这些废弃物改造成花盆，用来装扮小区。这样既做到废物再利用，也美化了小区环境，还受到小区居民的一致赞赏！”XF社区物业经理介绍说。

用废弃物改造的花盆

目前，XF社区内像这样用废弃物改造的美景一共有6处，这使小区有了一种别样的美。这也带动更多居民参与到小区环境美化中来，主动将自己家里不用的老物件捐出来，让物业进行改造提升。这种改造在美化环境的同时，也让居民有了主人翁意识，使共建共治共享的社区治理格局构建又向前迈进了一步，文明之花在 XF 社区的大花园中开得更红更艳了。

四、“我秀我文明”

2020 年 8 月 5 日，“我秀我文明”暨文明讲座活动在 XF 社区顺利举办。在这次活动正式举办之前，社区开展了一项名为“文明行为随手拍”的照片征集活动作为预热，通过居民对身边文明行为的观察与记录，使居民加深对“文明”的认知。活动将收集来的照片摆在文明讲堂做展示，树立文明榜样。在讲座活动中，首先发布了《创建文明社区倡议书》，向广大社区居民发出倡议，倡导社区居民共同参与文明社区创建，从点滴做起，从身边做起，共同建造和谐宜居的文明社区。随后，围绕“精神文明”、“家风文明”和“道德文明”等内容邀请居民代表进行宣讲。最后，讲座在“文明随手拍”作品的展示中落下帷幕。在这次活动的影响下，越来越多的居民参与到文明社区的创建之中。XF 社区三期的居民刘女士对此深有感触：“刚搬来的时候，许多人不讲卫生，在小区里随意抛撒垃圾、堆放废弃物，小区的楼道简直不能看。今年来，社区非常重视人们文明素养的提升，海报、LED 屏幕、活动……通过很多形式给大家宣传，现在这种不文明现象少了很多！”

案例 2　唱响主旋律，畅想新生活①

——XF 社区社团活动剪影

社团活动是居民日常生活中不可缺少的活动形式。开展各类形式多样、内容丰富、寓教于乐的社团活动，大力倡导邻里相识、相知、相助、相亲的社会新风尚，有助于不断丰富广大群众的精神生活和日常生活，使陌生的居民熟悉起来，疏远的邻居亲近起来，闲暇的生活热闹起来、幸福起来。

2015 年，为丰富老年人生活和社区活动，XF 社区戏迷协会正式成立。在空港新城宣传部和 DZ 街道办事处的支持下，一些多才多艺

---

① 相关资料由空港新城 XF 社区提供。

的文艺骨干被组织起来。协会成立之初约有50名成员，至今已组织大小公开演出100余场。每逢端午、重阳、国庆等假期，协会总能排演出许多群众喜闻乐见、令人赏心悦目的节目。更为难得的是，许多节目是由协会会长刘某结合百姓生活和国家大事创作的。

“我们协会一个很重要的任务就是要唱响主旋律，畅想新生活。”贴近群众、贴近生活，歌颂祖国、歌颂党，一直是协会创作班底的明确目标。十八大以来，协会结合精准扶贫、垃圾分类、安全生产等国家政策和相关大政方针，创作并编排了大量文艺作品，在西咸新区脱贫表彰大会，秦汉新城、泾河新城、空港新城安全生产大会，建党百年庆祝大会等大型会场进行了多场文艺演出，折子戏、三句半、短剧、小品、歌舞等多种表演形式不断把演出气氛推向高潮。精彩演出在给人民群众带来丰富多彩的文化生活之余，也给协会带来诸多荣誉。快板剧《扫黑除恶》荣获“西咸新区空港新城扫黑除恶专项斗争群众演出节目一等奖”，“红心向党”小分队被评为“2020年度空港新城精神文明建设‘文明之星’”，刘某本人也获得“公民道德建设先进个人”荣誉称号。采访过程中，刘某脱口而出的唱词和声情并茂的演绎令人叹服，XF社区的幸福生活场景被生动再现。

在戏迷协会的带动下，XF社区的文化社团如雨后春笋般发展起来，越来越多的人加入社区文化大家庭。69岁的老人陈某原居住于WL村，从事过生产队工作人员、代理教师、销售、司仪等多种职业，对文艺一直有割舍不断的深情。2014年WL村征迁后，陈老舍弃了原来的司仪职业，全身心投入到文艺创作。自2018年搬进XF社区后，先后组织了象棋协会、乒乓球协会及文艺协会等多个组织，目前还是空港文艺协会成员、DZ街道象棋协会副秘书长、陕西省社会体育指导员等。

DZ街道象棋协会发展至今已成为空港新城的象棋比赛基地，两年多来组织了大型和小型象棋比赛20余场次。DZ乒乓球协会虽成立较晚，是在2020年，但势头却从不输其他协会。在2020年空港新城教育卫体局组织的乒乓赛事中，DZ乒乓协会获得女单比赛第一的佳绩。空港文艺协会自2018年开始有所发展，从最初有14~15支业余队伍，发展到现如今慢慢有了自己的特色，不仅在国庆、中秋等节日参加大型表演，还主动进行节目的创作开发。如结合扫黑除恶专项斗争创作了评书，结合交通安全月、分红演出及人口普查等创作了快板，其中代表作有《闪耀的徽章》、《幸福里的歌声》等。在建党百年这一重要时刻，文艺协会在村级舞台上组织了大合唱，表达了群众对征迁的感受和对新生活的美好期待。

“文明城市文明人”。随着社区治理不断精细化，XF社区群众的社区生活更加多姿多彩，未来生活也将更加美好。

案例3　手中泥、口中曲，绘出幸福新生活①

随着经济社会的发展，群众的思想观念在变，生活越来越美好，文明程度也不断提升，因此涌现出一批又一批“名人”。这些人用自己的力量为空港新城做贡献，使XF社区真正成为让人幸福的社区。这些“名人”的出现再次印证了：在空港新城变的东西有很多，但不变的是群众对美好生活的向往，是党为人民服务的初心。

李某原是BL村人，现为XF社区三期居民。半个多世纪以来，他目睹了家乡的变化，亲历了从村民到市民身份的转变。其祖父原是村子里的纸匠。在祖父的熏陶下，李某从小就展现出对艺术浓厚的兴趣，对国画、书法、泥塑都较为精通。住进XF社区后，他人和思想一起“上楼”，用歌声、泥塑讲述“空港故事”。除创作出《飞行员之歌》、《渭河畅享》等歌曲外，他还制作了108组与农村有关的泥塑，还原记忆中的农村生活场景。

“我从小就喜欢唱歌，想用歌曲记录生活中的点点滴滴。工作后还自学了谱曲、写歌，将自己的所见所闻唱出来。”为了更好地创作歌曲，退休后他还专门去老年大学接受专业老师的指导。搬到XF社区之后，在社区的支持下组建了合唱团，在他和其他人的努力下，合唱队由原来的十几人扩充到现在的40多人。

---

① 相关资料由空港新城DZ街道提供。

“新城建设不断加快，而我们的乡土情依旧未变，诗词、歌曲等记录形式太单薄，我就想用一种更加形象的方式记录农村生活场景。”2013年退休后，时间变得充裕，李某在创作歌曲之余又发展了新的爱好。他说：“我小时候就喜欢玩泥巴，看着它们在自己手中逐渐显现形态就特别开心，现在更想用泥塑还原记忆中的农村生活。”

李某的作品主题鲜明、题材丰富，有的歌颂祖国大好河山，有的描绘百姓美好的生活，还有的宣扬党和国家的好政策。他总说，出生在那个艰苦奋斗的年代，什么苦都吃过，所以才会对现在的好生活倍感珍惜，才想用歌曲来表达对党和国家的感激之情。在中国共产党成立百年之际，他怀着对党的热爱之情，花费半年心血完成了一组组泥塑作品，用自己的方式为中国共产党的百年华诞送上诚挚祝福，感谢党的恩情。

如今，他在创作之余还教两个小孙子泥塑，希望孙子们能将泥塑手艺和家乡的民俗风情传承下去，将空港新城的美丽建设展示给更多人，更希望空港人的日子能够越过越红火。谈到未来，老人说，会继续跟随党的脚步，多创作人民喜爱的正能量作品，记录党的光辉历史和新时代的美好生活，使爱党爱国的情怀根植于人们心中，让红色基因代代相传。

案例4　将爱传承，情暖中秋①

社区通过举办各种活动，不仅调动居民的积极性，更营造了优秀的社区文化。在社区精神的熏染下，居民的社区意识、凝聚力及对社区的归属感得到强化，居民自觉地参与到对社区事务的管理中。同时，社区文化建设更能培养居民高尚的道德情操，提升居民的文化品位，引导居民追求真、善、美的东西。XF社区党群服务中心经常举办一些活动，为社区营造和谐的环境，并加强社区居民之间的交往，从而提升社区居民的归属感、幸福感。

“每逢佳节倍思亲”。中秋节是家庭团圆的日子，可是，许多年

① 相关资料由空港新城XF社区提供。

轻人常年外出打工，导致社区里的空巢老人特别多，即使中秋节来临时也无法与亲人相聚，这些空巢和孤寡老人只能独自过中秋。怎样才能让中秋过得与众不同呢？2021 年 9 月 18 日下午，XF 社区特意为空巢、孤寡老人准备了一场以"明月入怀、远近皆安"为主题的中秋活动。节日当天，老人们一起做灯笼。灯笼象征喜庆祥和，也饱含着老人们最淳朴的心愿和期盼。看着一个个灯笼千姿百态地展现在大家面前，老人们像孩子一样开心，提着自己制作的灯笼纷纷留影。

志愿者们还准备了更大的惊喜。随着大屏幕的开启，谜底揭晓了：一些常年在外的人通过视频为老人送上了惊喜，送上了祝福。当自己孩子的祝福视频放出来的一刹那，不少老人因感动流泪，节日氛围得到了升华。

社区志愿者为了录制这些短视频做了很多准备。一些在外的子女刚开始时对录制视频表示为难，但在社区工作人员的努力劝说下也纷纷响应，把原本无法当面说出的感恩的话语通过视频表达出来，收到了意想不到的效果。"老吾老以及人之老，幼吾幼以及人之幼。"为了让所有老年人都能感受到节日的快乐，社区工作人员还针对行动不便的老人开展入户走访活动，在送去慰问礼物的同时与他们谈心，让老人在中秋节感受到胜似家人的陪伴与温暖。随着更多人献出关爱，每一位老人在社区里都能实现"老有所养、老有所为、老有所乐"，都能过得舒心、安享晚年！

社区举办的这类活动不仅让大家感受到传统佳节的喜庆氛围，还传承了节日文化，增进了邻里之间的情感，进一步拉近了社区与群众之间的距离，为营造祥和、文明、和谐的社区氛围打下了坚实的基础。

案例 5　幸福模特队，自信人生路①

社区自治组织在提升社区居民参与度、推动社区治理方面发挥着不可替代的作用，是社区和谐发展的内生动力和活力源泉。XF 社区的幸福模特队，作为社区文化的中坚力量正通过自己的行动拉近邻里间

---

① 相关资料由空港新城 XF 社区提供。

的距离，其幸福、自信的生活态度像一股春风感染着周围的人。

由于“村改居”社区的特殊性，XF 社区的居民以中老年人居多。失去土地后，他们的晚年变得单调起来，送孩子上下学、烧菜做饭成为生活的主线。杨大姐和成大姐也是如此，直到模特队成立，她们的生活发生了巨大的变化。2019 年 7 月，在社区建党节的文化活动中，《把最美的歌献给妈妈》成为成员们的首秀。“那个时候模特队刚刚起步，大家经过不到一个月的训练就上台了，走得很慢，技巧上还不太熟练，但是由内而外散发出的风采却出奇得好。”自此，每逢社区有大型活动，模特队都积极参与，成为居民们口中的“大明星”。

每周四下午是模特队例行训练的日子。这支成员的平均年龄超过 60 岁的模特队改变了人们对模特的刻板认知。训练中，队员们自信、挺拔、落落大方。为了接受更加专业的训练，队员们请来了咸阳市的专业老师。为了鼓励队伍发展，社区更是为她们采购了专业服饰。在空港新城歌咏比赛中，模特队作为嘉宾受邀参加。

说起参加模特队的经历，队员们感慨万分。走模特步，一方面队员要精进自己的技术，挺胸、抬头、提胯、摆臂等动作都要到位；另一方面更考验队员们的默契程度。“长久培养的默契度让我们的节目更精彩！”成大姐说道。参与模特队的活动，是对自己的提升，也是与邻里相处的好机会。时间久了，大家身体更好，精气神更足，内心也更丰富。说起对未来的期盼，队员们激动地说：“我们要走得更美，要走出我们的幸福人生。”

案例 6　幸福里的“歌声与欢笑”①

新型社区自治组织在提供社区服务、参与社区建设、推动社区自治等方面发挥着重要作用。从 3 个人自娱自乐的“兴趣小组”到 30 多人的正式社团，从五音不全、自己摸索到专业老师授课指导，三年多时光里，XF 社区合唱团逐渐成为居民的第二个“家”。

退休前的刘大姐是一名人民教师，她热爱音乐，和学生们在一

---

① 相关资料由空港新城 XF 社区提供。

起令她拥有更积极、乐观、年轻的心态。搬迁到XF社区后，时间和精力更充沛，机缘巧合下认识了几位新朋友，大家都是音乐爱好者，兴趣使然，便经常聚在一起唱歌，生活充满了欢乐。由于在学校里参与过合唱团的组织工作，懂一些乐理知识，在兴趣小组里，刘大姐被大家推举为声乐老师，带着大家一起学歌、唱歌。

随着影响力的扩大，越来越多的居民循着歌声而来，想要加入兴趣小组一起唱歌。这个兴趣小组也就由十来人发展到30多人。“为老年朋友们搭建一个平台，使大家老有所乐，是我们开展活动的宗旨。加入的居民多了，我们便找到社区，转而在社区党群服务中心专门设置的活动室里开展活动。”说起合唱团的成立，刘大姐感触颇深。

由于XF社区是“村改居”社区，许多居民在迁入社区时都获得了一定数额的经济补贴。而失去土地后很多年龄大了的人赋闲在家，无事可做。在合唱团的引导下，居民们开始走出家门，走向社区。交流多了，心门也渐渐打开，居民们生活在欢声笑语中，幸福而充满期待。“以前人们彼此不认识，交流起来很敏感。现在在合唱团，居民在一起唱歌，如果有人唱错了、跑调了，大伙儿都会毫不掩饰地‘嘲笑’，被笑的人也会和大家一起笑。”融洽而轻松的氛围在一次次的排练与活动中逐渐形成。

建党一百周年时，XF社区合唱团的节目也开始排练起来，《把一切献给党》、《南湖的船》……结合时事、围绕生活，是合唱团选曲的准则。正能量的歌曲不仅让成员们唱出心声，更将这种能量散播到整个社区。聚是一团火，合唱团成员的每一次活动、每一次表演都是XF社区居民眼中那道最美的风景线。

附：XF社区居民创作的文艺作品

夸幸福（快板，节选）

甲：走进咱社区看一看，新的时代新起点。
党政领导走在前，服务群众第一线。
守责守职守底线，责任到人都包干。
一切发展为人民，人民时代新主人。

乙：居住楼房社区化，网格化服务没嘛哒。[①]
　　志愿者、行业全，服务居民抢着干。
　　环境优美人心欢，最辛苦是保洁员。
　　便民大厅是典范，群众办事不在难。
丙：用水用电气自动化，楼层再高不用爬。
　　吃饭穿衣高档次，生活美满嘹个咋。[②]
　　胖人占了近一半，心宽体胖成自然。
　　夏穿绸缎T恤衫，冬穿羽绒轻又暖。
丁：妇女项链金耳环，时髦衣装四季穿。
　　高档皮包肩上挎，出门不走小车拉。
　　吃饭常把花样变，生活天天像过年。
　　文明用语普通话，把再见都说成拜拜啦。
戊：XF社区新亮点，空气新鲜无污染。
　　奇花异草都绿化，环境不比城市差。
　　如今实行网络化，网上办事不出家。
　　城里人休闲农村转，爱吃咱的农家饭。
（唱）农村变化快又大，处处盛开幸福花。
　　幸福来自好政策，幸福靠党靠国家。
　　哎哎嗨哎嗨依儿哟，幸福靠党靠国家。
　　今年是党的华诞一百年，我们为党来点赞！
　　你也赞，我也赞，千赞万赞赞不完。
　　党的好处就是多！党的恩情大无边！
　　我赞你赞他赞大家赞，
　　党的好处说不完，哎哎嗨哟，永远跟着共产党！
　　幸福生活万万年依哎哟！哎嗨哎嗨依儿哟，幸福生活万万年依哎哟！

---

① 没嘛哒：陕西方言，意为“没问题”。
② 嘹个咋：陕西方言，意为“好得很”。

第十章　现代化进程中“村改居”社区治理的可持续发展

在空港新城，以XF社区为代表的“村改居”社区经历了从原有村落的征迁、新区建设再到现代社区治理的发展历程，而这也是中国内地众多“村改居”社区变迁的真实写照。“村改居”社区的建设需要经过长期不断的探索，我们必须将国家宏观指引与各地的具体实践有机结合，在面对各种难题的过程中寻求破解之道。作为陕西省第二批社区治理创新实验区，空港新城在土地征迁及社区治理过程中遇到的“征迁难、融合难、改制难、转变难”等问题，在全国具有普遍性和典型性。经过几年的努力奋斗，空港新城所辖社区围绕和谐社区建设的总体目标，结合自身实际，不断优化顶层设计，理顺管理机制，已经取得了显著成效。而这些成就背后体现出空港新城始终将“以人民为中心”作为基本遵循。在征地拆迁和回迁安置工作中，空港新城按照和谐、平稳、有序的基本原则，围绕回迁居民的实际需求，聚焦民生保障，助力城乡一体化进程。在社区治理工作中，针对“村改居”这一特定社区治理工作中的种种难题，紧紧围绕“123456”管理服务体系建设和“四个转变”，在社区治理之路上做出了积极的实践探索。其探索出的“弱村强社”、“五金保障”、“办社合一”、“主动式服务”、“六型社区”等独具特色的创新型社区治理工作模式，在当地成为典型。

一　用“四个转变”实现从乡村到城市社区的成功转型

空港新城近年来在“村改居”社区治理过程中，始终坚持人民主体、党建引领、多元共治、平稳过渡四大原则，在组织建设、工作机制创新、人才队伍建设上不断探索和尝试，有效解决了“平房变楼房”、“村委会转居委会”、“农业转非农业”、“农民转市民”等这些在我国“村改居”社区建设与发展过程中具有普遍性的问题，实现从传统乡村社会向现代城市社区的成功转型，使回迁居民充分享有社会进步与发展的成果。

（一）平房变楼房

从地理空间上看，“村改居”是从平地搬到高楼的过程。这一转变改变了居民的生活环境和生活方式。从乡村到城市，如何为居民提供宜人新居，让居民“住得好”，成为“村改居”的首要问题。空港新城为此制定了详细的规划并推出一系列举措，早在土地征迁阶段便力求将“村改居”社区建设成民心工程，避免出现我国一些地区存在的“村改居”社区位置偏僻、配套不足、管理滞后等问题，力求做到环境友好、资源均等、服务便捷。空港新城的各个社区地处未来城市发展的核心区域，社区内外教育、医疗、养老、生活等基础设施及配套设施齐全。社区环境优美，生活便利，服务全面。这种高起点、高品质的宜居社区，使原本生活在落后农村地区的回迁居民感受到生活条件发生了根本性改善，自然充满了幸福感。空港新城的成就充分说明，当地政府在征迁安置工作中不以追求土地财政的增长及满足其他利益主体的利益为目标，而是始终把人民的利益放在第一位，从而赢得了人民群众的认同和支持。

（二）村委会转居委会

“村改居”社区工作的重点在于社区治理方式的改变。首先是社区管理体制的改变。面对“村改居”进程中过渡难的问题，XF 等社区创造性地提出了“党建引领、村社并存、弱村强社”的思路，通过管理体制的转变有效填补了过渡期间的“服务真空”。在党的政治引领下，社区特别成立了社区工作委员会，协同社区居委会、物业公司等多个单位的人员分工合作，各司其职，相互补位，在多元共治上做出了有益尝试。尤其是推行的“办社合一”、“吹哨报到”、“协商议事”等工作机制，已经使空港新城的社区治理创新走到了陕西省前列。其次是社区服务方式的转变。社区结合“三服四化”的建设要求，通过智慧社区和网格化两个平台，使公共服务、社会服务和市场服务融为一体，建立上门办、网上办、窗口办和帮办代办等主动性社区服务模式，实现“小事不出社区、大事不出街办”，使社区服务朝着精细化、专业化和体系化方向发展。

（三）农业转非农业

由于生产方式的改变，“村改居”之后要重点解决地区产业转型与居民收入可持续的问题。为此，形成“输血”与“造血”兼顾的机制十分重要。为解居民的后顾之忧，空港新城首先创造性地推出“现金+租金+股金+薪金+保障金”的“五金保障”体系。这一体系不仅在心理上为居民“上了保险”，而且从实际上兼顾人民群众的当前利益和长远利益，为搬进新居的居民日后经济收入的可持续性提供保障。其次，社区成立负责经营社区商业的Z公司，为回迁群众提供按商业面积分股金的收益保障，这缓解了失去土地的居民所面临的生活上的不确定性和生存压力，让搬进新居的居民多了一份经济来源。最后，通过拓宽居民就业渠道以及提高居民就业能力，从根本上解决居民的就业及收入问题，为居民适应农转非的生活创造切实可行的条件与机会。

（四）农民转市民

“农民市民化”重点在于回迁居民从文化习惯、思想认知、行为方式等方面融入城市。农村原本的文化习惯和传统与城市有着很大的不同。随着居住环境和社会生活的变化，在居民身上存在的一些不适合城市生活的旧的风俗习惯和生活方式，都需要改变和提升。XF社区通过开设“新市民课堂”，倡导文明新风尚，同时大力开展民俗节庆等活动，使居民有机会获得更多的文化教育，提升个人素养和技能。此外，为提高居民的社区参与意识和参与的积极性，社区以活动聚人心、提素养，以丰富多彩的活动形式培养居民的社区意识；发挥社区能人的带头作用，培育社区社会组织，形成居民自治的中坚力量，积极引导居民，提升社区活力。

空港新城XF社区在“村改居”社区治理方面进行了积极的实践探索，通过“四个转变”全方位推动从乡村到城市的转型，并取得了阶段性成果，其多项经验值得借鉴和推广。当然，对于“村改居”社区而言，不能仅仅把注意力放在如何转型的问题上，更为重要的是，在顺利完成过渡之后，在“后村改居”时期，社区治理如何进一步实现创新发展以适应新时代的需要。

二　社区营造：开拓“后村改居”时期治理进路

构建社区治理体系和实现社区治理能力现代化，是新时代党和国家针对基层社会治理提出的重要任务。党的十八届三中全会提出“加快形成科学有效的社会治理体制”，并指出“建立健全居民、村民监督机制，促进群众在城乡社区治理、基层公共事务和公益事业中依法自我管理、自我服务、自我教育、自我监督”。十九届四中全会进一步提出了“共建共治共享的社会治理制度”。这表明当前社区要向着内涵式发展迈进，这不仅是提高社会治理水平、完善国家治理的需要，也是加强社区居民间的情感联结，形成居民对社区的归属感与认同感，使社区真正成为人们“共同栖居的幸福家园”的需要。

转型与发展是“村改居”社区的特定历史任务。从某种意义上讲，相较于普通城市社区，“村改居”社区的任务更加艰巨，更需要边转型边发展。随着征迁工作逐步完成，所有居民回迁新居，如何推进社区治理体系的现代化成为下阶段的重要任务。西咸新区作为国务院批准设立的首个以创新城市发展方式为主题的国家级新区，是实施国家西部大开发战略、建设“丝绸之路经济带”重要支点的前提条件之一。西咸新区空港新城的“村改居”建设工作，是破除城乡二元结构、缩小城乡差距、实现城乡融合、提高人民幸福感的必经之路。为实现这一目标，需要有治理体系健全、治理能力现代化的新型社区与之相匹配。因此，随着“后村改居”时期的到来，在社区治理能力现代化的时代要求下，“村改居”社区应当充分挖掘好、发挥好本地资源优势，持续提升居民的参与能力和社区自组织的力量，提升社区内驱力，形成社区治理体系不断完善和治理能力不断提高的良好局面，为“村改居”社区探索出可持续发展的新路径。

在各大城市积极响应构建共建共治共享的社会治理现代化格局的相关政策背景下，“村改居”社区建设一方面有利于推动城乡一体化发展，另一方面也要探索出具有自身特色的社区治理模式。近年来，国外一些地区和我国台湾等地有关社区营造的一些做法越来越多地得到理论工作者和实践工作者的关注。它们在社区营造方面的成功经验也为我们进一步推进社区治理提供了许多新的工作思路。

（一）社区营造：优化社区治理的可行方案

1. 社区营造的缘起

社区营造（Community Revitalization），即社区依托自身的历史传统、区位环境、发展阶段和资源优势，为满足居民的共同需要和社区的可持续发展，通过居民的积极参与和集体行动，促进社区功能完善和社会资本提升，建立居民彼此之间以及居民与社区环境之间的协调互动关系，以最终实现社区自决和自治的目标。社区营造以整个社区（居民）的需要和发展为目标，社区公共议题包括人、文、地、产、景，分别对应社区居民的福祉、社区共同历史文化延续、社区地理环境改善和特色彰显、社区产业和各种经济活动的集体经营以及社区公共空间的开发和创造等。可见，社区营造绝不是一个孤立的行为，而是一套整体规划与设计。它不仅包括社区硬件环境的更新改造，还包括社区软环境，如社区文化、志愿精神、运行机制等的重塑，其根本目的是将社区建成一个有地方归属感、场所认同感和人文关怀的“大家庭”①。总的来说，社区营造注重社区共同

---

① 万玲：《城市老旧小区社区营造的困境与推进策略——以广州市 D 小区为例》，《四川行政学院学报》2018 年第 5 期。

体精神的培育和社区参与意识的形成，通过社区居民自下而上对社区进行自主改造，来改善社区居民的生活空间。

在不同理念的启迪下，世界各地的社区营造也提供了不同的实践范本。社区营造最初源于英国，其前身可以追溯到20世纪初的睦邻组织运动，这一运动主张通过社会精英人士的志愿服务，促进社区居民的互助和合作，以达致社区问题的解决和社区自我的发展。相比于欧洲自下而上的社区营造，日本的社区营造最初更多受到各级政府振兴政策的拉动，例如1983年颁布的《都市景观形成示范计划》和1996年颁布的《文化政策大纲》[①]。随着社会力量和市场力量不断被卷入，日本社区营造已在多层级、多维度上形成独特的盛景，从事传统产业研究的日本宫崎清教授归纳出“人、文、地、产、景”[②] 五大日本社区营造经验，称其为亚洲地区的社区治理理念带来极大的影响。1980年后，我国台湾地区的社会经历了与日本类似的巨变，都市“贫乏性富裕”和乡村“过疏化”成为长期困扰台湾的主要问题。1994年台湾地区推出《社区总体营造计划（1994—2002）》，针对城乡文化的衰落和居住环境的凋敝，相关部门以社区文化建设为切入点，围绕社区环境、地方产业和社区共识进行社区营造，以实现现代民众重新回到土地、回到社区、回到生活的目标[③]。经过几十年的发展实践，社区营造在台湾地区已经成为社会管理的主流。

2. 社区营造对当前社区发展和治理工作的启示

我们从国内外社区营造的实践中可以获得以下启示。

其一，在社区营造过程中，注重社区的个性化发展。任何一个社区在历史文化、地理空间、社会空间等方面都有其独特之处。我

---

① 周详：《日本街区保全型社区营造的发展与实践》，《景观设计学》2017年第5期。

② 王桂亭：《台湾社区营造政策20年发展刍议》，《台湾研究集刊》2016年第1期。

③ 闵学勤：《社区营造：通往公共美好生活的可能及可为》，《江苏行政学院学报》2018年第6期。

们自身在社区建设过程中往往注重标准化和模式化，却忽视了社区有着独特的需要和各自的优势。因此，未来在社区治理过程中，为了寻求内涵式发展，需要从社区的独有特性和现实样态出发，注重发挥社区自身的优势，形成社区特色。因此，社区营造在实践中要注重本土化，要从地区的实际出发，回应当地文化并将其活化。

其二，社区工作致力于社区内在要素的培育，为社区（居民）增能。要循序渐进地培育居民的社区参与意识和参与能力，注重发挥居民的自主性，要实现从初期的政府主导发展到居民主导。注重提高社区居民的社会意识，发掘、培养社区领导人才，让居民更多地亲力亲为，促进居民参与解决自己的问题，用自己的脑力、体力和对美好生活的认知，最终营造出属于居民自己的公共空间，使社区成为居民精神上的共同归属。

其三，社区营造更加注重多元社区治理主体的参与，以及社区居民的积极互动与合作。社区营造同样强调多元主体共建共治共享。一方面，要形成包括政府在内的社区治理各主体之间的共治协同机制。另一方面，还要注重调整和改善社区关系，培养以关怀互济为主的社区道德，增强邻里互动来往，减少社区冲突，形成民主、自治、和谐、共进的良好社区风尚。

其四，社区营造要求以回归社区“共同体本原”为最终目标。现代社会对理性的过度追求，使传统社会依靠血缘、地缘等联结的人际关系链条发生断裂，因此在现代社会的进程中曾出现社区衰落的景象。但从人对生活的本质追求来看，在物质生活不断改善的情况下，人们更渴望回归人与人之间亲密友好、互助互济的和谐生活共同体，即回归社区本原。社区营造通过对社区的整合、重构，改善在现代化过程中出现的人与人、人与社区之间情感疏离的问题，使人们对社区产生归属感、集体情感和责任感，实现守望互助和对美好生活的向往。这正是社区未来发展的目标和归宿。

（二）XF 社区的实践探索

社区需要被营造，将那些原本偶然聚集在一起的部落、邻里等营造为共同体，这是当下重要的社区治理创新模式。近几年社区营造在中国内地逐渐兴起，上海、成都、陕西等地均有较为成功的案例。XF社区在治理过程中也积极探索社区营造的一些可行做法。尤其是结合“村改居”社区自身特色，一方面不忘乡愁，让优良的文化传统得以保留。例如通过撰写村志和在党群服务中心设立老照片墙的方式让大家不忘来时的根，使居民回迁后尽管生活空间和身份发生改变，但依然能够保留原有的人与人之间的情感维系。另一方面顺应现代社会发展的需要，不断推进社区治理的现代化进程。通过搭建多元服务平台，发展在地产业，加强居民组织建设，发挥居民参与社区自治组织的优势，提高居民的社区参与意识和参与能力，提升社区居民的融入感和归属感。

1. 保留集体记忆，传承文化特色

文化是一个存在内在联系的有机整体，它是在人的生命活动和社会实践过程中产生和发展的，其生成与发展离不开内部的特殊土壤以及外部环境①。从空间社会学视角来看，在再现性空间中文化是实践的重要产物。但在现代化和城市化过程中，尤其是在社会开放度不断提高和市场渗透的领域不断扩大的背景下，原有的社会秩序和生产、生活方式出现解组和重构，尤其是原本存在于传统社会中的民间信仰、文化习俗、伦理道德、乡规民约、历史遗存等，不可避免地会在城市化的社会空间中受到冲击，甚至流失。因此，这些有着很强情感维系力的村落文化传统如何承继和再创，是社区在回归共同体本原过程中需要高度重视的一个课题。

文化是人类在改造客观世界的过程中为了满足自身的物质和精神需要而创造出来的。同时，文化也是社群和个体情感形成的载体，有着较为明显的时代性、地域性和民族性特征。这是文化传承的根基所在。社区文化可以说是构成社区共同体的一个重要纽带。而社

① 蒋福明：《“村改居”社区文化及其困境探讨》，《北京行政学院学报》2013年第3期。

区无论在哪个历史发展阶段都是人类生活的微观空间，也是实现社会互动的基础单元。因此，社区层面的文化变迁是和人的存在与发展如影随形的。

我国农村按照人口密度和社会变迁的程度，可分为人员较为稀少的散居自然村、一两个大姓宗族聚居在一起的人口众多的集村社区和存在于城镇附近的现代化程度相对较高的集镇社区。无论是何种形式，村民都在农村社区长期共同居住、共同生产和生活，相同的生活环境和生活节奏构成了村民的共同集体记忆。这种文化层面的集体记忆具有一种递延性。而“村改居”社区是在外部力量的主导下被动形成的，即地理空间的转变带来居民身份、生活、生计、社会交往方式等一系列转变，其中特别需要用先进文化去替代落后文化，否则会产生文化不适应等问题。美国社会学家 W. F. 奥格本在 1923 年出版的《社会变迁》一书中首先提出“文化堕距”概念。文化堕距是指，在社会变迁过程中，由于社会各部分变化的速度不同而产生种种问题。奥格本认为，在社会变迁的过程中，物质文化与科学技术的发展速度较快，而非物质文化往往具有相对的稳定性和独立性。因此，物质文化和非物质文化之间会产生时滞效应。他认为，有的迟延现象可延续较长时间，有时甚至达数年之久。这种迟延产生的差距即文化堕距。①这就不难理解，为什么“村改居”社区必须要十分重视农民的“市民化”问题。XF 社区作为一个典型的“村改居”社区，整个征迁过程从 2013 年开始。截至目前，共完成 DZ 村、BL 村、ZJ 村、DJ 村、WA 村、WL 村、LZ 村、TJ 村、HJ 村、YA 村等 18 个行政村的回迁安置工作。从 18 个行政村的征迁过程我们可以发现，集中居住方式改变了居民曾经熟悉的生活空间，也改变了原有的生活方式，居民的人际关系也发生了极大的变化。原有的生产生活方式所形成的乡村文化被瓦解，大量居民被集中安置，在这样的环境下，原有的村落文化必然会受到冲击。作为“一

① 彭克宏、马国泉：《社会科学大词典》，中国国际广播出版社，1989，第 278 页。

种由精神价值、生活方式所构成的集体人格”，“村改居”社区的文化形态也表现出过渡性、冲突性等特点，总体上处于转型的困境之中。“村改居”社区面临社会群体中主导性文化模式的新旧转换，迫切需要进行文化重塑和再造，从而深化和夯实社区居民的精神文化生活，完成真正意义上的城市化进程。因此，要完成从乡村向城市的过渡，就既要保留好传统文化的根，守住传统社区中的乡情，又要改变落后的文化形态，包括思维方式、价值取向、思想观念、生活方式等，形成新的文化形态，尤其是新的文化特质和精神，以适应城市化发展的需要。

人的生存与发展有其独特性，在满足身体存在需求的同时，更要满足精神存在的需求，需要不断地探寻生命的价值和意义。德国存在主义哲学家海德格尔指出，“此在”的人“居住”、“逗留”或“停居”在这个世界上，为了避免沉沦和异化，必须不断揭示、解蔽人存在的意义。“村改居”社区居民面临外在社会环境的急剧变化，因长期受农耕文化浸润而形成的精神之源被大大削弱，原本的文化取向及价值系统在短期内出现了一定的断裂。笔者在实际调查和走访中发现，“村改居”社区老龄化程度较高，大部分老年人在新环境与新文化中存在种种不适应，难以找到归属感。

应当看到，从农村到城市社区，居民身上的文化气质发生变化有其必然性。笔者认为，文化堕距不会长期存在，文化新旧转换具有现实可能性。原因在于：其一，同样根植于中华民族文化土壤的乡村文化和城市文化存在可以融合的基因。因此，在社区文化融合这一问题上，除了关注乡村文化和城市文化的差异之外，应当更多看到传统文化对现代文化的建设性作用。其二，现代社会的开放性已经大大削弱了乡村文化和城市文化之间的区隔。随着市场化、城市化进程的加快，城乡之间的各种交流日益频繁，二者之间相互影响、相互建构，两种文化之间的共性也越来越多，差异在不断减少。其三，在年轻一代身上这种差异更加弱化。广大青年有着很强的适应和学习能力。当代大众传媒、互联网技术的运用消除了物理空间上的阻隔，加之很多家居农村的年轻人在城市里就业、受教育，已经逐步适应和认同现代城市文化，在生活习惯、社会交往方式等方面已经和城市人差别不大。因此，对于“村改居”之后的文化差异，更适合基于优势视角去积极地寻求和维护共融共通之处，用文化去培育人与人之间的情感，提升人们对社区的认同感和归属感。

为了记录历史变迁，DZ 街道所辖的 11 个行政村都开展了村志撰写工作。撰写村志的任务由各村支书负责落实安排，各村会收集大量的本村资料，并对村民进行深度访谈，由村民口述居住村的历史。这个过程是非常有意义的，我们找到了保留文化的一种方式；但更重要的是让这种文化活起来，在城市化与现代社会中继续保持生命力。各村通过撰写村志的方式将本村地理环境、历史文化和村庄故事等记录下来并整理成册，发放到居民手中。在留存对旧村的记忆的同时，可以激发大家的集体感与归属感，凝聚力量，从而带领大家积极投身到对现有社区的营造中来。XF 社区在建设运动公园的时候，将被征迁村的历史沿革、杰出人物资料等进行陈列，通过名人纪事、民俗文化等板块的宣传，使传统社会的人文精神得以保留和传承。

> ……现在城市发展的速度快，我们搬进来之后，很多东西都用不着了。其实很舍得不以前在村里的时候用的东西。我之前就给社区提了个建议，要把民俗村史馆建起来。耕地的犁、碾子……那些以前的农具，随着村子的消失，和很多东西一起都消失了。现在我们都搬到了楼房里，不去保留就会消失，我们应该把这些东西收起来。（受访者：社区居民刘某，男，65 岁）

文化是联结共同体的重要纽带。在回迁到“村改居”社区之后，居住环境发生改变，但社区内的居民具备原先在村落生活时所保留的共同体文化，因此传统文化的精神和特色都得到很好的保留，这些乡村特有的文化构成了“村改居”社区与现代社区的不同之处。

比如在 XF 社区中，居民原先的文化习惯或多或少地被带到新的居住空间。在社区内仍然可以看到带有乡村特色的文化活动，“锣鼓队”与“秦腔戏班”就是典型的乡村文化缩影。同时，社区附近有对原拆迁村进行详细介绍的健身活动公园，走在公园里仍可以感受到原先的乡村留下的痕迹。在“村改居”社区中，居民之间的联系纽带与城市社区的离散原子化方式不同，保留、传承下来的“乡情”赋予“村改居”社区独特的空间精神，相应的，这种空间精神对空间内部的塑造也有积极的推进作用。

以当地久负盛名的锣鼓队为例。锣鼓在当地有着悠久的历史和传统。过去，每当逢年过节，各村的锣鼓声便响彻村子上空。在搬进新社区后，居民仍然会自发地组织这类活动。与城市社区不同的是，“村改居”社区内各主体间黏合性更强。搬进新区后，为了使锣鼓文化得以更好地传承和发扬，近年来 DZ 街道办事处与宣传文化部门通力合作，对 DZ 的非物质文化遗产——鼓谱进行挖掘和整理，并同各村村委会一道，遍访鼓手老艺人，收集整理各村的传统鼓谱。目前，DZ 村的“八仙”、WL 村的“竹马”、HJ 村的“秧歌”、DJ 村的“狮子”等鼓谱已收集整理完成。此外，还将各村老一代鼓手汇聚在一起，练习鼓谱，传授鼓技，将锣鼓文化进一步发扬光大。

2. 营造新型公共空间

从传统乡村到现代社区，最明显的改变就是居住空间的转换。在传统乡村，从生产生活再到邻里交往，基本都在一个较为集中的空间内进行。“村改居”之后，居民的生活空间一定程度上被挤压和剥离，房屋成了纯粹的住所，像原来的庭院那种公私空间的过渡区域不复存在。相比于城市而言，农村所具有的共同体色彩更为浓厚。在这个“熟人社会”中，人们彼此熟悉、互动频繁，大部分人都对居住空间有强烈的归属感，即“我属于哪个村、哪个组”的意识比较强烈和明确。对于发生在邻里间的事，人们也更为关心，无论是隔壁邻居遇到困难，还是村里发生什么事，都会有许多人关注。甚至在参与方面，村民的表现也比城市居民要好得多。居住在城市环境中的人群，生活空间区隔化特征十分明显。而“村改居”社区的居民，既不像在传统农村那样生活于“熟人社会”，也不像在城市社区中那样呈现为原子化分散状态。原先的“熟人关系”和社会支持网络虽然发生了改变，但固有的文化传统并没有改变。通过社团活动或者节日中的记忆元素将人们大脑中过去生活的片段激活，不但能够让过去共同的生活经历再现，同时也能够激发共同体情感，达到交流和融合的目的。构建新型社会空间的关键在于，要激起群体的共同记忆，或者在这一新空间中生产出新的集体记忆。基于此，XF 社区通过线上和线下的方式积极投身于公共空间的建设，让搬进新居的居民在体验和使用中对新型公共空间产生归属感和主观认同。

具有社会功能的公共空间，通常以一种社交载体的形式出现。在传统乡村社会，一个能够让居民聚集拉话的场所，本身就具备社会价值，承载着集体记忆。在访谈过程中笔者得知，未拆迁时各村都有自己的文化社团，尤其是农闲时候，村与村之间经常组织民间活动，秦腔、锣鼓队常常把大家聚集到一起。在搬进新社区之后，居民的私人空间受到挤压，再加上拆迁后每户获得的房屋数量增加，导致原来的传统农村家庭分散，家庭规模缩小。同时，居住在社区的人口以老年人为主，老年人相对于青年群体，对公共空间的使用需求和使用频率更高。因此，在拆迁后修设一个和原来村子中的一样、能够用于邻里互动和休闲娱乐的场所十分重要。在这样的情况下，社区为居民免费开办了茶室、图书馆、书画室、运动室、多功能活动室。居民自组织团体的积极性在搬进新社区后并没有受到影响。一方面，因为住户搬进新社区，平时不用再干农活，空闲时间明显增多；另一方面，来自不同村的居民居住在一起，原先分散的文艺能手现在也都聚集在一起，很容易成立规模更大的社团组织。在这样的背景下，XF 社区成立了舞蹈队、象棋协会、健步走协会、戏迷协会等 21 个专业社团，吸纳会员近 600 人。在多功能活动室，每个社团每周有两个半小时的活动时间。一到活动时间，多功能活动室就很热闹，有相同兴趣爱好的居民聚集在一起，活动室门口也常常有居民在一起聊天。一个新的社区公共空间逐渐形成。

> 咱们国家刚刚解放那会，我们村唱秦腔的人特别多，冬天农闲的时候热闹得很。不只我们村，西边的宋村，周边十里八乡的都过来。那会儿戏台也简单：找一个土堆，拿木棍儿绑好骨架，周围用箔子围起来，幕帐就用几条布挂着，台子上面挂两盏灯。（受访者：社区居民任某，男，71 岁）
>
> 我不住在这个小区，是朋友参加了这个舞蹈社团，把我拉进来的。社区真的好呀，还专门有这么大的场地可以让我们排练舞蹈，我可羡慕住在这里的人了。我现在平时也没什么事，就喜欢跳舞。现在有这个场地，还有各种表演活动可以参与，一下子就觉得生活充实起来了……（受访者：社区居民杨某，女，55 岁）

社区活动中心建设的目的是为居民提供文化娱乐场所。基层社区在日常生活实践中将自身建设与传统文化融合，赋予新型公共空间以凝聚集体共识、促进共同体认同的重要意义。由此可见，在面对既有的社区空间规划设计及其治理挑战时，社区基层自治组织、社区社团等主体作为社区空间重构、秩序重组过程中的行动者，采用多种形式倡导居民积极参与进来，用更多元、更灵活的方式使居民将自身的利益诉求寓于空间使用过程中。这一整套逻辑体系正是社区营造的过程，即通过增强居民的自治意识、提高其自治能力，为社区整体发展创造良好条件。社区发展真正的内部驱动力来自社区本身，而社区的发展又能够持续不断地助推社会整体的发展。

3. 发展在地产业，为社区经济注入持续动力

打破城乡二元分立是一个国家和地区在现代化进程中的一项基本要求。从国家宏观治理视野来看，城乡必然被纳入整体的产经一体化和社会治理系统之中。对村级集体来说，“村改居”意味着以土

地为依托，集体资产转为城市经营性资产。“村改居”后，随着农村集体经济发展的基础发生改变，集体经济的产业结构、经营方式以及居民就业方式等都会发生根本性变化。“村改居”社区自身拥有集体资产，这为发展在地产业与经济活动的社区营造提供了条件。这些集体经济资产的增长和收益的分配，既是“村改居”社区居民重要的利益获取途径，也是“村改居”社区实现根本转型的重要体现。如何再现集体经济的力量，持续增加集体成员的收益，成为社区转型后的一个重要课题。但是，原有的农村集体经济的管理者对市场经济下的现代企业制度、经营方式和理念缺少足够的知识储备，对盈利模式和可能的市场风险也缺少足够的判断和应对策略。因此，在经营城市社区集体资产方面未来需要进一步优化，如进行股份制改革、引入职业经理人、多元化发展、引入战略投资者等。

空港新城在集体经济发展方面取得了初步成效。如 XF 社区在建设之初就将临街楼房规划为商住一体，目的是通过底商经营的方式使回迁居民获得分红收益。为了尽快实现回迁群众按商业面积分得股金收益，2018 年 5 月，在 DZ 街道党工委和办事处的指导下，原来 DZ 村、ZJ 村、HJ 村的股份经济合作社被整合，本着“公司经营、股民参与、政府监管”的原则，依照法定程序成立了 Z 公司。据公司工作人员介绍，公司成立时有一个美好的愿景，就是承载已经回迁安置的原 DZ 村、BL 村、ZJ 村、LZ 村、HJ 村等村 3670 名股民的期望，希望广大股东能够最大限度团结协作，调动自身的积极性和主动性，实现利益最大化。Z 公司注册资金为 1000 万元，是西咸新区空港新城首家挂牌运行的回迁型社区商业运营机构。该公司为回迁居民的集体资产管理服务，主要从事 DZ 街道范围内被征迁的群众人均 10 平方米商业门面的集中策划、招租、经营、管理、分红等业务，为股东提供优质服务，力争实现商铺门面商业利益最大化。该公司成立之初就提出不以营利为目的，这在一定程度上使公司具有了社会企业的性质。公司的董事长、总经理均无薪酬上岗，税后收入剔除管理费用，剩余全部纳入群众的股金分红，为从农村集体经济向股份制合作经济转变做出了积极尝试。

经过几年发展，公司在经营管理上取得了优异的成绩。一是不断加强招商力度，构建以 XF 社区为核心的商业圈。二是做好商业服务管理，打造最优营商环境。公司定期做好上门服务，了解商户在运营管理中遇到的问题，切实帮助商户克服经营困难。新冠疫情期间，为了减轻疫情给商户带来的影响，经股民代表同意后，公司对 XF 社区的商户免收一个月租金。三是深化“五金保障”体系，确保股金分红逐年上涨。公司持续向好运行，股金分红也逐年增加。随着 XF 社区商业圈不断扩大，更多商业店铺入驻，公司进一步加强了对现有商户的服务和管理，XF 社区商业统一运行模式已经初步形成。公司在做好集体经济运营、保证群众股金分红的基础上，为促进当地经济持续健康发展，提升西咸新区和空港新城的社会化管理水平做出自己应有的贡献。

XF 社区集体经济的股份制改革，在很大程度上缓解了失去土地的居民在城市化进程中经济收入的不确定性和生存压力，使搬进新居的居民多了一个经济来源，有利于“村改居”工作的平稳推进。“村改居”社区开展集体资产股份制改革，是城乡融合的必然选择，其重要意义在于：

第一，是农村生产关系的又一次重大调整，是对集体经济组织制度的创新和完善。社区股份制企业按照现代企业制度的理念进行经营和管理，扩大了资产规模，提高了集体资产的盈利能力，实现更高的效益。把集体资产量化到每个成员，通过重新确定居民对集体资产的个人占有权、利益分配权、民主决策权和民主管理权，将集体经济组织改造为股份制企业，这是集体经济组织制度的创新和完善，是社会主义新农村建设的创新实践。

第二，有效维护了居民的集体产权利益。如何保障集体资产的不流失和实现资产增值，是转型改革期的重要目标之一。在集体经济中引入股份制从而建立社区股份合作制度，能够改变原来集体经济组织缺位、资产收入管理不善、分配不公等状况。股份合作制将社区集体资产以股权形式量化到每个村集体成员，既调整了社区全体成员之间以及成员与集体经济组织之间的权责利关系，又防止失地农民利益受损。

第三，有利于促进居民增收和公平分配。集体经济组织通过股份制改革，将集体资产整体打包折股量化到人，使产权明晰，集体经济组织成员拥有股份而成为“股东”，依法享有收益权。这一做法有效解决了分散经营所导致的收益不确定和不稳定性，使“股东”们能够均等地获取分红收入，实现真正意义上的公平。

值得思考的是，以Z公司为代表的这类公司未来究竟如何发展？首先，需要确定这类公司的性质和经营方式。Z公司实质上是一家托管公司，管理“村改居”社区委托的集体资产，与租户签订协议并收取租金，最终使居民获得分红收益。那么，未来是维持现状，还是把集体资产置入公司进行彻底的股份制改革，使居民成为股东，公司成为现代企业？其次，公司最终要发展为一个营利性市场组织，还是一家非营利性社会企业，关于这一点未来也必须要做出选择。目前，对于社会企业政策上还没有一个明确的指引，但无论如何，公司需要按照现代企业制度去确定发展方向、企业架构、经营方式和内容等。而一旦公司改制，必然产生大量的管理成本和税收支出等，这些成本的增加又会挤占可分配的利润，短期内有可能影响当年的股份分红。还有，要使公司获得持续的保值增值能力和预防、化解市场风险能力，还有许多工作要做。但是从根本上讲，这些实践中的创新让群众实实在在地得到好处，这类公司未来将获得更好的政策环境，赢得长远的发展。

三　重塑生活共同体，面向社区本体回归

社区营造的理念倡导与实践探索，为实现“村改居”社区向现代社区转型提供了重要启示。在持续推进的城镇化面前，社区的公

共空间相比其他场所更具有生活意义。社区营造通过内在和外在的相互作用，结合社区内部的社会关系建构和社会资本培育，最终促成社区整体的发展和社区治理创新局面的形成。“村改居”社区作为兼容“居”与“村”的新型现代生活空间，融合了现代文化与传统文化两种特质。这在某种程度上可以作为对学术界所关注的“社区何以可能?”以及“现代社区如何可持续发展?”这类问题的回答。反观当下，很多居民缺乏对社区实际生活的体验而存在事实上的缺场，导致社区治理出现一种缺乏居民主动参与而依赖外来社会动员这种表象的繁荣。于是，很多研究者对现代社区应该如何发展，社区建设能否获得社区居民的自觉支持和参与，现代社区的未来发展走向是什么，我们想要建立一个怎样的共同体社会等问题进行了思考。滕尼斯所说的 Gemeinschaft（社区）是否已经不复存在？社区在今日居民之生活中对共同体的回归是否具有现实意义？这要求我们在探讨“现代社区何以可能?”的基础上，对“村改居”社区如何完成向现代社区转向做出理论思考与探究。

（一）社区何以可能?

如何在当代的语境下准确理解“社区”的内涵呢？我们认为，仍然可以从“社区”最初的本义去理解。19 世纪末，德国社会学家滕尼斯首先比较了 Gemeinschaft（社区）和 Gesellschaft（社会）这一对概念，他所关注和阐释的主要是社会联结纽带的不同性质。在滕尼斯的观点中，Gemeinschaft 表示基于自然意志的共同体，是有着共同的价值取向、信仰和风俗习惯的组织，强调受传统的血缘、地缘、文化等因素的影响，是“把人作为一个整体的成员团结在一起的特殊的社会力量和同情”。[①] 而 Gesellschaft 是基于理性意志的，是与劳动分工和法理性的契约联系在一起的，它既是符合主观利益而形成

① 〔德〕费迪南·滕尼斯：《共同体与社会》，林荣远译，商务印书馆，1999，第 63 页。

的社会关系，又是“一种机械的聚合和人工制品”①。滕尼斯本人十分欣赏 Gemeinschaft 这种社会状态，他同时发现，随着工业化时代的到来，社会流动加快，身份社会向契约社会迈进而使得个体越来越居于本位，Gemeinschaft 势必为 Gesellschaft 所取代。但是这一取代是否动摇了社区的本体意涵？我们再看一下国内对社区这一概念的理解。2000 年《民政部关于在全国推进城市社区建设的意见》中明确指出：“社区是指聚居在一定地域范围内的人们所组成的社会生活共同体。”这一定义侧重于对社区性质的描述，突出了社区两个方面的属性：其一，地域属性，即社区具有相对明确和有限的地域边界（通常以居民不需要借助其他通信和交通工具就能比较方便地直接互动为限）；其二，共同体属性，即居住在同一区域内的人们之间有社会的、心理的联系②。因此，社区这一共同体区别于其他社会共同体的独特性质，也主要表现在这两个方面。从“社区是什么?”以及“未来社区应当发展成什么?”这一本体论角度出发，“共同体”这个词实际上是带有正面评价甚至浓厚道德色彩的概念。正如鲍曼（2003）所说：“‘有一个共同体’、‘置身于共同体中’，这总是好事……我们认为，共同体总是好东西……首先，共同体是一个‘温馨’的地方，一个温暖而又舒适的场所……其次，在共同体中，我们能够互相依靠对方。”由此我们不难发现，对“共同体”的解读是理解传统社区向现代社区转化的关键钥匙。下面我们分别从传统视野和现代视野对共同体进行解读，以便更好地阐释现代性背景下共同体如何延续与存在。

1. 传统视野下的“共同体”

滕尼斯在其《共同体与社会》中阐明了人类群体生活的两种结合类型：共同体与社会（礼俗社会与法理社会）。滕尼斯在建构“共

① 〔德〕费迪南·滕尼斯：《共同体与社会》，林荣远译，商务印书馆，1999，第 54 页。

② 王小章、王志强：《从“社区”到“脱域的共同体”——现代性视野下的社区和社区建设》，《学术论坛》2003 年第 6 期。

同体”概念时阐述了这样的思想：首先，“共同体”是基于传统的血缘、地缘关系和文化等自然形成的人类结合体，人们拥有“亲密无间的、与世隔绝的、排外的共同生活”。人们有着共同的价值观和传统，它们代表人类社会中古老的、传统的社会联结。其次，“共同体”源于本质意志，即人们在传统的和自然的感情纽带基础上形成一致性和相互融洽。这种基于自然的意志（如情感、习惯、记忆等）而形成的结合形式，“是一种持久的和真正的共同生活”①。从滕尼斯对共同体的阐释，我们可以概括出以下几个特征。第一，根据滕尼斯所说的存在“共同的价值观和传统”，可以认为共同体的精神意蕴体现在存在一条能将不同个体黏合在一起的联结纽带，这一纽带的核心特征是广泛认同和默认一致。第二，社区的实质是“精神共同体”。滕尼斯从血缘、地缘和文化三个方面对“共同体”进行定义，表明共同体的构成并不是单一的，而是在血缘、地缘、文化关系相互作用下，超出原本地理空间的狭小限制，在社会文化作用下形成的共同体——“精神共同体”。因此，社区名义上是一个地理空间概念（当代社区已经突破了地理空间限制），而实质上是有着共同信仰和价值追求的人与人之间密切互动的精神共同体。滕尼斯认为，这是高级形态的共同体。事实上，社区中的人际互动方式也在不断变迁。滕尼斯眼中的共同体与社会分别对应传统农村社区和现代城市社区。而城市化则把越来越多的农村社区转变为城市社区，而在此期间最大的变化不是地理空间，而是人与人的联系方式。从“熟人社会”到“陌生人社会”，尽管地域、人口、种族等并未发生实质性改变，但是并不意味着人们依然保留着共同的价值观、规范和信任。而这一问题缘于自工业化以来，理性社会所带来的非理性后果。这造成人际互动中存在隔阂、不信任、失范、分化等情形。可以说，共同体是一个随着共同认同的联结纽带的性质的

① 〔德〕斐迪南·滕尼斯：《共同体与社会》，林荣远译，商务印书馆，1999，第54页。

改变而不断变迁的连续统一体，在相同和不同的社会形态下都有不同的表现形式①。今天，我们更应当把社区当作社会的一个基本单元。它的变迁，既受社会变迁影响，又是社会变迁的缩影。而我们则需要做的是，在日渐分化的社会现实中回归共同体。

2. 现代性视野下的“共同体”重构

要试图阐释现代性视野下的“共同体”，我们必须弄清楚现代社会的特点是什么。对于现代社会的特征，滕尼斯指出，“社会”和劳动分工以及契约联系在一起，是工于心计的人们基于某种目的的联合。涂尔干在研究社会群体的组成形式时，进行了“机械团结”和“有机团结”的划分②。涂尔干认为，资本主义时代社会劳动分工逐步细化，“有机团结”的社会是基于功能上的耦合而联结起来的，个体通过自己的专业和别人发生联系，这种团结形式与传统的基于情感和地域联系的“机械团结”是不同的，表现为人们之间功能性依赖关系加强，而削弱了集体意识在日常生活中的调节作用。韦伯从“行为”角度分析，认为现代社会是一个理性化的社会，突出表现为经济理性化的可计算性，即合理簿记、资本核算。韦伯指出这种形式合理的行动指向经济领域的利润最大化，而实质合理则是站在“解放人类”的道德理想之上，寻求经济体系之外的终极价值。因此，现代社会所有的成就和矛盾都可归因于二者的对立和冲突。结合以上三位社会学家的观点，我们可以总结出现代性的特征，主要有理性化和脱域性两点。脱域性在人际结合方面的表现主要有：①人际与信息高速流动；②人际情景的网状化和速凝化。即人与人的结合不再受地域的限制，有了更广阔的自由结合空间。理性化主要表现为利益和价值理念的多样化，给人际结合带来的影响是：个体倾向于寻觅与自己具有共同利益或相似价值理念的群体并与之结合，原本基于地缘和血缘关系的群体式微，更多中层群体开始出现。美

① 张云昊：《从前现代到现代——共同体变迁的内在逻辑及其启示》，《北京航空航天大学学报》（社会科学版）2006年第2期。

② 〔法〕埃米尔·涂尔干：《社会分工论》，渠东译，三联书店，2000，第90~92页。

国著名社会学家罗伯特·帕特南表示：“当初托克维尔所描述的美国社区生活正在逐渐衰落，那种喜好结社、喜欢过有组织的公民生活、关注公共话题、热心公益事业的美国人不见了；今天的美国人，似乎不再愿意把闲暇时间用在与邻居一起喝咖啡，一起走进俱乐部去从事集体活动，而是宁愿一个人在家看电视，或者独自去打保龄球。”① 这种分化和孤立，一方面减缓了阶级与阶层对立，另一方面也造成集体精神的日渐衰落。

当今中国虽然仍是一个发展中国家，但是现代性社会所具有的问题也日益凸显。居住空间的标准化和社会分工的精细化，使空间的功能和人们对空间的需求也发生了改变。现代社区处在一定的“脱域”状态。且不同于传统社区在价值观念上的同质性，现代社区表现出更多的异质性。社区不再是价值观念趋同的社群性组织，而是以理性和差异性为特征的个体的联合。在现代化进程不断加快的背景下，城乡一体化对农村社区建设的影响是广泛的、深刻的。以大型家庭或氏族为主体构成的村落共同体，在现代化进程中难以避免被新兴社会体所取代，传统的人际关系也必然被工业时代和后工业时代的人际关系所取代，血缘关系的纽带功能逐渐式微。尽管如此，我们在推动传统农村社区向现代社区转变、建设新型农村社区的同时，也要留住在传统社区中形成的乡情。要立足于乡村“熟人社会”的传统美德和良好惯习，尽可能多地在社区建设中守住“脉脉温情”，不让“城市病”感染农村新型社区②。要在建设新型社区的过程中留住传统、保留特色，真正实现城乡的良性互动和积极转变。

（二）和谐、互助——社区“共同体”之愿景

以上我们从“村改居”社区出发，从社区共同体的两个角度出

---

① 〔美〕罗伯特·帕特南：《独自打保龄——美国社会资本的衰落与复兴》，刘波译，北京大学出版社，2011，第2页。

② 吴业苗：《新型农村社区建设：如何可为——以城乡一体化为视角》，《社会主义研究》2012年第3期。

发对现代社区的发展路径做了展望，论证了社区对于个体与现代社会来说是不可或缺的。从人的内心诉求来看，“个体在理性行动上追求利益最大化的同时，在内心却又充满了对温情、交流与沟通的追求与向往，这是现代境域下，现代城市人内心涌动的一种情绪和需求，也是培育共同体意识，孕育认同感、归属感和身份感的人性源泉”①。从人类社会的历史进程来看，个人只有在各种各样的共同体中才能获得生活和发展的必要条件，才能实现个体最完整的价值。脱离了政治、经济或其他社会共同体，甚至连能否作为一个“人”而存在也成了问题。正是在这个意义上，国内学者指出，社区建设“就是要通过创造优美、舒适的生活环境，提升人的生活质量，使社区成为一个‘生活共同体’；通过人与人的交往与沟通，形成祥和、团结、合作的社会环境，使社区成为一个‘社会共同体’；通过互助共济，构成一种我为人人、人人为我的理想与道德境界，提倡诚信、友爱、奉献，使社区成为一个‘精神共同体’；通过强化社区团结、法律意识，构建共同的社会价值观和共同的精神追求，推动社区发展和社会协调发展，使社区成为一个‘文化共同体’”。②

在现代化和城市化进程中，社区从原本的辅助地位逐渐走向前台。作为社会治理的微观样态，社区既有着独立的运行方式，又能见证整个社会的变迁。社区承载着社会公共空间的生活，各种社会管理主体、社会资源、社会成员都能够在社区这一空间中找到自身的着力点。因此，我们称社区是社会的缩影，是社会治理的“最后一公里”，足见其在社会发展进程中被赋予了重要的地位与责任。从传统社会走向现代社会，从计划经济到市场经济，社区基于人的需要也经历了“依赖—分化—回归”这一历程。反观当下，随着市场经济的深入和网络社会的到来，社会交往的场域和方式均发生了较

① 陈宗章：《城市社区“共同体意识”的现代性解构及其重建》，《理论导刊》2010年第3期。

② 郑杭生、黄宗亮：《论我国社区治理的双重困境与创新之路——基于北京社区管理体制改革实践的分析》，《东岳论丛》2012年第1期。

大的变化。我们看到更多的是邻里关系的疏离、相互支持和关爱的缺失，很多居民在社区事务中存在事实上的缺场。对此，我们不得不对理性化了的社会进行反思，希望能够在以高效、理性为特征的现代化和人与人守望互助、安居乐业的情感追求之间找到平衡。这是一个时代课题。社区能否获得社区居民的广泛支持和自觉参与？随着网络技术的发展，越来越多身体不在场的应用场景是否会使社区从现实更多走向虚拟世界？在今日居民之生活中，对共同体的回归是否具有现实性？这些都需要我们在探讨“现代社区何以可能？”的命题上做出理论思考与探究。

对这些问题的思考必须回到历史的逻辑中。从人类社会发展的进程来看，人类固有的社会属性决定了人最初的生产和生活空间必然以共同体的形态出现。因此，所谓生产共同体、生活共同体、精神共同体，均是人的本质的、内在的需要。在早期的共同体当中，人们通过血缘、地缘、宗教等关系对内部成员的身份进行刻画。通过相应的组织、制度等建构，成员享有共同体给予的集体福利，也因“身份即资本”而对共同体产生生存依赖。最初的村落表现为离散的、封闭的形态，与内部成员间的高频互动、守望互助不同，成员和外界的交往很少，这也是传统社会中人们不愿“背井离乡”的原因所在。但是，随着社会转型，各种形式的资源更多由政府、社会、市场三大主体提供，成员对集体内部的需要弱化了。原本以封闭形态存在的共同体格局，在市场化和现代化的浪潮下分解乃至碎片化，曾经“守望互助”的社区精神成为“社区失落”后的一种诉求。

当前，基层社会治理体系和治理能力的现代化已经成为时代所需，而重塑生活共同体、回归社区本位，是社区未来发展的趋向。在诸多社区形态当中，“村改居”社区的建设与发展受到更多的关注。这不仅是因为“村改居”社区在转型期间产生了较多现实问题，更因为“村改居”社区被赋予了一种新的期待。作为兼容“居”与“村”的新型现代生活空间，“村改居”社区融合了城与乡所代表的现代与传统的文化内涵。这些特质与社会各界普遍关注的“社区何以可能?”以及“现代社区如何可持续发展?”命题有着天然的契合。现实中，虽然“村改居”社区没有城市社区起步早，但我们不能把“村改居”社区简单定义为后进社区。相反，更应看到这类社区融合了城市与乡村治理，有着现代文化与传统文化的交融，有着共同体的精神内核。这也使我们相信：“村改居”社区可以“后来居上”，开拓出一条既能够实现现代化，又能够回归共同体本原之路。这正是本书选择“村改居”社区进行研究，又对其未来发展充满期待的原因。

如果我们从这一视角去看今天的XF社区，就会对其所做的种种努力有一个新的认识和希冀。作为“村改居”社区，XF社区是空港新城近几年飞速发展的一个缩影，从征迁到建设再到治理，它见证了从农村到城市社区、从传统社区向现代化社区转变的过程。XF社区兼容了“居”与“村”等生活空间的特点，融合了城与乡所代表的现代文化与传统文化，这种特点与优势是其他社区所不具备的。在“后村改居”时代，我们的目标是建设更有活力、更有魅力、更有吸引力、更适宜居住的美好家园，这个家园可能没有城市社区起步早，但是所蕴含的且长期发挥作用的优良传统文化内核又显著优于城市社区。因此，我们在总结“村改居”社区所做出的现实成绩之外，也希望依托“村改居”社区这一实践场域，在未来社区治理过程中，充分利用乡村“熟人社会”的传统美德和文化传统，把“熟人社会”中守望互助的共同体精神加以传承。居民既可以享有与城市居民等值的公共服务，又能拥有城市社区居民向往但又很难在城市社区得到的乡土情怀。要尽可能多地在社区建设中守住“熟人社会”的温暖人情，最终实现现代与传统、城市与乡村融合发展，持续重构和繁育基层社会的“生活共同体”、“精神共同体”。

主要参考文献

一　著作

［1］贾春增：《外国社会学史》，中国人民大学出版社，2009。

［2］〔英〕安东尼·吉登斯：《第三条道路——社会民主主义的复兴》，郑戈译，北京大学出版社，2000。

［3］〔英〕安东尼·吉登斯：《现代性与自我认同》，赵旭东、方文译，三联书店，1998。

［4］郑杭生：《中国特色和谐社区建设上城模式实地调查研究》，世界图书出版公司，2010。

［5］〔美〕詹姆斯·C. 斯科特：《国家的视角》，王晓毅译，社会科学文献出版社，2011。

［6］刘少杰：《西方空间社会学理论评析》，中国人民大学出版社，2020。

［7］〔法〕米歇尔·福柯：《规训与惩罚》，刘北成、杨远婴译，上海三联书店，2004。

［8］申悦：《城市郊区活动空间》，东南大学出版社，“城市·空间·行为·规划”丛书，2017。

［9］李传武：《转型期我国中部特大城市社会空间结构演化研究》，南京大学出版社，2015。

［10］任映红：《城市化进程中村落变迁的特征概括和规律分析》，中国社会科学出版社，2017。

［11］李秀琴、王金华：《当代中国基层政权建设》，中国社会科学出版社，1995。

［12］吴群刚、孙志祥：《中国式社区治理——基层社会服务管理创新的探索与实践》，中国社会出版社，2011。

[13] 包亚明：《现代性与空间的生产》，上海教育出版社，2003。

[14]〔美〕查尔斯·拉莫尔：《现代性的教训》，刘擎等译，东方出版社.2010。

[15] 雷洁琼：《转型中的城市基层社区组织——北京市基层社区组织与社区发展研究》，北京大学出版社，2001。

[16] 陈映芳：《城市中国的逻辑》，生活·读书·新知三联书店，2012。

[17] 陈薇：《城市社区权力秩序：基于社会空间视角的研究》，中国社会科学出版社，2015。

[18]《韩家村史》，HJ村史编委会，2016。

二 期刊论文

[19] 李强、陈宇琳、刘精明：《中国城镇化"推进模式"研究》，《中国社会科学》2012年第7期

[20] 杨菊华：《从隔离、选择融入到融合：流动人口社会融入问题的理论思考》，《人口研究》2009年第2期。

[21] 郎晓波：《"撤村建居"社区的空间结构及其治理意涵——一个理解"乡—城"变迁的新视角》，《中共杭州市委党校学报》2019年第2期。

[22] 高灵芝、胡旭昌：《城市边缘地带"村改居"后的"村民自治"研究——基于济南市的调查》，《重庆社会科学》2005年第9期。

[23] 张晓军：《国外城市边缘区研究发展的回顾及启示》，《国外城市规划》2005年第4期。

[24] 郑震：《空间：一个社会学的概念》，《社会学研究》2010年第5期。

[25] 叶涯剑：《空间社会学的方法论和基本概念解析》，《贵州社会科学》2006年第1期。

[26] 何雪松：《社会理论的空间转向》，《社会》2006年第2期。

[27] 张笑夷:《列斐伏尔思想的整体性及其实质》,《山东社会科学》2019 年第 10 期。

[28] 万月月:《城市社区治理模式研究综述》,《法制与社会》2013 年第 35 期。

[29] 吴莹:《"村改居" 社区物业管理的主要类型与存在问题》,《城市观察》2016 年第 1 期。

[30] 顾永红、向德平、胡振光:《"村改居" 社区: 治理困境、目标取向与对策》,《社会主义研究》2014 年第 3 期。

[31] 王纪武、金一、李王鸣:《基于城市边缘区判定的城市地域空间结构研究——以杭州市为例》,《城市规划》2015 年第 9 期。

[32] 夏建中:《治理理论的特点与社区治理研究》,《黑龙江社会科学》2010 年第 2 期。

[33] 吴晓林、郝丽娜:《"社区复兴运动" 以来国外社区治理研究的理论考察》,《政治学研究》2015 年第 1 期。

[34] 龙立军、沈雪莉:《中国治理理论研究范式综述》,《学理论》2019 年第 5 期。

[35] 高小平:《借助大数据科技力量寻求国家治理变革创新》,《中国行政管理》2015 年第 10 期。

[36] 潘可礼:《亨利·列斐伏尔的社会空间理论》,《南京师大学报》(社会科学版) 2015 年第 1 期。

[37] 张兵、林永新、刘宛、孙建欣:《"城市开发边界" 政策与国家的空间治理》,《城市规划学刊》2014 年第 3 期。

[38] 吴莹:《空间变革下的治理策略——"村改居" 社区基层治理转型研究》,《社会学研究》2017 年第 6 期。

[39] 屈群苹、孙旭友:《"非城非乡":"村改居" 社区治理问题的演进逻辑——基于浙江省 H 市宋村的考察》,《东南大学学报》(哲学社会科学版) 2018 年第 5 期。

[40] 朱静辉、林磊:《空间规训与空间治理: 国家权力下沉的逻辑阐释》,《公共管理学报》2020 年第 3 期。

［41］叶涯剑：《空间社会学的缘起及发展——社会研究的一种新视角》，《河南社会学科学》2005年第5期。

［42］谷玉良、江立华：《空间视角下农村社会关系变迁研究——以山东省枣庄市L村“村改居”为例》，《人文地理》2015年第4期。

［43］张琳娜、刘广生：《城市社区公共服务供给问题思考》，《山东师范大学学报》（人文社会科学版）2007年第6期

［44］蒋福明：《“村改居”社区文化及其困境探讨》，《北京行政学院学报》2013年第3期。

［45］桂勇：《城市“社区”是否可能？——关于农村邻里空间与城市邻里空间的比较分析》，《贵州师范大学学报》（社会科学版）2005年第6期。

［46］王志刚：《论社会主义空间正义的基本架构——基于主体性视角》，《江西社会科学》2012年第5期。

［47］任平：《空间的正义——当代中国可持续城市化的基本走向》，《城市发展研究》2006年第5期。

［48］吴业苗：《新型农村社区建设：如何可为——以城乡一体化为视角》，《社会主义研究》2012年第3期。

［49］胡锦山：《罗伯特帕克与美国城市移民同化问题研究》，《求是学刊》2008年第1期。

［50］李强：《中国城市化进程中的“半融入”与“不融入”》，《河北学刊》2011年第9期。

后　记

2019 年 6 月，我受邀前往西咸新区空港新城人社民政局。据局里的同志介绍，空港新城这几年在“村改居”社区建设方面取得了十分突出的成绩，尤其是从征迁、回迁到社区治理，形成了一整套行之有效的工作模式，其间不乏一些具有创新性的做法。由于笔者长期关注我国的基层社区治理，也开展过一些社区方面的实务工作，于是怀着极大的兴趣组建了团队，投入调研工作当中，希望能够总结梳理出空港新城在“村改居”社区治理方面的一些创新做法和实践经验，进而通过个案研究对我国“村改居”社区治理的转型与发展问题加以思考。“村改居”社区从最初的土地征迁、建设到后期的社区治理，工作头绪多，涉及多个政府主管部门，一些参与过相关工作的核心人员也发生了职位变动，因此调研工作有很大的难度。令人欣慰的是，在整个调研过程中，空港新城人社民政局为我们做了大量的支撑协调工作，使我们的调研工作得以顺利开展。可以说，如果没有人社民政局同志的鼎力支持，以及自然资源和规划局、住房和城乡建设局等部门，街道和社区工作人员的密切配合，我们是无法完成调研任务的。值本书完成之际，特别向空港新城的各位领导及各部门的工作人员表示诚挚的感谢。在调研过程中，我们先后与人社民政局赵建峰局长、姬龙涛主任，自然资源和规划局张浩局长，DZ 街道党工委副书记杨磊和 XF 社区主任任佩等同志进行了深入的访谈。他们除了竭尽所能地为我们提供资料，还介绍和总结了他们在社区治理过程中的成功经验和创新做法。我们也深深感受到，空港新城在“村改居”社区治理过程中探索出的创新做法和经验，是空港人多年努力付出的结果。因此，本书也是空港人智慧的结晶。

此外，我们还先后与社区工作人员和居民进行了上百次的访谈。

我们从社区党支部书记、社区网格员、社区能人那里看到、听到了诸多感人的故事。这些故事平凡且真实，与我们的生活如此地贴近，又常常令人动容。从他们身上能够深深感受到华夏儿女所具有的爱国爱家、真诚友善、勤劳朴实、乐于奉献的优秀传统美德，更看到一个新的希望，那就是我们国家完全可以走出一条社区治理的“中国道路”。虽然“社区”、“社会治理”、“社区工作”等概念和理念最初来自西方社会，但是在我国有着自身特殊的“语境”，在社区治理过程中更应结合我国的优秀文化传统和社会实际需要去寻求本土化的发展路径。我国有着中国特色社会主义的制度优势，以及几千年中华文明的深厚底蕴，因此完全有信心形成社区治理的“中国经验”、“中国模式”。这正是激励学界和社区工作者不断前行的根本动力。

本书在前期的调研和后期的写作过程中得到各位学界同仁中肯的建议，受益匪浅。我的硕士研究生团队参与了大量调研和研究报告的撰写等工作。他们分别是张瑞、马镇耀、张煜、杨阳、熊越、王孟丹、安迪、张婧婕、王蓝蓝、王思尧等同学，感谢一路同行。

最后要感谢的是出版社的赵晶华老师为本书出版给予的大力支持和无私奉献。

钟小浜

2022 年 8 月

图书在版编目(CIP)数据

城市化进程中的“村改居”社区治理创新：基于西咸新区空港新城的研究 / 钟小浜著. --北京：社会科学文献出版社，2023.1
ISBN 978-7-5228-1000-3

Ⅰ.①城… Ⅱ.①钟… Ⅲ.①城市-社区管理-研究-陕西 Ⅳ.①D669.3

中国版本图书馆 CIP 数据核字(2022)第 203678 号

城市化进程中的“村改居”社区治理创新
——基于西咸新区空港新城的研究

著　　者 / 钟小浜

出 版 人 / 王利民
责任编辑 / 赵晶华　谢　炜
责任印制 / 王京美

出　　版 / 社会科学文献出版社 · 联合出版中心（010）59367180
地址：北京市北三环中路甲 29 号院华龙大厦　邮编：100029
网址：www.ssap.com.cn
发　　行 / 社会科学文献出版社（010）59367028
印　　装 / 三河市龙林印务有限公司

规　　格 / 开　本：787mm × 1092mm　1/16
印　张：14.75　字　数：205 千字
版　　次 / 2023 年 1 月第 1 版　2023 年 1 月第 1 次印刷
书　　号 / ISBN 978-7-5228-1000-3
定　　价 / 88.00 元

读者服务电话 4008918866